ISIDRO ESCANDELL ÚBEDA

El sembrador de ideas

ISIDRO ESCANDELL ÚBEDA

El sembrador de ideas

Antonio Laguna Platero

València, 2025

■■2 COL·LECCIÓ
MEMÒRIA DEMOCRÀTICA

Colección dirigida por Francisco Sanchis y Antonio Calzado

Edición compuesta con letra Minion Pro, impresa en el interior sobre papel
Fedrigoni Arena natural Smooth 100gr y la cubierta con Fedrigoni Arena
extrablanco Rough 300gr.

© 2025, de esta edición:
Institució Alfons el Magnànim
Centre Valencià d'Estudis i d'Investigació
Diputació de València
Corona, 36 — 46003 València
Tel.: +34 963 883 169
magnanim@dival.es
www.alfonselmagnanim.net

ISBN: 978-84-1156-100-6
DL: V-2796-2025

Diseño de la colección: Rosa Bou, Kumi Furió
Maquetación: Rosa Bou, Kumi Furió
Impresión: Impremta Diputació de València

Para Antonio Sánchez Guillem
y Antonio Cebrián Ferrer, por haber
dedicado gran parte de su vida a lo
mismo que hizo Escandell, a la lucha
por la justicia social.

Arriba los de la cuchara,
abajo los del tenedor,
que mueran todos los fascistas:
¡Viva la revolución!

Canción que la madre de Raimon
le cantaba cada primero de mayo.
Rellotge d'emocions. RAIMON PELEJERO

RECONOCIMIENTO

Como punto de partida, quisiera dejar constancia de esas ayudas sin las cuales la investigación siempre sería más difícil, más problemática. En primer lugar, mi reconocimiento a Emili Casanova, Francesc Martínez y José Antonio Piqueras, mis amigos a lo largo de la vida académica, con los que compartí las inquietudes del personaje. Al profesor Sergio Valero Gómez, por sus indicaciones acerca de la localización de *República Social*. Al archivero municipal de Xàtiva, Isaïes Blesa Duet, que me permitió acercarme a la familia Escandell. Al personal en su conjunto del Arxiu de la Universitat de València, que se volcó en la búsqueda del expediente académico de Escandell para, finalmente, confirmar que no había cursado la carrera de Magisterio en esa universidad. A los responsables del Archivo de la Fundación Pablo Iglesias, por su amabilidad en la búsqueda de documentación. Un reconocimiento muy especial a Matías Alonso Blasco, coordinador del Grupo Recuperación de la Memoria Histórica, por su ayuda en este trabajo, pero, sobre todo, por la ayuda desinteresada que durante años viene prestando en la recuperación de los olvidados. Y, por supuesto, nada sería igual sin la persona que me motiva cada día a seguir adelante, a Teresa, mi mujer.

ÍNDICE

QUIÉN SE ACUERDA DE ISIDRO ESCANDELL ÚBEDA

De Isidro Escandell diré que era Diputado del Partido Socialista, hombre trabajador que, por su propio esfuerzo, se había elevado hasta la destacada posición que en la política nacional ocupaba y por la que, al igual que Peset, era inevitable se le fusilara dada la maldad de los que perseguían, más que nada, a las ideas, aunque la conducta fuera intachable, como lo era en esos y en la mayoría de los casos.

MANUEL GARCÍA CORACHÁN

Fue el 30 de mayo de 1940. En la mañana de ese día, en una sala de Capitanía General, Isidro Escandell Úbeda escuchó cómo aquel tribunal militar, hierático y sin el menor atisbo de clemencia, le comunicaba el resultado del consejo de guerra: «por el delito de adhesión a la rebelión, con la agravante de ser persona destacada -debió de leer el alférez ponente sin levantar la vista del escrito-, ¡sentencia de muerte!» Además, como supletoria, también era condenado a la cuantía económica que dictaminase el Tribunal de Responsabilidades Políticas. En apenas unos minutos quedó sentenciado a muerte por aquellos que se arrogaban la condición de salvadores de la patria, unos espectros

13

de seres humanos escondidos tras sus trajes y jergas jurídicas que intentaban darle legalidad a lo ilegal, formalidad al esperpento y, sobre todo, legitimidad a la barbarie.

Fue el 28 de junio de 1940. Desde que le comunicaron la sentencia hasta su ejecución en ese día, lo imaginamos sentado en el camastro de la celda que ocupaba en la prisión Celular de Valencia, repitiéndose una y otra vez en su cabeza la frase condenatoria. Sería lógico y humano que por momentos la cuestionase, incluso la creyese provisional o especulase con alguna posibilidad de recurso, o que se dilatase en el tiempo hasta que alguien revisase la injusticia que se iba a cometer. Pero el hilo de esperanza duró lo que el Caudillo por la gracia de Dios, en su rutina diaria, firmó mientras desayunaba el «enterado», eufemismo que encubría el ¡fusílenlo! Lo haría entre 1939 y 1944 unas 140.000 veces sin que la digestión de lo desayunado le provocase el más mínimo retortijón (Gómez, 2002).

En la mañana de aquel día de junio tan solo hacía dos meses que había cumplido los 45 y ya no volvería a cumplir ninguno más. Su último viaje lo hizo junto con su amigo y correligionario, Carlos Gómez Carrera, el gran dibujante de viñetas que había trabajado en su periódico. También estaba otro destacado editor de la prensa valenciana, Vicente Miguel Carceller, el creador de *La Traca* y once personas más. Paterna fue su estación término y la fosa común 114 el destino final. Tras recibir los disparos del pelotón y el de gracia, sus cuerpos fueron lanzados a un hoyo donde lentamente acabaron fundiéndose con la tierra y la cal, diluyéndose en la misma medida que se alargaba la dictadura franquista, borrándose de la memoria y de la historia[1].

Fue un 3 de mayo de 2021. Habían pasado ya 45 años desde la muerte de Franco y 81 desde el final de la guerra, cuando por fin se

---

[1] «En esta fosa se enterraron cinco sacas que corresponden a los represaliados fusilados los días 9, 20 y 25 de mayo de 1940 y 14 y 28 de junio de 1940, lo que supone hallar los restos de hasta un total de 196 personas, a la que se le restarían las 8 personas que fueron trasladadas probablemente el mismo día del fusilamiento a nichos individuales y otras 7 personas que constan como enterradas en otras fosas del Primer Cuadrante». En https://memoriahistorica.dival.es/fosa/exhumacion-de-la-fosa-114-del-cementerio-de-paterna/ (consultado el 18/08/2024).

inició la exhumación de los fusilados de la fosa 114. Los trabajos se alargaron hasta el 13 de octubre, consiguiendo recuperar de aquel hoyo de escasos metros cuadrados un total de 176 cuerpos entre los que, sin duda, estaba el de Isidro Escandell. Sin embargo, nadie lo reclamó. El hecho de haber muerto sin descendencia explica que los restos inidentificados permanezcan en el columbario del cementerio de Paterna, a la espera de que algún día algún descendiente de la familia preste su ADN.

¿Quién fue Isidro Escandell Úbeda? ¿Hay alguien o algo que lo pueda recordar, si ni siquiera sus restos están identificados? Más allá de los historiadores que han tratado el tema de la historia del socialismo valenciano y que han podido comprobar el papel relevante de Escandell, son pocos los ciudadanos, por no decir casi ninguno, los que en la actualidad pueden situar alguna de las claves que identifican al personaje. Por citar algunos casos, no lo recuerda ninguno de los vecinos de la calle que lleva su nombre en el barrio valenciano de Malilla, concedida por el primer Ayuntamiento de la Democracia en febrero de 1980. No lo recuerdan muchos militantes del socialismo valenciano, algo que tampoco sorprende ya que a duras penas consiguen situar el origen de su partido. Ni siquiera la biografía oficial que figura en la Fundación Pablo Iglesias ofrece un resumen correcto de su periplo vital.

Este borrado de su pasado y de su obra, no solo responde al paso del tiempo y al vértigo con el que la sociedad actual consume sus mitos. Tiene que ver, por encima de todo, con la inexorable estrategia aplicada por la dictadura franquista para eliminar física e ideológicamente todo lo que fue la II República. Tiene que ver con el exterminio de sus protagonistas, con la eliminación de sus obras, con el incomprensible cierre de los archivos hasta fechas bien recientes y, por descontado, con la cerrazón de los herederos y beneficiarios del franquismo para asumir cualquier reparación por tímida que fuese. Un borrado represivo que, en el día de hoy, se complementa con una incesante estrategia de reescritura de aquel tiempo en clave de justificar lo injustificable.

Recuperar a Escandell, no solo para la historia del socialismo valenciano en particular, sino para aproximarse un poco más a lo que fue la historia del movimiento obrero en general, constituye el principal objetivo de este libro. Un fin tan complejo como pueda ser identificar sus restos para darles digna sepultura. Sin familia directa, sin un legado de su correspondencia personal, sin apenas escritos autorreferenciales o biografías del personaje, reconstruir su vida desde 1895 hasta 1940 ha sido una labor tan ardua como extensas han sido las fuentes que hemos tenido que consultar.

El resultado nos ofrece un personaje paradójico en algunas de sus facetas. Por ejemplo, fue líder del socialismo sin ser obrero como ocurría con los padres fundadores o su compañero y rival dentro del partido, Manuel Molina Conejero. También fue un intelectual reconocido sin tener estudios universitarios, pues no hemos podido constatar que cursase carrera alguna. Fue político y diputado antes de conseguir ser periodista. Y fue periodista en un diario monárquico siendo republicano.

Más allá de estos contrastes, lo primero que hay que reconocer de Escandell es que fue, por encima de todo, un hombre comprometido con el socialismo desde bien joven. Un socialismo que interpretó de diferentes formas según evolucionaba el mundo y su vida, pero que siempre lo concibió cómo la mejor vía para conseguir la mejora de la clase obrera, como la mejor opción de hacer el bien. Por eso consagró su existencia a propagarlo y, en la medida de sus posibilidades, a aplicarlo. Lo hizo con la palabra y con la escritura en estrados y tribunas de prensa. Participó en mítines en toda España y en todos los pueblos del País Valenciano. Impartió conferencias en todo tipo de instituciones. Habló y reivindicó desde las instituciones como la Diputación y el Parlamento.

No creemos que sea posible cuantificar el número de pueblos, de auditorios y escenarios donde intervino, pero lo que sí podemos asegurar es que desde el primer mitin que impartió en el pueblo natal de sus padres, Xàtiva, con 18 años, hasta sus últimas comparecencias en 1938 con 43 años, su vida fue un constante peregrinar. No nos sorprende que en uno de los recuerdos que le dedicó Manuel C. de Meliá en *El Socialista*, que en aquel año de 1946 se editaba desde Toulouse, calificara a Escandell como uno de los grandes sembradores de la idea del socialismo en nuestro país[2]. Porque, en efecto, fue uno de los propagandistas más activos del pensamiento socialista y un referente para los hombres y mujeres de incontables pueblos que asumieron sus palabras y las transformaron en obras. Fue, sin lugar a duda, un sembrador de las nuevas ideas redentoras.

Fue, primero que nada, líder de las Juventudes Socialistas valencianas a partir de 1916, en lo que constituiría su segunda etapa en la vida de esta organización, contribuyendo con sus propuestas y actuaciones a fortalecerla y desarrollarla. Por su iniciativa, surgieron escuelas de formación política básica para jóvenes trabajadores en València y en la Vall d'Uixó. Y de la escuela de las Juventudes Socialistas a las del partido. En 1922, con 27 años, se convirtió en presidente de la Agrupación Socialista de Valencia por primera vez. Lo sería en el futuro en diversas ocasiones hasta 1937, ocupando por el camino diversos puestos de responsabilidad en diferentes ejecutivas. Su último cargo sería el de presidente de la Federación Socialista Valenciana.

Fue el primer diputado provincial que tuvo el Partido Socialista en València al conseguir el acta en las elecciones de 1923, aunque tan solo pudo ejercer durante unos breves meses, el tiempo que tardó Primo de Rivera en dar el golpe de Estado e implantar la dictadura militar. Todavía no había cumplido los treinta y ya se había convertido en uno de los referentes socialistas.

A partir de 1924 se incorporó como redactor al diario de corte liberal, *La Voz Valenciana*, dirigido por José Aparicio Albiñana a quien había conocido tras su paso por la Diputación. Allí permanecería más de diez años hasta que las contradicciones ideológicas y existenciales con la línea editorial del medio resultaron insuperables. Fue la etapa más creativa desde el punto de vista intelectual que tuvo. Y fue la

---

2   DE MELIÁ, Manuel C.: «Los sembradores del socialismo. Isidro Escandell Úbeda», en *El Socialista* (6/07/1946).

praxis que le daría la etiqueta profesional que lo identificó, la de periodista. De hecho, en 1927 sería fundador de la Agrupación Profesional de Periodistas, una organización que pretendía ser la alternativa avanzada a la canónica y anquilosada Asociación de la Prensa. En su calidad de periodista, representó al sector en el Comité Paritario de Prensa de la Región Valenciana.

El Escandell periodista, más incluso que el político, es el que más oportunidades nos ofrece para conocer su vida. La razón obvia es que, como periodista, escribió y publicó una extensa lista de artículos, casi todos de temática internacional, pero también reconstruyendo biografías de personajes que consideraba trascendentales para la historia del movimiento obrero y del socialismo. Entrevistó a casi todos los representantes consulares de América en València y se carteó con buena parte de la intelectualidad del país. En numerosas ocasiones, Escandell hacía uso de alguna de estas cartas para recordar a personajes del nivel de Pérez Galdós o Pablo Iglesias.

Artículos, entrevistas, cartas… De estas últimas -que nosotros sepamos- apenas se conservan tres: una dirigida a Pablo Iglesias, otra a Pérez Galdós, y una última a Gabriel Maura reclamándole la celebración de homenajes a Fernando Valera. Por su amistad con numerosos intelectuales, tal y como va citando en su obra periodística, por las reseñas que hace de los libros que sus autores le remitían y, sobre todo, por su posición política y los cargos que ocupó no es aventurado suponer que el archivo epistolar de Escandell debía de ser muy extenso. No sabemos el destino que debieron correr esas innumerables misivas, aunque lo suponemos. Su inexistencia, como señalamos, constituye un grado de dificultad más a la ya de por sí complicada misión de reconstruir la vida de un personaje que lo fue casi todo en vida y apenas nada tras su muerte.

Escandell fue también el primer socialista en ser nombrado miembro de una academia, la Hispano-Americana de Ciencias y Artes, en junio de 1925. Una institución con la que compartía su americanismo, a pesar del conservadurismo que la nutría. En diversas ocasiones, Escandell destacó su rango de «académico», lo que podría dar lugar a creer en un cierto complejo de inferioridad al no poder exhibir ningún otro título universitario. Lo cierto es que fue el único socialista en formar parte de esa institución.

Cinco años después, junto con Ricardo Samper, futuro presidente republicano, sería elegido para dirigir el Ateneo Mercantil de València con el puesto de secretario. Significaba ocupar un cargo muy relevante en la institución señera en esos momentos de la actividad intelectual valenciana, algo similar, aunque salvando las distancias, a lo que significaba el Ateneo de Madrid cuyo secretario, por cierto, era un tal Manuel Azaña. Como secretario, no solo se encargó de las tareas organizativas de la institución, complejas en esos momentos por el proyecto de construir su nueva sede en la plaza de Emilio Castelar (actual sede en la plaza del Ayuntamiento), sino que se volcó en promover a los nuevos talentos valencianos, especialmente en el ámbito de la pintura, organizando constantes exposiciones y concursos.

Tal y como le sucedió con el puesto de diputado provincial, el cargo de secretario del Ateneo apenas le duró algo más de un año, justo el tiempo en que se proclamó la República, se convocaron elecciones generales y resultó elegido diputado a Cortes por el Partido Socialista. De político local pasaba a nacional, ampliando sus actividades y relaciones, formando parte de un Parlamento que aprobó la Constitución más avanzada y democrática de la historia de España hasta ese momento.

El bienio negro de las derechas en el poder casi fue un bienio en blanco para él. Perdió el acta de diputado, ya que no consiguió salir elegido en las elecciones de noviembre de 1933. Perdió su trabajo en *La Voz Valenciana*, eso sí por decisión propia ante la imposibilidad manifiesta de ser socialista y trabajar en un medio que apoyaba a la Derecha Regional. También dejó de ocupar algún puesto de responsabilidad en la dirección del partido, en unos momentos, además, en que la vida política había entrado en un proceso de radicalización que culminaría en la revolución de octubre de 1934. Ante tales reveses, Escandell reaccionará buscando y consiguiendo un nuevo trabajo como colaborador en *El Mercantil Valenciano*, el diario republicano de mayor nivel y calidad de todos los que se ofrecían en aquel tiempo, sobre todo, por la nómina de redactores y colaboradores a la que ahora se unía él. Uno de esos redactores, Luis de Sirval, sería asesinado en su celda por un legionario de los que comandaba Franco en su acción represiva del levantamiento de Asturias.

A partir de octubre de 1934, de la experiencia frustrada que significó y de las duras repercusiones que tuvo para el socialismo español, surgió un Escandell más radical, más crítico con el reformismo como vía para conquistar las mejoras de la clase obrera que hasta entonces había defendido. Ahora se hará revolucionario, convirtiéndose en uno de los más fieles seguidores de Francisco Largo Caballero al que calificaba como «representante genuino del marxismo». Y como caballerista, asumió en primera línea el enfrentamiento que se desató a partir de fines de 1935 entre Prieto y Caballero.

En las elecciones de febrero de 1936 volvió a conseguir ser elegido diputado. Pero, una vez más, los acontecimientos impidieron que desarrollase su cometido parlamentario más allá del mes de junio.

Al iniciarse la guerra, Escandell figuraba como presidente del Comité Provincial de los socialistas valencianos y, en noviembre del 36, el Ayuntamiento popular de la ciudad acordaba rotular con su nombre la antigua calle de Santo Tomás, en pleno barrio histórico de València. Obvio que esta denominación solo se mantuvo el tiempo que tardó en finalizar la guerra, pero nos indica el prestigio que tenía el personaje para la izquierda en general y el socialismo seguidor de Largo Caballero en particular. El escolta del partido que vigilaba su seguridad, el joven socialista Vicent Verdeguer, también conocido como *ferramenta* por ir siempre acompañado de su Astra de 9 mm, declaraba ya en su vejez que apreciaba a Escandell «más que si fuera su padre»[3].

Además de todos estos cargos y honores, Escandell fue un lector incansable. No de otra forma se puede entender que sin estudios

---

3 Archivo oral del sindicalismo socialista (Fundación Francisco Largo Caballero); *Levante EMV* (13/02/2008).

universitarios llegase a escribir sobre temas que iban de la historia a la filosofía, de la sociología a la economía, del arte a la literatura. Y lo hizo en forma de artículos periodísticos, pero también lo expresó en innumerables conferencias que impartió en foros de todo tipo. Inclusive a través de la radio, siendo uno de los primeros políticos valencianos en utilizar este medio para difundir su pensamiento e ideas.

Autodidacta confeso, orador infatigable hasta que su garganta decía basta, Escandell no fue maestro de escuela, tal y como apunta la única biografía que se publicó en vida -lo hizo *Las Provincias* (03/07/1931), con motivo de su elección como diputado-. Por el contrario, fue un maestro de la propaganda y del periodismo tal y como certifica el listado de artículos que anexamos al final de este trabajo. Fue lo que en términos más actuales llamamos un gran comunicador.

Por todos estos compromisos, especialmente, el de diputado y líder socialista representando a la provincia de València, además de por haber sido director del diario *Adelante*, portavoz de Partido Socialista valenciano, Escandell formó parte de la negra lista de los 33 diputados socialistas que el franquismo fusiló. No se le pudo acusar de ningún delito, ni mucho menos de haber provocado daño a nadie. No se pudo probar que participase en batalla alguna, ya que pasó los tres años de la contienda en la retaguardia valenciana. De lo único que se le acusó fue de defender a la República con su mejor arma, la palabra y de ser un socialista destacado. En una farsa de juicio, con un tribunal inquisidor y sin más pruebas que unas cuantas declaraciones amañadas, Escandell sería condenado a muerte únicamente por ser socialista. Y tras la ejecución, la segunda condena, la del olvido.

¿Quién era él? ¿En qué momento dejó de ser el periodista, el diputado, el líder político para pasar a ser el preso de la causa 14.229? ¿Quién se acordaría de Isidro Escandell cuando ya no existiese, cuando solo fuese el cuerpo de la fosa común 114 en un cementerio de Paterna?

LA JUVENTUD EN UNA TRIBUNA

En Játiva hemos pasado nuestra infancia, sus calles angostas unas y otras modernas, anchas, ventiladas y respondiendo a las más escrupulosas normas de la construcción, han sido testigos de nuestros juegos infantiles[4].

València para nacer y Xàtiva para crecer

Todo empezó un 8 de febrero de 1895. En los primeros minutos de aquel nuevo día, Isidro nacía en la calle Lepanto, 13, piso 2º, de València[5]. Era el segundo de los hijos del matrimonio Patrocinio Úbeda Blasco y Francisco Escandell Tomás, tras la llegada tres años antes de Rosa, su hermana mayor. Isidro recibió este nombre en reconocimiento de su tío, el miembro más destacado de la familia hasta esos momentos, pues, además de ejercer de cura en pueblos como Penàguila o Nàquera -en este último incluso le llegarían a dedicar una calle- en julio de 1920 sería nombrado presbítero de la Colegiata de Xàtiva. La

---

4   ESCANDELL, Isidro: «Las fuentes de Játiva», *La Voz Valenciana* (24/08/1928).

5   Acta de nacimiento. Arxiu Universitat de València, fondo Magisterio.

relación entre tío cura y sobrino socialista siempre sería cordial, tal y como confesaría el mismo Isidro tras conocer la muerte de su tío.

La situación económica de la familia se corresponde con la de unos pequeños comerciantes que dependían de la venta de su producto para subsistir. En este caso, se trata de sombreros, un negocio artesanal puesto en pie en Xàtiva a mediados del siglo XIX por el abuelo, Vicente Escandell Camarena y su segunda esposa, Vicenta María Úbeda Benito, con la que había contraído matrimonio en diciembre de 1866. Todo apunta a que el hijo, Francisco, pasó a ser el comercial de la producción, lo que justificaría los constantes cambios de domicilio que experimentó la familia: salida de Xàtiva en 1894 a València, donde nació Isidro (1895) para, posteriormente, hacerlo a Benigànim donde nacerían Vicente (1897) y Enrique (1901). Dos años después, se desplazaban a Albaida donde nacería Concha, la última hija del matrimonio.

Tras este periplo por la capital y los pueblos de la Vall d'Albaida, la familia Escandell regresaba a Xàtiva en 1903, instalándose en la calle San Joaquín, 28. Allí permanecerá Isidro hasta 1914, adquiriendo la formación básica y el bachillerato. Será el único de la familia que cursó estudios, pues su hermana mayor se dedicará a coser, sus hermanos pequeños trabajarán, Vicente como empleado y Enrique como ferroviario. Su otra hermana, Concha, declarará siempre sus labores[6]. Más allá de estos someros datos, ya no es posible conseguir ninguna pista más acerca de la evolución económica y familiar de los Escandell. Lo que sí es evidente es que será Xàtiva donde Isidro comience su politización y toma de conciencia, culminada con la afiliación al socialismo nada más cumplir los 18.

La Xàtiva de esta primera década del siglo XX presentaba un amplio tejido asociativo obrero, tal y como informa Piqueras (2005: p. 112). Destacamos la asociación de sombrereros por ser el ramo productivo de la familia Escandell, activa desde 1890, pero también la presencia

---

6   Arxiu Municipal de Xàtiva. Censo Población de 1910, p. 258. Arxiu Municipal de València, Padrones de 1915, 1920, 1930 y 1935.

de una agrupación de jóvenes socialistas que, según el número extraordinario del periódico *Renovación*, de octubre de 1915, dedicado al Congreso de las Juventudes, contaba con 30 afiliados en el segundo semestre de 1913. Una exigua cifra que, en más de una ocasión, Escandell achacaría a la influencia del republicanismo blasquista, la bandera de enganche político más extendida entre la población y, en general, en toda València tal y como certificó Ramir Reig (1982), así como a la potente propaganda que llevaba a cabo el anarquismo. El propio Escandell lo relataba así en un artículo publicado en *La Voz Valenciana* (2/04/1929), bajo el título de «El movimiento obrero valenciano. La huella de Blasco Ibáñez: La prensa anarquista en aquellos tiempos caía en Valencia con gran profusión. Fue durante mucho tiempo el alimento espiritual del obrero valenciano».

En 1937, al cumplirse el cincuentenario de la agrupación setabense, Escandell recordaba en otro artículo, en esta ocasión publicado en el diario socialista *Adelante* (29/04/1937) con el título de «Evocaciones. Bodas de oro socialistas», los nombres de la primera generación de socialistas y destacaba el gran mérito de estos al haber conseguido mantener vivo el ideal del socialismo, a pesar de «La gran oleada de republicanismo histórico», evidenciada por la cantidad de líderes que por allí pasaron, desde Pi i Margall a Castelar. Incluso algunos, como Menéndez Pallarés, lo hizo en varias ocasiones. Se entiende, por tanto, que el padre de Isidro fuese republicano y que su primer recuerdo político fuese un mitin de Nicolas Salmerón… «Teniendo yo ocho años, me tuvo en sus rodillas don Nicolás Salmerón, que era una confluencia feliz de sabiduría y de representación».

Hijo de republicano, nieto de liberal y sobrino de cura, Escandell crecerá a la par que lo hace el siglo xx, integrándose en la denominada segunda generación de líderes socialistas llamada a protagonizar la II República (Aróstegui, 2021). Una generación donde ya no será tan claro el predominio del origen obrero y el magisterio de Pablo Iglesias.

En aquel ambiente, el propio Escandell reconocerá en escritos posteriores la influencia de su familia y, por encima de todo, la emoción que para un adolescente significaba asistir a los primeros actos políticos y ver, por primera vez, la voz y la persona del líder del socialismo español. En abril de 1909, en plena campaña para las elecciones municipales, los socialistas setabenses organizaban un mitin especial para conmemorar la Comuna de París y rendir homenaje a Carlos Marx. Y según la crónica, la consecuencia del mitin fue «un aumento de las altas en la Agrupación», que hasta esos momentos crecía a un ritmo muy lento. Según *El Socialista* (23/04/1909) en el primer trimestre de 1909 tan solo se habían dado de alta ocho nuevos militantes en la agrupación de Xàtiva.

Animados por estos resultados, los socialistas setabenses volvían a convocar un nuevo acto para el 31 de mayo con la presencia del líder provincial, Francisco Sanchis, y el nacional, Pablo Iglesias. Por problemas de salud de Iglesias, el mitin se aplazó hasta el miércoles, 2 de junio. El mitin discurría con normalidad hasta que Sanchis primero, y luego el mismo Iglesias, identificaron al republicanismo como partido burgués. Los pitos e insultos que provocaron entre varios de los asistentes obligaron al delegado gubernativo presente en el acto a suspender el mitin. Si Escandell estaba entre el público, algo más que probable, la influencia republicana de su padre debió finiquitarse ese mismo día. Y apenas un mes después, debió mudarse al color rojo del socialismo.

En efecto, un mes después de este frustrado primer mitin de Iglesias en Xàtiva, los socialistas setabenses organizaban un segundo en el mes de julio, coincidiendo con el estallido de los motines antiquintas en distintas ciudades. En Xàtiva, como en el resto del país, una de las causas más destacadas en la politización de los jóvenes será la guerra de España en el Riff y la injusta forma de hacer el reclutamiento. Hasta la ley de Reclutamiento y Reemplazo de enero de 1912, la opción de librarse de ser reclutado estaba al alcance de los que dispusieran de 2.000 pesetas, lo que se denominaba «redención en metálico» (Balfour, 2018; 218). Escandell, que cumplía 14 años cuando se produjo el estallido de la Semana Trágica en julio de 1909, debió ser uno más de los que no entendían el porqué de una guerra a la que solo iban los pobres y cuyo principal objetivo era beneficiar a unas compañías mineras, tal y como denunciaba el propio Iglesias desde *El Socialista*. De aquí que no resulte extraño la simpatía que pudo provocar el discurso de unos socialistas que sin temor a las represalias alzaron su voz contra la guerra y el injusto sistema de reclutamiento. En el teatro de la ciudad y sin una silla libre tal y como recoge *El Socialista* (22/07/1909), además de protestar por la guerra y sus injusticias, Iglesias habló sobre «Programa y táctica del Partido Socialista», planteando que, además de los obreros, en el partido también tenían cabida los intelectuales, una afirmación que defenderá en el futuro el propio Escandell.

En julio de 1909, en el contexto de la injusticia que significaba la guerra y con Pablo Iglesias como padrino simbólico, Escandell se convertía al socialismo. «Allí oí por vez primera la palabra de Pablo Iglesias, llena de magisterio», afirmará el propio Escandell cuando escriba en *Adelante* (29/04/1937), «Evocaciones. Bodas de oro socialistas».

Apenas contaba 14 años y debía de estar a punto de finalizar sus estudios de formación básica, si bien en el padrón municipal de ese mismo año de Xàtiva figuraba curiosamente como «jornalero del campo», lo que puede sugerir que compaginaba sus estudios con trabajos temporales.

En octubre de 1909, el joven Escandell remitía una solicitud al director de la Escuela Normal de Valencia para ser admitido en la prueba de ingreso para cursar la carrera de Magisterio, acompañada de la correspondiente autorización paterna y partida de nacimiento. Recordemos que, de acuerdo con la reforma llevada a cabo en 1903 por el ministro de Instrucción Pública, Gabino Bugallal, los requisitos para acceder a cursar la carrera de maestro elemental era tener cumplidos los 14 años y superar un examen de ingreso ante un tribunal *Gaceta de Madrid* (26/09/1903). La prueba la realizaría finalmente en junio de 1910, ante el tribunal que presidía Atanasio Sanz, obteniendo la nota de aprobado. A partir de ahí ya podía matricularse en la Escuela Normal de Valencia para cursar los dos años que le podían dar el título de maestro. Sin embargo, no sabemos si por razones económicas o de otra índole, la cuestión es que nunca llegará a ingresar en dicha Escuela ni a cursar estos estudios. De hecho, en el siguiente padrón donde se especifique su actividad, el realizado en València en 1915, Escandell seguirá declarándose jornalero. Y, sin embargo, el jornalero de ahora se revelará como un intelectual de grandes conocimientos apenas una década después.

Desconocemos las vías por las que Escandell inició en Xàtiva su formación, toda vez que el pueblo no contará con un Instituto de Enseñanza Media hasta la II República. Lo que sí conocemos es la influencia que sobre él ejercerá en estos primeros años el periodista local, Vicente Casesnoves, director del periódico republicano local, *El Progreso*, y promotor del partido republicano en la ciudad junto con su hermano Lino[7]. Escandell reconocería años más tarde, cuando publicó *La Voz Valenciana* (24/08/1928), «Las fuentes de Játiva», que fue este periodista quien le animará a redactar sus primeras colaboraciones:

> Casesnoves fue mi maestro y justo es que desde estas columnas le dedique el homenaje debido a tan esclarecido hijo de Játiva de quien con la mayor justicia puede decirse que fue un maestro de periodistas. Él tuvo la paciencia de enmendarme los artículos que escribía y me estimuló en los deseos de que fuese periodista.

Vicente Casesnoves moriría en agosto de 1913, no sin antes haberle dado a Escandell el bautismo periodístico. Con 17 años cumplidos y demostrando tener un nivel cultural que iba mucho más allá de los posibles conocimientos adquiridos durante el bachillerato, sería en el semanario *El Progreso* donde publicaría sus primeros artículos, apuntando de forma temprana el estilo y forma que lo identificará en el futuro. Pero también la pasión que le movía, sobre todo, cuando se identificaba con un personaje al que admiraba. Y su primer «héroe» al que rendirle homenaje por escrito será el gran Benito Pérez Galdós. Rendido a su obra y a la trayectoria política republicana, Escandell

---

7 Vicente Casesnoves, desde la dirección del semanario *El Progreso*, y su hermano Lino desde la dirección del partido Republicano de Xàtiva, constituían el dúo dirigente del partido liderado por Blasco Ibáñez en la ciudad. *Vid. El Pueblo* (25/081913).

le dedicará varios artículos en *El Progreso* de Xàtiva llenos de admiración, pero también llenos de referencias de autores, sobre todos franceses, con los que lo compara y exalta. Lo hace en medio de la campaña de homenaje nacional, promovida por numerosas personas y cuando el escritor está ya en el ocaso de su vida. Por eso, Escandell se lamentaba en uno de estos artículos, que tituló escuetamente «Premio Nobel», que la academia sueca no le concediese el citado premio, sobre todo en 1912, cuando todo apuntaba a que el autor de los «Episodios Nacionales» sería el elegido. Sin embargo, tal y como argumentaba Escandell en su artículo, «el sectarismo puso enfrente otro candidato», el ultraconservador Marcelino Menéndez Pelayo para impedir que un hombre de izquierdas y profundamente anticlerical pudiese ganarlo.

En otro artículo, ahora titulado con el nombre del escritor, refiere cómo un año después, cuando la minoría republicana del Congreso volvió a pedir el apoyo para su postulación, el «conglomerado ciervo-carlo-democrático-ultramontano de la capital», lo rechazó.

Indignado porque hubiese prevalecido el prejuicio político sobre la valía literaria del gran autor y, sobre todo, alarmado por el estado de salud y pobreza del gran literato, Escandell tomaba la decisión de remitirle estos artículos directamente, adjuntando una carta, fechada el 11 de marzo de 1914, que empezaba diciendo: «Entrañable e ilustre admirado»; seguía declarándole su total admiración, «al considerarlo una de las mayores glorias nacionales»; se declaraba un «pobre estudiante» que no podía contribuir al homenaje que estaba organizando la Junta, pero le mostraba «su alma lacerada» por la derrota electoral sufrida en las pasadas elecciones; y finalizaba rogándole una carta de contestación «para guardarla en lo más recóndito de mi alma». La carta la recibió a los pocos días, lo que de nuevo llevó a Escandell a responder, con fecha 28 de marzo, mostrando su agradecimiento[8].

---

8   Artículos de periódico de Isidro Escandell Úbeda, conservado por Benito Pérez Galdós (Sin fecha) en Biblioteca Virtual del Patrimonio Bibliográfico, https://bvpb. mcu.es, consultado el 15 de marzo de 2023.

Por lo que había escrito en el periódico local, por el nivel de erudición mostrado en esos artículos y por la forma en que se expresa en las cartas a Galdós, el Escandell de 1914 demuestra tener ya un nivel intelectual impropio de su edad y de quien se había venido declarando «jornalero» en los padrones municipales. Por todo ello, podemos concluir que, tanto la madurez intelectual como la política, Escandell la adquirió por la vía rápida a partir de aquel verano de 1909.

En efecto, además de la formación que pudo recibir o adquirir por diferentes vías no formales, la coyuntura política que siguió a 1909, cada vez más conflictiva, también debió de incidir en la conciencia del joven Escandell. Empezando por la guerra del Riff y las subsiguientes protestas contra el sistema de reclutamiento que marcaron el verano de 1909. Y siguiendo por las movilizaciones obreras y campesinas reivindicando mejoras materiales y poniendo en evidencia qué significaba «la cuestión social». Fue la huelga de junio de 1910, promovida por los obreros setabenses de las fábricas de sombreros de Camarena y Tomás, la que sin duda debió de afectar a la familia. Cerca de un mes duró el conflicto que finalmente se resolvió cuando los obreros no pudieron continuar con el paro. Fue también lo ocurrido con la celebración del 1 de mayo de 1911 en Xàtiva. Los socialistas setabenses, que ya habían mostrado su capacidad de iniciativa en el IV Congreso de la Federación de Agrupaciones Socialistas de la Región Valenciana, celebrado en Villena en septiembre de 1910, organizaban ahora una jornada reivindicativa con un mitin y una manifestación que recorrió el centro de la ciudad, confirmando la consolidación del socialismo local. Un socialismo que vivirá una prueba de fuego a partir de septiembre de 1911, con motivo de la convocatoria de huelga general promovida desde València. Buena parte de la Ribera del Xúquer secundó el paro y las protestas, algunas de ellas como las de Cullera y Alzira, con trágicos resultados. En el caso de Xàtiva, tras la protesta obrera que se saldó con destrozos en las vías del tren, en postes telegráficos y ataques a la Guardia Civil, la rebelión fue sofocada por una compañía del ejército tras un tiroteo con el resultado de un obrero muerto y varios heridos. El estado de excepción que se impuso, además de censura en la prensa, conllevó también la disolución de numerosas organizaciones obreras, entre otras, las Juventudes y la Agrupación Socialista de Xàtiva. La represión se saldó con 28 setabenses detenidos, lo que provocó que la protesta se mantuviese latente. El consejo de guerra al que fueron sometidos los obreros, celebrado en el mismo Ayuntamiento de Xàtiva, no hizo sino incrementar la indignación. Y una vez se dictó sentencia, el nuevo motivo para seguir alzando la voz fue pedir la amnistía para los condenados. La movilización obrera del 1 de mayo de 1912 estuvo dedicada exclusivamente a este objetivo.

Hasta principios de 1913 no se volvieron a reorganizar las sociedades socialistas suspendidas dos años antes. En febrero lo hizo la de València y en abril la de Xàtiva. Con este motivo, los socialistas setabenses programaron una serie de mítines «para propagar los ideales del partido» y confirmar su vuelta a la actividad pública. El 22 de abril de 1913, recién cumplidos los 18 años, Escandell intervenía por primera vez en un mitin del Partido Socialista. No debió de hacerlo mal, porque apenas unas semanas después volvía a subir a la tribuna de otro mitin en el teatro León de la ciudad, en este caso, convocado para celebrar el 1º de mayo.

Su tercer mitin tendrá lugar en València, en un acto de protesta contra la guerra de África celebrado en el teatro Escalante de la ciudad, el 29 de junio de 1913. La convocatoria la habían realizado conjuntamente republicanos y socialistas, lo que garantizaba el lleno absoluto del local y demostraba las ventajas de la Conjunción acordada desde 1909 por ambos partidos. Por los socialistas de la capital intervino su presidente, Francisco Sanchis, quien insistió en la sangría que para la clase obrera constituía la guerra de Marruecos. Tras la intervención de los oradores republicanos, donde destacaba la figura de Rodrigo Soriano, el anatema del blasquismo, le llegó el turno a Isidro Escandell, que dijo intervenir en nombre de la Juventud Socialista de Játiva. En el resumen que la prensa hizo de su intervención *Las Provincias* (30/06/1913), destaca que combatió «los planes guerreros del gobierno»; que calificó la política militarista de «garrula patriotera» y que no era justo que no fuesen a la guerra los reclutas de cuota.

¿Qué quería decir Escandell con «reclutas de cuota»? La respuesta la encontramos en la ley de Reclutamiento y Reemplazo, aprobada en enero de 1912 bajo el gobierno de José Canalejas y que, en teoría, hacía obligatorio el servicio militar para todos los jóvenes del país. Sin embargo, la ley reconocía una nueva figura, la del soldado de cuota, que permitía reducir el tiempo en filas a cambio del pago de dinero: reducción a cinco meses por dos mil pesetas o a diez meses por mil. Una puerta de salida de nuevo para los que tuviesen dinero que no dejó de criticar el portavoz del socialismo en artículos como «Los soldados de cuota y los San Telmos» *El Socialista* (03/05/1915).

Cuando Escandell intervino en el mitin que acabamos de reseñar, todavía le faltaban tres años para ser sorteado e incorporarse a filas. Según el artículo 27 de la citada ley, los mozos, al cumplir 20 años debían inscribirse en el registro municipal para, al año siguiente, ser alistado *Gaceta de Madrid* (21/01/1912). Sin embargo, el nombre de Escandell no aparecerá en el registro municipal de 1915, ni en las fichas personales de los reclutas de 1916, ni tampoco en la de excluidos por alguno de los motivos que contemplaba la ley[9]. Todo lo contrario, la actividad política que desempeña en estos años en los que cumplirá los 20 y 21 será ininterrumpida. Entre otras razones, porque aquel mitin de junio de 1913 en València acabó por consagrarlo como un orador destacado.

El 10 de julio de 1913, dos meses después de su vuelta a la legalidad, el Comité Nacional del Partido Socialista admitía oficialmente el ingreso de las Juventudes Socialistas de Játiva, integrada en esos momentos por 30 afiliados, en la Federación Nacional. Entre esos 30 militantes que asumieron la resurrección del socialismo en Xàtiva se encontraba Isidro Escandell, ocupando el cargo de secretario del comité de dirección,

---

9 Arxiu Municipal de València, sección Quintas, años 1915-16. Que Escandell no fuese llamado a filas aparece como un interrogante más sin respuesta alguna en este archivo municipal.
•

aunque no lo pudo desempeñar por mucho tiempo. A mediados de 1914, la familia Escandell al completo se desplazaba a València para instalarse en la calle Jerusalén, 9. Tras el bautismo de militancia en una ciudad que siempre consideró hostil para el socialismo, ahora se le abría la posibilidad de crecer como socialista, pero también como persona, en una ciudad y en un partido donde todo estaba por hacer.

El liderazgo de las Juventudes Socialistas valencianas

Tras su llegada a València, dos son los interrogantes que suscita la biografía de nuestro personaje. El primero, al que ya hemos hecho referencia, tiene que ver con el hecho de que no fuese reclutado por el ejército, lo que le permitirá ejercer sus actividades laborales y políticas sin interrupción. El segundo es sobre cómo compaginará el trabajo para comer con el activismo político para soñar. Respecto del interrogante del reclutamiento, al no aparecer en ninguna de las quintas de 1915 y 1916, ni en las listas de convocados ni en la de excluidos, la única hipótesis es que se librara por el factor suerte en el sorteo. Y por lo que hace al trabajo, además del testimonio de uno de sus compañeros de filas que lo identifica como un humilde empleado[10], tan solo tenemos los padrones de la ciudad de València que conserva el Arxiu Municipal con los siguientes datos:

Padrón de València 1915:	Ed	Profesión	Domicilio	Natural de
ISIDRO ESCANDELL UBEDA	21	jornalero	C/ Jerusalén 9 b	València
Padrón de València 1920:	**Ed**	**Profesión**	**Domicilio**	**Natural de**
ISIDRO ESCANDELL UBEDA	25	empleado	C/ Buenavista, 27	València
Vicente Escandell Úbeda	22	empleado	id	Benigànim

---

10 JUAN FAVIERES, Emilio: «De mis memorias. Nuevo diputado», *El Popular* (11/08/1931).

Enrique Escandell Úbeda	21	ferroviario	id	Benigànim
Francisco Escandell TOMÁS	60	jornalero	id	Xàtiva
Patrocinio UBEDA BLASCO	56	S/L	id	Sempere
Padrón de València 1930:	**Ed**	**Profesión**	**Domicilio**	**Natural de**
ISIDRO ESCANDELL UBEDA	36	periodista	C/ Cervantes, 22	València
Patrocinio Úbeda Blasco	66	S/L	id	Albaida
Enrique Escandell Úbeda	30	jornalero	id	Albaida
Concha Escandell Úbeda	26	S/L	id	Villanueva de Cs

Jornalero, empleado, acaso estudiante tal y como escribió en la carta dirigida a Galdós, de lo que no cabe duda es de su vocación periodística, pues, al mismo tiempo que se integra en las Juventudes Socialistas de Valencia, publica su primer artículo en el órgano de la Federación de las Juventudes Socialistas de España, *Renovación*, bajo el título de «El confinado». Sin duda, una buena carta de presentación para conquistar la consideración y el reconocimiento de sus camaradas, sobre todo, en un tiempo en que la incorporación de intelectuales al partido se consideraba la mejor forma de demostrar el éxito de sus ideas.

En estos primeros años de su estancia en València, el crecimiento político y personal de Escandell quedará marcado por el contexto bélico internacional y la crisis nacional que desató. En julio de 1914 estallaba la Gran Guerra que tanto enriquecerá a unos pocos y hará pasar enormes penurias a los más desfavorecidos. Si hasta entonces, la lucha contra la guerra de Marruecos había ocupado y preocupado a los jóvenes socialistas, a partir de ahora será la carestía de los productos alimenticios básicos y la especulación subsiguiente. En los inicios de 1915, la situación ya era muy complicada para los más pobres. La subida del precio del pan y la falta de trabajo daba como resultado el hambre. Y también la protesta. En el mes de marzo se sucederán las primeras manifestaciones en diversas ciudades, entre ellas València.

En Albacete, los manifestantes asaltaban la fábrica de chocolates «La Pajarita», lo que da una idea de su desesperación.

En esta coyuntura, la actividad política de los socialistas se intensificó promoviendo reuniones y mítines. El 21 de marzo, tanto los afiliados de la UGT como los de las casas del pueblo de València y Grao, convocaban a los obreros de la ciudad a un acto en la sede la sociedad de albañiles, La Constructora Valenciana, para abordar, entre otros temas, el de la subida del pan. Hablaron los representantes de las organizaciones convocantes y de los oficios afectados, pero también lo hizo el joven Escandell en nombre de la Juventud Socialista Valenciana. Entre otros argumentos acerca de la desigual distribución de la riqueza, Escandell no dudó en responsabilizar al Gobierno por la crisis, al tiempo que exigía a los obreros movilizarse para combatirla.

Era el primero de los muchos actos donde intervendrá Escandell y que provocará que todos empiecen a identificarlo como un líder en ciernes. La relación es tan extensa como intensa. Entre abril y mayo de 1915, Escandell, en representación de la Juventud Socialista, formará parte del cartel de oradores en diversos mítines, como el celebrado el 18 de abril en el Casino republicano de Alfafar; el del 1 de mayo por la mañana en València, en la sede de las Juventudes Socialistas, y por la tarde en Gandia, en el Centro Obrero de la localidad; el 15 de mayo en la inauguración del nuevo local de la Juventud Republicana Instructiva, donde destacó la importancia de la educación para el futuro de los obreros; el 26 de mayo, con motivo de celebrarse el 15º aniversario de la creación de la Sociedad de Obreros de Baldosas de Portland, defendía ante un numeroso auditorio la importancia del asociacionismo obrero, destacando a la UGT como organización que mejor defendía los intereses de los obreros.

Escandell había acreditado en apenas unos meses su valía como propagandista. Pero no solo era facilidad de palabra lo que le caracterizaba, sino también su dominio de los temas, explicados con abundantes argumentos y refrendados siempre con datos concretos. De aquí que pronto fuese reclamado para pronunciar charlas y conferencias a los obreros, una actividad que lo definirá en el futuro confirmando su capacidad de comunicación. La primera de estas conferencias la pronunciaba el 27 de junio de 1915 en la Escuela Laica de Catarroja con el tema «Regeneración Nacional», lo que indica su interés por el regeneracionismo y las figuras de Costa, Paraíso o Senador a las que profesará una profunda admiración durante toda su vida.

Todo iba deprisa, al ritmo que crecía la aguda crisis social. Apenas hacía un año que había llegado a València y ya era un referente, tal y como avala el que en los inicios del mes de julio de 1915 fuese elegido presidente de las Juventudes Socialistas. Un cargo que comportaba la responsabilidad de fortalecer una organización que apenas había logrado consolidarse. Su éxito, ya fuese por la coyuntura de crisis que estaba favoreciendo el crecimiento del sindicalismo ugetista y del socialismo ya por su incesante actividad, será visible apenas un año después cuando la organización socialista juvenil aparezca ya plenamente consolidada. Significa, por tanto, que la historia de esta organización es inseparable de la impronta que le dejó Isidro Escandell.

Su primer acto público cómo líder de las Juventudes tuvo lugar en la sede del republicanismo valenciano, la Casa de la Democracia, a partir de una convocatoria firmada por la Conjunción Republicano Socialista para abordar las elecciones municipales previstas para el mes de noviembre de ese año, donde socialistas y republicanos concurrirían bajo la etiqueta de Alianza de Izquierdas. Recordemos que la Conjunción Republicano-Socialista se había iniciado en 1909 y que se reactivará tras el X Congreso del PSOE celebrado en octubre de 1915. Para el caso valenciano, esta estrategia resultaba vital dada la hegemonía que sobre la clase obrera ejercía el republicanismo del Partido Unión Republicano Autonomista que dirigía Félix Azzati. Será, pues, su primera campaña electoral, interviniendo al lado de unos republicanos como Azzati o Samper con los que mantendrá una estrecha relación en el futuro. El resultado de las elecciones, donde la coalición de izquierdas sacó dos concejales más que los monárquicos, dio lugar a una celebración espontánea. Escandell presidirá la comisión de la Juventud Socialista que se desplazó a la Casa de la Democracia para participar en la fiesta. Tras los brindis y los abrazos, el diario portavoz de los republicanos, *El Pueblo*, afirmaba en su ejemplar de 15 de noviembre de 1915, que los jóvenes socialistas se despidieron vitoreando a Blasco Ibáñez, Félix Azzati y Pablo Iglesias y cantando la Marsellesa y la Internacional.

Pero el verdadero tema que ocupaba a los socialistas y a Escandell era la precaria situación de la población provocada por la imparable subida de precios de las llamadas subsistencias. Y aunque el Gobierno había intentado algunas medidas de control creando Juntas municipales para regular precios, los especuladores conseguían esquivarlas. De aquí que, apenas una semana después de las elecciones, los socialistas convocasen un mitin para abordar el tema. Con presencia de todas las sociedades obreras de València, Escandell habló en tercer lugar para denunciar la gravedad del problema y la responsabilidad del Gobierno que presidía Eduardo Dato. El presidente de la agrupación valenciana, Francisco Sanchis, cerraba el acto anunciando que ese mitin «era el preliminar de una campaña que no terminará hasta que la clase obrera quede atendida» *El Pueblo* (29/11/1915). Y, en efecto, así fue. A fines de 1915 tenía lugar un nuevo mitin en Alfafar, en la sede del Sindicato Agrícola La Estrella. A continuación, ya en la primera semana de 1916, otro en Vilamarxant. Y poco después el tercero, en esta ocasión en la nueva sede de las Juventudes Socialistas, sita en la calle Padilla de la capital.

En enero de 1916, tal y como preceptuaban los estatutos de la organización juvenil socialista, se procedió a renovar la Comisión Ejecutiva. Escandell volvió a ser reelegido presidente, conformándose un comité de dirección integrado por Severo Sempere, como vicepresidente; Pascual Tomás, como secretario; Enrique Hueso, como vicesecretario; Francisco Ripoll, como tesorero; y José Sanchis, Luis Giner y Antonio Monzó, como vocales. Tras esta confirmación, Escandell fijaba como uno de los objetivos prioritarios luchar contra los acaparadores y los gobiernos que los amparasen. Además, también se proponía dinamizar el local de la organización programando toda una serie de actividades que iban desde veladas literarias, actos políticos, conferencias hasta una escuela de formación política con una biblioteca en la que se ofrecerían obras de referencia del socialismo, así como de los principales literatos españoles, incluido Blasco Ibáñez, el ídolo local. La escuela de formación básica para obreros funcionaría todos los días que no hubiese conferencia, de 10 a 12 de la noche, siendo la asistencia gratuita. Los encargados de la docencia eran Vicente U. Casañ y el propio Escandell. Es decir, no tenía título oficial, pero ejerció de maestro, al menos en esta etapa de su vida.

Escandell también realizó la primera conferencia en aquella casa de las Juventudes, el 30 de enero de 1916, bajo el título, «Educación socialista». Siguiendo la filosofía iluminista que habían venido sosteniendo los republicanos desde sus orígenes, trasladó a sus oyentes la importancia de la educación para la mejora material de las personas, concluyendo con un llamamiento a los obreros «para sacudir el envilecimiento intelectual, germen de su condición lamentable» (*El Pueblo*, 31/01/1916). Esta preocupación por la cultura será una constante mientras Escandell siga de presidente. Así, en febrero de 1917, con motivo de celebrarse el cuarto aniversario de la reconstitución de las Juventudes, el programa de actos discurrió entre lecturas de artículos y poemas, discursos y actuaciones musicales donde no podía faltar tanto la Marsellesa como la Internacional, los dos himnos que conformaban el imaginario musical de los socialistas.

Conforme avanzaba la guerra, las condiciones para un estallido social eran cada vez más evidentes (González, 2017: p. 105 y ss). Los dirigentes de la UGT y la CNT, conscientes de ello, promovieron las primeras reuniones conjuntas que se saldaron con diversos acuerdos. También lo hará el conglomerado de partidos republicanos, que veían una oportunidad única para cuestionar la monarquía y el sistema corrupto de la Restauración. En cuanto a los socialistas valencianos, la lucha contra los responsables de la carestía y falta de alimentos siguió marcando la mayor parte de su acción propagandista. El 3 de febrero de 1916, siguiendo las directrices marcadas por el Comité Nacional de las Juventudes Socialistas de España, la organización valenciana convocaba un mitin en su sede de la calle Padilla para denunciar la carestía, el militarismo sangrante de Marruecos o la obligada emigración de los obreros a Francia. La convocatoria invitaba a todos los obreros de València a asistir al acto. También lo hizo un delegado del Gobernador Civil -en este caso, un inspector de policía- para tomar nota de lo que allí se dijese por si podía ser constitutivo de delito. Con el aforo del local repleto, hablaron en primer lugar los compañeros Emilio Juan, Pascual Tomás y Pilar Villar, la líder destacada desde 1914 del Grupo Femenino Socialista de Valencia. Escandell lo hizo en último lugar, asumiendo y resumiendo los discursos anteriores, pero añadiendo una serie de reflexiones históricas para reivindicar la abrogación de la Ley de Jurisdicciones, la norma que desde 1906 concedía a los militares la capacidad de juzgar cualquier crítica que sufriesen. Antes de que Escandell concluyese su intervención, el policía detuvo el mitin y ordenó su detención por entender que en las referencias históricas que utilizó, acusando a militares de haber causado el hambre en distintos momentos, infringía la citada Ley de Jurisdicciones. Una acusación muy grave porque implicaba que, de ser juzgado, lo sería mediante consejo de guerra. Escandell ingresaba por primera vez en la Prisión Celular de Valencia, un lugar al que regresaría en el futuro, precisamente cuando ya no le quedase ningún futuro.

El escándalo de la detención en pleno mitin y la imagen de su encarcelamiento provocaron una inmediata reacción, tanto socialista como republicana. Pablo Iglesias, en su condición de diputado, acudió inmediatamente al presidente del Gobierno para pedirle «que no prosperase la causa por la jurisdicción militar» *El Socialista* (11/02/1916). Otro diputado, en este caso el republicano valenciano Félix Azzati, se dirigía al Capitán General para pedir que exculpase la actuación de Escandell, atribuyendo a su juventud la posibilidad de haber cometido algún exceso verbal. No faltó la solidaridad de las organizaciones obreras y las cartas de protesta de otras agrupaciones reclamando, tal y como hizo la de Xàtiva, la puesta en libertad inmediata de Escandell. El tema llegó incluso a la prensa republicana madrileña, en este caso al diario *El País*, que, bajo el título de «Polacada de un policía», atribuía a la incultura del agente censor y a su falta de inteligencia para entender los argumentos del joven socialista el que hubiese decidido detener a Escandell.

Durante ocho días permaneció en prisión, hasta que en la tarde del 13 de febrero fue puesto en libertad provisional. Dos meses después, casi coincidiendo con un nuevo primero de mayo, el tribunal militar acordó sobreseer la causa por entender que no había delito alguno.

La figura de Escandell, tras esta primera experiencia represiva, se volvió más popular. No habrá mitin, manifestación o acto obrero en el que no se cuente con su presencia. Como escribía *El Socialista* (16/02/1916) cuando valoraba de forma irónica la respuesta general provocada por la injusta detención, había que agradecer a las autoridades su forma de proceder porque habían sido el mejor altavoz para dar a conocer sus ideas a la opinión pública.

De la cárcel a vicesecretario de los socialistas valencianos

El progreso político de Escandell iba paralelo al crecimiento de las protestas por los efectos tan dramáticos que la guerra estaba provocando en los alimentos básicos. La dificultad de comerciar debido al bloqueo marítimo provocaba que todo aquel que se arriesgase a exportar sus productos, ya fuese naranjas, patatas, trigo o cebollas, si lo conseguía, se podía hacer millonario, si no lo era ya, tal y como sucedía con el propio conde de Romanones, presidente del Gobierno a la sazón, cuyas compañías ganaron millones exportando todo tipo de productos a Francia. Al mismo tiempo, esta expectativa de exportar daba como resultado la escasez de alimentos para los ciudadanos y, por supuesto, la multiplicación de los precios de forma ininterrumpida. El resultado era la extensión del hambre entre buena parte de la clase obrera, lo que exacerbará los ánimos y la necesidad de lucha.

Mientras estuvo en libertad provisional, hasta fines de mayo, Escandell no pudo participar en ningún acto más de la campaña contra la carestía de las subsistencias que llevaba a cabo el partido. Una campaña que desembocaba, a fines de febrero, en una huelga general, la primera de las muchas que se sucederían en los próximos tres años. El inicio del conflicto se producía tras la reunión mantenida por todas las sociedades obreras en el Teatro Escalante, en la mañana del 27 de febrero, exigiendo tanto el abaratamiento de las subsistencias como la puesta en marcha de obras públicas que aliviase el paro reinante. A la mañana siguiente, la ciudad quedaba totalmente desabastecida de pan y alimentos, los tranvías y ferrocarriles parados, los espectáculos públicos suspendidos y la guardia civil y el ejército se desplegaba por las principales vías. Por la tarde, diversas manifestaciones fueron duramente reprimidas con el resultado de numerosos detenidos y varios heridos. Al día siguiente, 1 de marzo, las manifestaciones se intensificaron, levantándose barricadas y produciéndose enfrentamientos con la Guardia Civil con el resultado de un obrero muerto por herida de bala. Al mismo tiempo, diversos pueblos de la provincia de València se unían al paro, consiguiendo que se extendiera la protesta. Hasta el 6 de marzo se mantuvo la huelga en toda la provincia, y solo cuando las autoridades reiteraron la promesa de rebajar el precio del pan se recuperó cierta normalidad. En todos esos días, el nombre de la socialista Pilar Villar destacó en todas las reseñas de la prensa. Había protagonizado distintos mítines previos a la convocatoria de la huelga reclamando valentía a los obreros; en el celebrado el 28 de febrero donde se declaró el paro, intervino para rechazar la caridad y exigir justicia; en las manifestaciones que se sucedieron en los siguientes días, Pilar consiguió movilizar a un amplio grupo de mujeres, una parte de las cuales formaba parte de la Agrupación Socialista Femenina que ella presidía.

Escandell no volvió a la primera línea de la actividad política hasta que se produjo su absolución en el mes de mayo. El día 28 de mayo reaparecía en el mitin convocado para reclamar la libertad de los presos del pueblo riojano de Cenicero, detenidos tras protagonizar una huelga y diversos enfrentamientos con el ejército por los que habían sido condenados a distintas penas, entre ellas, tres capitales.

Su intervención fue especialmente aplaudida, tal y como señala la crónica que publicó *El Pueblo* (30/05/1916), al tratarse de un expreso pidiendo la liberación de otros presos.

El episodio de su encarcelamiento había proyectado la figura política de Escandell más allá de la ciudad de València. Se había convertido en un activo que el partido no desaprovechó, haciéndole viajar allí donde fuese reclamado para hablar o existiese la posibilidad de poner en marcha una nueva organización. A principios de junio lo hará en Nules, invitado a participar en la inauguración del Centro Obrero de la ciudad. Apenas una semana después asistía a la inauguración de la cooperativa de producción creada por el Centro Obrero, participando en el mitin junto a camaradas de Castelló. También acudía a insuflar ánimos a cualquier sector en huelga, como el de los trabajadores ferroviarios de la Compañía del Norte, al que les arengó en el mes de julio de 1916 recordándoles algunas de las conquistas alcanzadas por los obreros de este sector a lo largo de su historia. Incluso era reclamado por sectores profesionales específicos para argumentar sus peticiones. Sucedió con los dependientes de comercio y su reivindicación de conseguir el descanso dominical. Escandell, que según la crónica de su intervención lo hacía no solo como socialista sino como miembro de esta clase profesional[11], argumentaría en su discurso la justicia de su reclamación, proponiendo acelerar lo que el profesor Martinez Gallego (2010: p. 157) llamó la transición del mutualismo al socialismo.

---

11 Algo que vendría a justificar por qué en el padrón de la ciudad de València de 1920 aparecerá como empleado. Lamentablemente no tenemos ningún dato acerca de este posible vínculo laboral. En todo caso, Escandell repetirá en dos ocasiones más sus charlas para dependientes de comercio: el 23 de octubre ante los empleados de ultramarinos organizados en la sociedad Dependencia Colonial, en la que les hizo un repaso de las legislaciones obreras en Inglaterra y España para destacar los triunfos alcanzados por las Trades Unions; y el 15 de enero de 1917, donde pronunció la conferencia, «El dependiente de comercio. Proceso de su organización. Triunfos a conseguir con la misma». Vid. *La Correspondencia de Valencia* (21/10/1916) y *Diario de Valencia* (14/01/1917).

Este protagonismo quedó patente en el mes de septiembre de 1916, con motivo de celebrarse el 6º Congreso de la Federación Socialista Valenciana. Nombrado secretario del Congreso, Escandell participó en buena parte de los debates representando a las Juventudes de València y planteando, entre otras medidas, la puesta en marcha de un periódico portavoz del partido. En concreto, reclamaba la recuperación de *República Social*, el semanario publicado por primera vez en enero de 1910 para defender la Conjunción Republicano Socialista y que desapareció antes de llegar al año de vida. Tras los debates, el congreso acordaba nombrar a Escandell vicesecretario del comité regional de la Federación valenciana. De todos los componentes de este comité, desde su presidente, José Serrader, su vicepresidente, Salvador Aliaga o el secretario, Francisco Sanchis, Escandell será con mucho el socialista que más recorrido político tenga en las siguientes décadas.

La idea de que la organización contara con un periódico apunta ya el interés de Escandell de poder desarrollar su capacidad y sus inquietudes en una tribuna periodística. Sin embargo, el objetivo no solamente resultaba excesivamente ambicioso por sus costes, sino también porque la apuesta nacional del partido era concentrar todos los esfuerzos en el mantenimiento y mejora de *El Socialista*, el portavoz oficial creado en 1886 por el propio Pablo Iglesias. A pesar de ello, a fines de septiembre de 1916 Escandell dirigía una carta al resto de organizaciones juveniles que habían asistido al pasado congreso regional, rogándoles que incrementaran la cuota 10 céntimos por afiliado para destinarlos al sostenimiento del futuro periódico. Además, proponía la posibilidad de buscar otras vías complementarias de ingresos como rifas, sorteos, veladas, etc. Para dar ejemplo, la Juventud socialista de València, a propuesta de Escandell, aprobará el 7 de octubre la subida a 10 céntimos la cuota semanal de los afiliados con el objetivo de ir creando un fondo para el futuro periódico, así como para la adquisición de libros para la biblioteca de la sede de la calle Padilla. El voluntarismo, sin embargo, chocaba con la realidad. Con la coyuntura tan crítica por la que atravesaban los obreros y con el precio del papel disparado cada vez más, el deseo de Escandell de crear un órgano periodístico de la Federación tendrá que esperar dos años para que por fin se pueda materializar.

Tenía 21 años, ocupaba sendos cargos orgánicos en el socialismo valenciano y su fama como orador se había consolidado. La consecuencia será una vorágine de mítines, conferencias y actos que difícilmente podría compatibilizar con cualquier trabajo regular a no ser que fuese el mismo partido quien le pasase una manutención, lo que no tenemos constancia. En cualquier caso, la relación de las intervenciones que protagonizará en el último trimestre de 1916 habla por sí sola. Destacando tan solo las más que mayor volumen de público concentraron, empezamos por la de la Vall d'Uixó. Convocado por la Unión General de Trabajadores, el martes, 17 de octubre, tenía lugar un mitin en el que Escandell habló desde el balcón de la sede local del Círculo Obrero ante unas 3.000 personas, según estimación -posiblemente exagerada- del cronista que remitió la nota informativa a *El Socialista* (21/10/1916). Tras el mitin, estaba prevista una manifestación por el pueblo que el Gobernador prohibió. El 4 de noviembre, sábado, intervenía en un nuevo mitin, organizado por la Federación Obrera de Alginet en el Teatro de la Juventud Republicana y reseñado por el diario *El Pueblo* (6/11/1916). Con el aforo lleno de trabajadores, Escandell se dedicó esta vez a criticar el monopolio que «grandes caciques» ejercían sobre el tabaco, el azúcar o el control del Banco de España, confrontándolo con la situación de obreros y campesinos, finalizando su intervención reivindicando la necesidad de engrosar las filas de la UGT. Seis días después, el 10 de noviembre, viernes, el mitin lo pronunciaba en Mislata en la sede del Círculo Republicano donde, además de denunciar la carestía de los alimentos, se sumaba a la solicitud de libertad de los presos políticos, en especial, la del médico de la localidad turolense de El Pobo, Alfredo Alegre, condenado a 14 años de prisión por haberse rebelado contra el caciquismo local, un hecho que lo había convertido en símbolo para buena parte de la izquierda española del momento. Para concluir el año, el 9 de diciembre, en el Centro Obrero de Sueca, pronunciaba la conferencia «Principios que informan del credo socialista».

En medio de la explosión social. La experiencia de 1917

La situación económica tan precaria que venimos describiendo, junto a la inestabilidad política provocada por la irrupción de las Juntas Militares de Defensa y las reivindicaciones de la burguesía catalana, se volvió insostenible a partir de 1917 dando como resultado una serie ininterrumpida de estallidos sociales que mostraban, tanto la desesperación de los más pobres como la dificultad del socialismo para ponerse al frente de las mismas. Todo estaba sobre el tablero político, desde la política de alianzas con la CNT y, en el caso valenciano, con los republicanos blasquistas, hasta el uso que cabía hacer de la huelga como medio para conseguir sus objetivos. El riesgo de lanzarse a una acción revolucionaria para el futuro de la UGT y del propio PSOE era igual o peor al de perder toda iniciativa y dejar en manos de otras organizaciones la movilización obrera. Tal era la tesitura que se abría en los inicios de 1917 y que, en principio, se resolvió para los socialistas en dos movimientos igualmente complicados: pactar con la CNT la unidad de acción y promover un primer paro general para fines de marzo de 1917.

El anuncio de este primer ensayo de huelga general se hizo, nada más y nada menos, que en el mitin que pronunciasen los líderes de la UGT, del PSOE y de la CNT en la noche del 27 de marzo de 1917, lo que provocó la reacción inmediata del Gobierno que presidía el conde de Romanones, decretando el estado de excepción, la suspensión de las garantías recogidas en la Constitución vigente desde 1876, el control de los contenidos de la prensa, la clausura de la Casa del Pueblo de los socialistas madrileños y el arresto de todos los que participaron en el mitin. La detención era preventiva, no solo por la amenaza de la huelga, sino para evitar que derivase en algo parecido a lo que sucedía en Rusia. Desde el 16 de marzo la prensa española, con más o menos detalles, había descrito el destronamiento del Zar y la agitación revolucionaria que se había iniciado en aquel país. La prevención no solo era por la protesta de los famélicos, sino por el miedo a los revolucionarios.

En este contexto, la acción propagandística de Escandell seguirá centrada en las intervenciones públicas que llevará a cabo en cualquier momento y lugar, siempre y cuando el gobernador de turno lo permitiese. Hasta los sucesos anteriormente descritos de fines de marzo no se produjeron excesivos problemas, ni en mítines ni en actos del partido. Fue el caso de la conferencia pronunciada en Alginet, el domingo 4 de febrero de 1917, con motivo de la inauguración de la sede de la Federación obrera «El Movimiento» de esta localidad, con el título de «Importancia del movimiento obrero español», y que discurrió en completa normalidad.

Escandell también prosiguió la tarea de potenciar la organización que presidía. El 11 de febrero, con motivo de cumplirse el cuarto aniversario de su reconstitución, las Juventudes Socialistas organizaban una velada «literario-musical» abierta al público en general. Además de la música, el grueso de la velada fueron las distintas intervenciones que se sucedieron, desde Manuel Molina Conejero o Pascual Tomás por las Juventudes, hasta las de Francisco Sanchis en nombre del partido o de Emilio Borso di Carminati, el abogado que había defendido a Escandell tras su primera detención. El broche final, antes de que se entonara La Marsellesa y la Internacional, fue el discurso de Escandell en su calidad de presidente.

Esta relativa calma desapareció a partir de mayo de 1917, restringiéndose las posibilidades de propaganda socialista. Los actos más destacados de Escandell se centraron en la escuela obrera de la Vall d'Uixó que él mismo había propuesto crear y de la que asumió el encargo de dirigirla y programar sus actividades formativas. Una programación que, por lo que a él respecta, se iba a convertir en su aula de enseñanza más destacada. Allí impartirá toda una serie de clases cada semana que constituirán la primera vía de expansión del marxismo entre los obreros de la localidad. El lunes, 7 de mayo, pronunciaba la conferencia inaugural, titulada «Socialismo utópico y socialismo científico». Una semana después, el tema fue «Concepción materialista de la historia». El 21 de mayo hablaba sobre «Anarquía social de la producción». Y el mes lo cerraba, el 28 de mayo, con otra clase sobre el «Misterio de la plusvalía». Como se ve, temas harto complejos para cualquier auditorio y que debió de poner a prueba la capacidad pedagógica de Escandell. El resultado, a tenor de la respuesta del público, fue muy positivo. Los organizadores de la escuela, ante la falta de espacio para todos los asistentes, se vieron en la necesidad de trasladar las siguientes conferencias al teatro de la población. También Escandell debía de estar muy satisfecho, pues siguió programando nuevas intervenciones. La primera de junio la tituló «Posesión del poder público por la clase trabajadora», tema que desarrolló por espacio de «dos horas con diversas interrupciones por los aplausos de los obreros» según la crónica que publicó *El Pueblo* (8/06/1917). Esta última, por el tema tratado, no pasó desapercibida a la autoridad gubernativa de Castelló. De hecho, la programada para el lunes siguiente ya no fue autorizada. Lo mismo sucedió con las posteriores, a pesar de las protestas y de los argumentos de los convocantes acerca del respeto al orden mantenido hasta la fecha.

No solo las conferencias de la Vall fueron suspendidas. También los mítines que en este mes de junio intentó pronunciar Escandell, como el del día 27, convocado por la Juventud Socialista para protestar contra Maura y su posición intervencionista en la guerra, tal y como había manifestado en el discurso que dio en la Plaza de Toros de Madrid en abril de 1917. Para Maura, apoyar a Francia e Inglaterra abría la posibilidad de conseguir a cambio Gibraltar y más territorio en Marruecos *El País* (30/04/1917). A partir de aquí, todo se precipitó. Mientras en Madrid, los dirigentes del partido debatían sobre la estrategia a seguir o negociaban con los dirigentes anarquistas y republicanos la posibilidad de una huelga como medio para un cambio político, los obreros ferroviarios valencianos se declaraban el 19 de julio en huelga contra su empresa, la Compañía del Norte, contando con el apoyo de los conductores de tranvías. Por espacio de cuatro días, hasta el día 22 de julio, la huelga se generalizó en toda València, provocando la paralización de toda actividad. El Capitán

General contestó declarando el estado de guerra, desplegando el ejército por toda València y militarizando los servicios de transportes. Durante una semana se mantuvo el mando militar, sin apenas prensa ni información de lo que sucedía por imposibilitarlo la censura impuesta. Al finalizar el conflicto, tres jóvenes habían fallecido y más de setenta fueron detenidos, en su mayoría trabajadores ferroviarios.

Esta huelga promovida por los ferroviarios valencianos precipitó la huelga general en toda España. En la mañana del 13 de agosto, una hoja circuló por las calles de Madrid con la siguiente proclama:

> Obreros madrileños: Habéis visto que la huelga general de plazo indefinido ha sido declarada hoy en toda España. Las órdenes están perfectamente comunicadas, y tenemos la seguridad de que a estas horas todos los camaradas de la Unión General de Trabajadores y del Partido Socialista se han lanzado al movimiento. Igualmente tenemos la seguridad de que vosotros cumpliréis con vuestro deber.
>
> A la huelga, camaradas.
>
> Al empezar esta gloriosa jornada os saludamos fraternalmente y os ofrecemos la seguridad de que por nuestra parte no hemos de escatimar ni nuestro esfuerzo ni nuestro sacrificio.
>
> Adelante, con absoluta confianza en el triunfo.
>
> Madrid, 13 de Agosto de 1917. Por el Comité nacional de la Unión General de Trabajadores: Francisco Largo Caballero, vicepresidente; Daniel Anguiano, vicesecretario. Por el Comité nacional del Partido Socialista: Julián Besteiro, vicepresidente; Andrés Saborit, vicesecretario (Soldevila, 1918: p. 373).

La reacción del gobierno que en esos momentos presidía García Prieto, del Partido Liberal, fue encarcelar a todos los firmantes de esta convocatoria e imponer una dura represión en todo el territorio nacional contra los socialistas, ordenando el cierre de las casas del pueblo. En la de Yecla, el violento cierre de la sede se saldó con 6 muertos, uno de ellos era el presidente de las Juventudes Socialistas de la localidad. La huelga, planteada más en términos políticos que sindicales, fue un fracaso y una dura lección que, tal y como señala Julio Aróstegui

(2021), condicionará en el futuro a los dirigentes ugetistas a la hora de recurrir a este medio de lucha.

En la ciudad de València, donde todavía no se habían repuesto de los sucesos de julio, esta nueva convocatoria de huelga tuvo menos seguimiento que en el resto de España. De hecho, Escandell no volvió a intervenir en una convocatoria socialista hasta finales del mes de octubre. Sería en Alginet, invitado por la Federación Obrera, donde pudo explicar las causas de los motines sociales vividos, al tiempo que reclamaba la amnistía para todo el comité de huelga detenido en el mes de agosto. El tema, por tanto, que iba a monopolizar la propaganda socialista estaba claro que iba a ser el de la amnistía. Así lo hizo Escandell en los mítines que pronunció el 2 de noviembre en Sueca; el 10 del mismo en Carcaixent; el 24 en València, en la sede de la cooperativa ferroviaria, La Maquinista; y el 29 de noviembre en la Casa del Pueblo del partido en la capital. Sin embargo, la amnistía de todos los socialistas encarcelados no se conseguiría hasta abril de 1918 de la mano paradójicamente de Antonio Maura, el político conservador más odiado por la izquierda.

Mientras tanto, Escandell iba a protagonizar un sonoro enfrentamiento con el líder de la Lliga Regionalista Catalana, Francesc Cambó. Con motivo de la inauguración de la nueva sede de Unió Valencianista Regional, se programó un acto de confraternidad con sus homólogos catalanes de la Lliga. El 13 de enero tenía lugar un mitin en el Teatro Principal de la ciudad con asistencia del destacado líder nacionalista catalán. En su discurso, Cambó empezó explicando lo sucedido con la Asamblea de Parlamentarios catalanes, constituida en julio de 1917 con el fin de exigir la convocatoria de unas Cortes constituyentes que, entre otros objetivos, aceptase la autonomía catalana. Pero cuando intentaba precisar los detalles de cómo las reivindicaciones de la Asamblea iban a ser recogidas en el nuevo gobierno de concentración donde iban a participar los miembros de la Lliga Catalana -el propio Cambó sería ministro de Fomento entre marzo y noviembre de 1918-, los gritos de algunos de los asistentes acusándolo de traidor y mentiroso le impidieron continuar. Tras unos tensos minutos de espera,

Cambó recobraba la palabra para atacar al socialismo español, acusándolo de actuar únicamente por rencor. Y es ahí donde el joven Escandell se levantaba de su silla para gritar, «¡Viva Pablo Iglesias! ¡Viva el socialismo español, que es un partido de hombres honrados!» aludiendo de forma indirecta a la trayectoria económica del propio Cambó, ligado a una amplia red de negocios que lo habían convertido en millonario, alguno de ellos no exento de polémica.

El socialismo internacionalista que profesaba en esta etapa temprana de su vida apenas podía ser compatible con las posiciones nacionalistas que se desarrollaban de forma especial en Cataluña y País Vasco. Menos aún, cuando estas tesis venían de la mano de representantes de una burguesía que, en vez de hablar de clases sociales, planteaban los problemas en términos de nación y patria, de pasado y no de futuro. Estas desavenencias, en el caso valenciano, todavía podían ser más agudas al participar antiguos sectores carlistas en este movimiento de signo valencianista. El socialismo valenciano, al igual que el republicanismo, se posicionó enfrente de los regionalistas valencianos. Al menos, así fue hasta mitad de los años 20 en que, tal y como tendremos ocasión de comprobar, Escandell empiece a asumir la compatibilidad entre nacionalismo y socialismo ante la pujanza del valencianismo político.

Las relaciones entre republicanos y socialistas, a pesar de momentos puntuales de tensión al competir por captar a los mismos sectores sociales, será una necesidad táctica fundamental para aspirar a conseguir algún resultado electoral positivo frente a las redes caciquiles que liberales y conservadores poseían en toda la provincia. De aquí que veamos a Escandell participar en numerosos actos, especialmente previos a las elecciones, con los líderes del PURA, el partido republicano liderado por Azzati y que fundara Blasco Ibáñez. Incluso en actos estrictamente de partido, como fue la inauguración de la nueva sede de la Juventud Republicana, en la calle Cerrajeros, donde Escandell intervino defendiendo la alianza de izquierdas. Era el 30 de enero de 1918 y apenas una semana después, de nuevo se repetía en la misma sede otro mitin con Escandell figurando entre la nómina de intervinientes. El resultado de esta estrategia de unidad culminaría con la actualización de la Alianza de Izquierdas, formalizada el 4 de febrero de 1918 en una asamblea a la que asistieron delegados de la Juventud Federal, de la Unión Republicana, de la Radical Española, de la Reformista y de las Juventudes Socialistas. Por estas últimas asistieron de forma provisional Escandell y Roberto Espinosa, a la espera de que el congreso anual de las Juventudes ratificase estos nombramientos.

La asamblea de la remozada coalición de izquierdas acordaba la elección de un comité de coordinación, presidido por Enrique García Torres, republicano radical, y en el que Escandell pasaba a ocupar el puesto de secretario. Su papel fue muy activo. En su intervención, no dejaba lugar a la duda, planteando directamente que los primeros objetivos de la alianza debían ser la solidaridad con el comité de huelga de agosto, encarcelado en esos momentos en Cartagena, la condena de todos los actos de represión que se habían sucedido en meses anteriores, así como declararse «marcadamente aliadófilo en la cuestión internacional». La propuesta de Escandell, destacada en tono muy positivo por el propio portavoz del republicanismo local (*El Pueblo*, 6/02/1918) fue aprobada por unanimidad.

De una asamblea a otra, porque dos días después tenía lugar el congreso de las Juventudes Socialistas. Sin oposición, Escandell volvía a ser reelegido presidente y Roberto Espinosa, secretario, lo que significaba avalar su posición en la Alianza de Izquierdas. El informe de gestión presentado por el propio Escandell y del que se hizo eco *El Socialista* (3/02/1918) fue aprobado «cosechando grandes aplausos». Además, planteaba como objetivo para el nuevo año de mandato intensificar la labor propagandística, objetivo que no tardaría mucho en confirmar. Para empezar, con una nueva conferencia en la misma sede de la Juventud, en la calle Padilla, 4. Tres días después, otra en la Font de la Figuera. Otra sin apenas descansar en Puçol, en el centro de la Sociedad de Socorros Mutuos. Acto seguido, otra en Sueca con motivo de la constitución de la Juventud Socialista de esta población donde se habían afiliado 35 jóvenes. En todos estos actos, Escandell reivindicó el liderazgo del socialismo en los sucesos revolucionarios de 1917 y reclamó la puesta en libertad de los detenidos. Además, gracias a sus gestiones, también se constituía en Sueca la Unión Femenina de la Aguja, organización de obreras de la confección creada para oponerse a la Sociedad de modistas y sastras promocionada por la Iglesia.

Intensificar la propaganda no solo respondía a una necesidad política de su organización, sino también electoral de la Alianza de Izquierdas ante la convocatoria de unas nuevas elecciones generales para el 24 de febrero de 1918. Escandell participaría en todos los mítines que pronunció el candidato de la coalición, el destacado catedrático y reconocido socialista, Andrés Ovejero[12], que optaba por el distrito de Chiva a conquistar el acta de diputado. Un distrito casi imposible (Castillo, 1999) en el que, como reiteradamente señalaría Escandell, se trataba de elegir entre el candidato del pueblo frente al del caciquismo. Es decir, Ovejero lo tenía muy difícil, a pesar del entusiasmo con que los cronistas describían la asistencia de público a los mítines[13], ya que el candidato oficial era el conservador Enrique Trenor Montesinos, Conde de Montornés y también futuro conde de la Vallesa de Mandor (Laguna, 2023: p. 268-74). No hubo sorpresa y Trenor acabó ganando como estaba prescrito, a pesar de

---

12 Andrés Ovejero Bustamante (Madrid 1871-1954), «fue Catedrático de Teoría de la Literatura y de las Artes en la facultad de Filosofía y Letras de la Universidad de Madrid desde mayo de 1902 hasta marzo de 1941 que se jubiló. Formó parte de la Comisión Ejecutiva del PSOE como secretario agrario en 1918-1919 y como vocal de 1919 a 1921 y de 1928 a febrero de 1931. Fue candidato del PSOE por Toledo y Chiva (València) en las elecciones generales de 1918; por Santander, València y Chiva en 1919; por Montilla (Córdoba), Valverde del Camino (Huelva), Santander, Castelló, València y Chiva en 1920 y por Valverde del Camino y Linares y Martos (Jaén) en 1923 sin obtener el escaño». Fuente: *Diccionario Biográfico*, Fundación Pablo Iglesias.

13 «Se han celebrado mítines en Chiva, Turís, Godellela, Macastre y Buñol; el de este último pueblo en la plaza pública, porque ni el teatro, ni locales grandes podían ser capaces, según la gran expectación que había despertado. El acto fué, en efecto, imponente; la muchedumbre aclamó a Ovejero con gran entusiasmo. Puede asegurarse que el ilustre catedrático de esa Universidad Central es ya diputado». Crónica para *El Socialista*, 10/02/1918, firmada por Serrador.

las protestas acerca de los métodos empleados para conseguir el resultado: desde la clásica alteración de los censos hasta el pago en metálico de los votos. En Alginet, se cotizaba el voto entre 25 y 30 pesetas, lo que llevó a Escandell a presentar una denuncia ante el juez municipal. Y en Benifaió se acusaba al cacique conocido como «El Acólit» de haber vendido sus votos al mejor postor (Martínez Gallego, 2002: p. 67).

Esta derrota en un distrito agrario y caciquil quedó compensada con el triunfo en la ciudad de València, donde el republicano Azzati y el socialista Anguiano conseguían vencer a sus rivales monárquicos. En este caso, la campaña la protagonizó en exclusiva Azzati, toda vez que Anguiano seguía preso en Cartagena por su participación en el comité de huelga del verano anterior. Para los socialistas valencianos, este resultado significaba un gran éxito después de todos los reveses sufridos, tanto en la estrategia de resistencia mediante la huelga como en los intentos de participar en los distintos procesos electorales. Por ello, no dudaron en sumarse a la celebración que se llevó a cabo en el local de la Juventud Republicana, donde Azzati fue el gran protagonista en su renovada condición de diputado. Escandell, por su parte, aprovechó su turno para reclamar la puesta inmediata en libertad de Anguiano para que pudiese ejercer la representación otorgada por los valencianos. La crónica de *El Pueblo* (06/03/1918) cuenta que el joven líder de los socialistas fue ampliamente aplaudido, esto es, reconocido. Contaba 23 años y se había convertido en el hombre del socialismo valenciano que más actos públicos protagonizaba.

La vida entre conferencias y mítines

Los resultados electorales de la Alianza de Izquierdas, junto con la agitación social que se vivía cada día en la industria valenciana con protestas y huelgas sucediéndose, llevarían a Escandell a desarrollar una agotadora campaña de mítines y conferencias por todo el territorio valenciano. Además, la llegada al poder de nuevo, en marzo de 1918, del líder conservador, Antonio Maura, aumentó la indignación de una izquierda que lo consideraba el asesino de Ferrer y Guardia. De esta forma, tanto la situación política como las condiciones de vida de los obreros y una creciente preocupación por conseguir la movilización campesina concentrarán los temas sobre los que Escandell disertará en estos meses posteriores al estallido de 1917.

No sabemos si tenía tiempo de prepararse las intervenciones de tan variados temas, si improvisaba o llevaba algún tipo de apunte. Ni siquiera hay referencia alguna al método expositivo que pudiese emplear, con un lenguaje y ejemplos adaptados al auditorio o sin renunciar a la terminología compleja y a veces abstracta de los temas que abordaba. De lo que no hay duda es que la clase obrera, tanto la que se organiza como la que simplemente acude por curiosidad al centro obrero, se formará en cuestiones básicas del socialismo a través de la palabra de Escandell. La prueba es la relación de lugares que visitó y los temas de los que habló simplemente en los dos meses siguientes a las elecciones de febrero de 1918. Para empezar, el 17 de marzo pronunciaba en Almussafes una conferencia con el título de «La organización obrera en España». Lo hizo en uno de los almacenes de empaquetado de frutas, pues el local inicialmente previsto, el Círculo Republicano, se vio superado por la cantidad de público. El 28 de marzo lo hacía en Alzira, hablando sobre «El ideal socialista». El 29, en la sociedad de muebles curvados La Unión, exponía ante los obreros en huelga el tema «Cuestiones económicas y sociales», siendo reconocido al finalizar con el título de «presidente honorario de la sociedad». Escandell, conmovido por este reconocimiento, «agradeció profundamente las muestras de cariño recibidas, poniéndose incondicionalmente a disposición de los honrados obreros huelguistas» El Pueblo (30/03/1918).

Sin más descanso que un par de semanas, Escandell volvía el 14 de abril a intervenir en el Centro de Trabajadores del Campo de Massamagrell, hablando sobre «cuestiones sociales». Cuatro días después, ante distintos colectivos obreros en paro, como los obreros de baldosas o los de muebles curvados, desarrollaba algunos conceptos marxistas bajo el tema «Problema económico-social». El 21 de abril, en la Vall d'Uixó, el tema «La lucha de clases», tema que repetiría el 23 en Faura, con motivo de la inauguración del Centro Obrero.

Si esto sucedía entre marzo y abril, en el mes de mayo de aquel 1918 su actividad propagandística aún se incrementó. Se inició con la fiesta del 1 de mayo, participando por la mañana en un gran mitin en Carcaixent, inaugurando la bandera de la sociedad de confeccionadoras de cajas de naranja, El Despertar Femenino, y la concluirá en Alzira por la tarde en otro mitin junto al «eminente doctor Gustavo Pittaluga».

En los días siguientes concentró buena parte de su acción propagandística en la comarca de Buñol, donde los socialistas habían cosechado un buen resultado en las pasadas elecciones legislativas. Acompañado del inspector municipal de sanidad de la ciudad de València, Alfonso Criado, recién afiliado al partido, intervino en primer lugar en el pueblo de Alborache, considerado hostil por «la influencia de las sotanas», donde habló sobre «cuestiones sociales». Un día después, el 16 de mayo, intervenía en la Sociedad de Trabajadores del Campo de Yátova en torno al tema, «Capital y trabajo». El siguiente pueblo en esta campaña de propaganda sería Buñol, donde el candidato socialista, Andrés Ovejero, había conseguido más de 800 votos. Allí, Escandell habló sobre «El ideal socialista». Al día siguiente, el turno le tocó a Macastre, centrando su mitin sobre el tema «El obrero agrícola». La semana de mítines concluyó en Torís, hablando en esta ocasión sobre «La lucha de clases». Y ya de regreso a València, el mismo 28 de mayo, pronunciaba otra conferencia en el local de la sociedad obrera de camareros de València, El Avance, con el título de «Labor del socialismo español». En una semana, pues, había pronunciado cinco mítines en cinco pueblos distintos y con cinco temas diferentes, rematando la campaña con una conferencia en València.

Se trata de una vida que se desarrollaba entre viajes, reuniones, asambleas e intervenciones de todo tipo. Todo ello a un ritmo frenético que hacía imposible que pudiese compaginar este modo peregrino con un trabajo regular. Y para muestra lo que hizo al mes siguiente, el de junio de 1918: empezó en Enguera, donde el día 5 pronunciaba sendas conferencias, primero ante los miembros de la Unión del Arte Textil y, poco después, otra ante los trabajadores del campo. Dos días después, el viernes 7, lo hacía en Museros, proponiendo a los jornaleros que le escuchaban la importancia de organizarse. El sábado, día 8, volvía a intervenir por partida doble en Borriana, primero en la sede de la sociedad Alba Social y por la noche en el Círculo Republicano donde desarrolló «El ideal socialista». Al lunes siguiente, día 10, se desplazó a la capital de la plana, invitado por la Juventud Socialista de Castelló. Y ya de vuelta a València, el jueves 20 tenía lugar en la Casa de la Democracia de los republicanos un mitin contra las reformas militares que empezaban a proyectarse en el Senado y que finalmente se convertirían en el proyecto de Ley contra el Espionaje, una forma nada sutil de incrementar la persecución de todos aquellos que publicasen o difundieran noticias que «pudiesen provocar alarma» y que llevó al abandono del Congreso de los diputados socialistas y republicanos. Esa ley, calificada como «un abuso de poder» por el socialista Prieto y una «mordaza» por el republicano Castrovido, sería finalmente aprobada el 6 de julio. Y su primera consecuencia no se hizo de esperar. Escandell, junto con el presidente las Juventudes de la Unión Republicana, Antonio Vélez, sería denunciado por el discurso pronunciado en contra de la misma. Como el mitin se había celebrado antes de la aprobación de la ley, la denuncia se basó en los apuntes tomados por un policía presente en el acto. A pesar de la apertura del sumario, Escandell no perdió su libertad lo que le permitió seguir su incesante actividad propagandística, cosechando, además, las muestras de solidaridad de los obreros que asistían a sus mítines. En lo que restaba de aquel mes de julio intervino en Ontinyent, en la sede de la sociedad El Azadón, y en Massamagrell. Y ya en el de agosto lo hizo en Alzira, Buñol, Enguera, Villena, la Vall d'Uixó, Villanueva de Castellón, València…

En este nuevo peregrinaje, más allá del tema de sus intervenciones, lo que realmente presidía el ánimo de los asistentes era denunciar el proceso abierto a Escandell. En Enguera, el acto del 5 de agosto se protestó contra una detención que consideraban injusta, promovida por unos policías «hepáticos y atrabiliarios» (*El Pueblo*, 6/08/1918). En días sucesivos, numerosas agrupaciones fueron sumándose a esta protesta: el 6 de agosto, fuero las Juventudes Socialistas de Alzira y Buñol; el 16, el Centro Socialista de Alzira, la Juventud Socialista de Sueca y el Centro Republicano de Dos Aguas, además de la Juventud Socialista de Madrid (*El Pueblo*, 17/08/1918). Las protestas contra su procesamiento se produjeron incluso en aquellos sitios donde no pudo asistir, como la Font de la Figuera, donde la Agrupación y las Juventudes firmaron un comunicado de «enérgica protesta» por lo que consideraban un atentado de la policía.

A mediados del mes de agosto de 1918 tenía lugar la «Semana Roja», una actividad política un tanto original para recordar los sucesos vividos en el mes de agosto de 1917, intentando unir la reivindicación de la lucha obrera con diversos actos lúdicos. La acción, programada por la dirección nacional del Partido Socialista en toda España, se iba a desarrollar en València en la plaza de la Glorieta. El programa previsto incluía la actuación musical de la sociedad de ciegos, La Protectora de la Honradez, la banda Unión Musical Obrera, una rifa de obras de artes y otros actos de «recreos y expansión» con el fin de recaudar fondos para el sostenimiento de *El Socialista* y para dietas de los diputados, además del mitin central protagonizado por el catedrático universitario Andrés Ovejero. La semana se fue desarrollando con normalidad, excepto el mitin, prohibido por el Gobernador.

Escandell no pudo participar en esta iniciativa, pues sería el encargado de fomentarla en otras localidades. Lo hizo el 17 de agosto en la Vall d'Uixó, el 18 en Villanueva de Castellón, el 21 en Cocentaina para, dos días después, acabar en Villena coincidiendo con la celebración del aniversario de la sociedad agraria La Constancia. En todas ellas llevó a cabo intervenciones centradas en la pujanza de las ideas socialistas ante un numeroso público. Fue el caso del acto celebrado en Vilanova, en el cine Ideal, donde concurrieron comisiones de Alzira, Carcaixent y otros pueblos de la Ribera, además de la banda de música local y donde -según el cálculo de *El Socialista*- asistieron 3.000 personas.

Al finalizar este periplo, Escandell regresaba a València para someterse al juicio por las palabras pronunciadas en el mitin contra la Ley de Espionaje. El fiscal le acabó imponiendo una multa de 1.000 pesetas que, deducimos, debió de pagar gracias al apoyo de la organización y de sus militantes. Y es que la represión, más allá de los problemas físicos o económicos que pudiese originar, tenía también el efecto de multiplicar ante la opinión pública el nombre del afectado. En *República Social* (12/10/1918) aparecerá publicado un artículo encomiástico, titulado «A Isidro Escandell», firmado por Alfredo Puig. Y en el *Socialista* fueron publicadas detalladamente todos los actos de protesta que hemos señalado. Escandell, el 25 de agosto de 1918, remitía una nota a este diario, agradeciendo «el alcance moral y el estímulo que suponen estas protestas».

Primeras experiencias periodísticas

El objetivo de contar con un medio de comunicación, tal y como se había planteado en el anterior congreso de las Juventudes y también en el de la Federación Socialista, por fin se materializaba. El 6 de julio de 1918 aparecía *República Social*, con el subtítulo de «Órgano de la Federación Socialista Valenciana. Defensor de la clase obrera». Dirigido por el presidente de la Agrupación y primer concejal socialista del Ayuntamiento de València, el tipógrafo Francisco Sanchis, Escandell figurará como redactor junto con Pascual Quiles, Alfonso Criado, Vicente Martí y Manuel Molina, encargándose de la administración Jacinto Mancho. La sede de las Juventudes, en la calle Padilla, 4, aparecía como sede también de la redacción y administración. Con periodicidad semanal y un formato de cuatro planas, saldrá cada sábado al precio de 10 céntimos con la pretensión de llegar a todos los militantes. De hecho, en su carta de presentación, recordaba todas las agrupaciones con las que contaba el partido en esos momentos:

Actualmente forman la Federación Socialista Valenciana las agrupaciones de las localidades siguientes: Albacete, Alzira, Alcoy, Alicante,

Almansa, Bañeres, Buñol, Carcagente, Castelló de la Plana, Catarroja, Crevillente, Cuya (Castelló), Elda, Elche, Fuente la Higuera, Gandía, Játiva, Onil, Petrel, Sueca, Tavernes de Valldigna, València, Vall de Uxó y Villena. De éstas, después del último congreso regional celebrado en València en 1916, se incorporó a la región valenciana la de Albacete.

Se trataba, por tanto, de plantear que la totalidad de las agrupaciones y la mayoría de los socialistas afiliados se suscribiesen al nuevo periódico, principio que podía garantizar la viabilidad económica de la empresa. El objetivo, en todo caso, era no eludir la frustrada experiencia de 1910, cuando salió por primera vez *República Social* con el subtítulo de «Órgano local del Partido Obrero, defensor de la Conjunción Republicano Socialista», y ni siquiera consiguió superar el año de existencia con todo lo que eso presuponía de debilidad. Ahora, la intensidad de los conflictos y de las movilizaciones, unido al crecimiento del partido, podía hacer pensar en una suerte distinta. Sin embargo, pronto se despejó la duda. En el número 28, de 11 de noviembre de 1918, en un destacado recordaba a los obreros que: «*República Social* se creó por y para los trabajadores. El deber de estos es coadyuvar a su sostenimiento si de veras quieren tener un adalid de sus reivindicaciones y una tribuna desde donde contender con sus explotadores». Este llamamiento venía acompañado de la apertura de una suscripción permanente en favor del periódico, señal evidente de que los ingresos por venta no eran suficientes. Incluso se abrió el periódico a insertar anuncios en su última página. No fueron muchos, pero nunca faltaron en toda su existencia, en especial, el de la sombrerería Salvador, un establecimiento sito en la plaza Pie de la Cruz de la capital.

Desconocemos el resultado de la colecta y de las ventas, pero en el número 38 de 22 de marzo de 1919, un comunicado de la redacción proclamaba su intención de convertir el semanario en diario. Entre otras cosas, decía: «Obrero del campo, obrero del taller, obrero intelectual: la idea de convertir en diario esta modesta hoja impresa que tienes en las manos, constituye para el Comité regional, para el Comité de la Agrupación y para el cuerpo de redactores de *República Social*, algo así como un empeño de honor». El objetivo era seguir el modelo de *El Socialista*, lo que no dejaba de ser un planteamiento poco realista. Es decir, parecía más una huida hacia adelante que la demostración del buen resultado del periódico hasta esos momentos. El plan consistía en emitir 30.000 acciones de una peseta cada una para que fuesen subscritas por los trabajadores de todo el País Valenciano. Un plan tan voluntarista como imposible de materializar teniendo en cuenta la terrible situación por la que atravesaban los trabajadores valencianos que, además del paro, la carestía de los alimentos y otras penurias, se habían tenido que enfrentar al «soldado de Nápoles», esto es, la mal llamada «gripe española», que había causado una gran mortandad entre la población más desfavorecida. Sobre todo, la segunda ola de la epidemia, desatada a partir de septiembre de 1918 con motivo del regreso de los trabajadores que habían emigrado a Francia para suplir la falta de mano de obra, produjo un número indeterminado de víctimas en los barrios más deprimidos de la ciudad (Laguna, 2021).

La conversión en diario nunca se alcanzó, y no solo por la falta de apoyo económico de los trabajadores valencianos, sino porque los acontecimientos que se desarrollaron en aquellos meses iniciales de 1919, con la declaración del estado de sitio en Barcelona y con huelgas en la mayoría de las ciudades del país, acabaron por imponer una censura que dejó en blanco buena parte de los contenidos de sus cuatro páginas. Los ejemplares aparecían tan censurados que apenas ofrecían algunos párrafos o palabras aisladas. Esta situación tan irrespirable llevará a la dirección del periódico a suspender su salida a partir del número 52, fechado el 5 de julio de 1919. Habría que esperar prácticamente un año para que volviese a salir. Lo hizo el 1 de mayo de 1920, reapareciendo en forma de número extraordinario y con el objetivo exclusivo de dar apoyo a las manifestaciones organizadas por el partido. Sin embargo, el teórico incumplimiento del trámite de haber depositado los tres ejemplares que la ley prescribía como obligatorios antes de la salida a la venta del periódico, llevó al Gobernador a imponerle una multa de quinientas pesetas, esto es, una sanción muy complicada de sufragar. El director de *República Social*, Francisco Sanchis, dirá en su descargo que el trámite, el depósito de los tres ejemplares previa a la difusión de la edición, se había verificado el 30 de abril, pero que los funcionarios se negaron a poner el sello de entrega.

República Social se libró de la multa tras las protestas de Prieto ante el ministro del Interior. Pero de lo que no pudo librarse es de la penuria económica que marcó buena parte de su existencia. Una situación que le llevó finalmente al cierre: el número 75, fechado el 11 de septiembre de 1920, fue el último en aparecer.

Por lo que hace a la participación de Escandell en esta iniciativa, además de fomentar su lectura y suscripción, se limitará a la redacción de muy pocos artículos de opinión. Todavía le faltaba oficio y formación. Hasta esos momentos, tan solo había tenido esporádicas colaboraciones en la prensa valenciana, especialmente en el diario *El Pueblo*. Con el título de «La huelga de obreros en muebles curvados», aparecía en este diario (17/06/1918) un artículo con su firma, calificando esta huelga como un símbolo de la explotación patronal en connivencia con las autoridades gubernativas. En *República Social*, su primer artículo apareció en el número de presentación (6/07/1918) con el título de «La caridad oficial», todo un alegato contra el pietismo burgués y su modelo de atención social basado en el ejercicio de la caridad y con la Iglesia como protagonista. Sin embargo, el siguiente con su firma no llegó hasta el 3 de abril de 1920, bajo el título de «Los crímenes sociales». Escandell abordará en esta ocasión los enfrentamientos laborales, saldados con la muerte de algunos obreros y empresarios, para declarar con rotundidad la condena de los socialistas al crimen y la violencia como tácticas de acción que practicaban los anarquistas. No obstante, también rechazaba que se calificase a estos crímenes como sociales, porque los auténticos crímenes sociales -afirmaba- eran aquellos provocados por la injusticia social, los que se saldaban con numerosos obreros y campesinos muertos cada día por las calamitosas condiciones laborales o por reivindicar algunas mejoras económicas.

El último artículo de Escandell en *República Social* aparecería el 29 de mayo de 1920. Con el título de «Extremeña», relatará sus experiencias tras recorrer por segunda vez este territorio, describiendo la riqueza de sus paisajes y la miserias de sus gentes. Se trata del texto más trabajado y expresivo de lo que hasta ahora había publicado, combinando la descripción con la denuncia y utilizando un lenguaje más militante. Así, el atraso y la pobreza de la región los justificaba por estar «mayoritariamente poblada de cerdos y curas», vinculando directamente la situación de los extremeños al régimen semifeudal que imperaba y a la opresión de la iglesia que, «de forma exagerada, puebla estas tierras». La conclusión, con todo, era optimista al afirmar que el socialismo avanzaba en Extremadura, «acorralando a la bestia capitalista». Desde el título hasta la última línea, el articulo demuestra la influencia de la obra de Julio Senador Gómez, «Castilla en escombros: las leyes, las tierras, el trigo y el hombre», publicada en 1915 y acogida muy positivamente por la izquierda y el regeneracionismo español. De hecho, la revista *España*, dirigida por Luis Araquistáin, reiteró en diversos números críticas muy elogiosas a la obra de Senador. El propio Marcelino Domingo, en el número de 6 de julio de 1916, calificaba el libro como una radiografía exacta, no solo de Castilla, sino de toda España.

El impacto que Senador causa en el joven Escandell le llevará a escribir un librito, titulado «Semblanza de Julio Senador Gómez, notario de Frómista», que publicará la imprenta valenciana de Olmos y Luján en 1919. El folleto, del que no hemos podido localizar ejemplar alguno, pasó a ser publicitado en *El Socialista* desde agosto de 1919 a mayo del siguiente, vendiéndose al precio de 20 céntimos junto con otras obras de la biblioteca del periódico. De esta forma, los lectores de *El Socialista* de toda España pudieron ver cómo el nombre de Escandell aparecía junto al de Pablo Iglesias, Paul Lafargue o Julián Besteiro en el recuadro donde se publicitaban las obras de la biblioteca socialista.

Escandell ya no volvió a publicar ningún otro artículo en *República Social*, si bien su nombre no dejó de aparecer de forma reiterada por distintos motivos. Lo hizo en las reseñas de mítines, en las convocatorias de las organizaciones y hasta en los congresos que se celebraron en aquellos años. Sin embargo, serán los nombres de Vicente Lacambra, Francisco Sanchis, Molina Conejero, entre otros, los que con mayor asiduidad firmen el articulo doctrinal introductorio del periódico. Es como si el líder de las Juventudes fuese apto para la agitación y la propaganda directa, pero todavía inmaduro para la reflexión y el análisis político.

Además de en *El Pueblo* y *República Social*, Escandell también debutaba en *El Socialista* con un trabajo sobre la situación del socialismo valenciano que apareció el 1 de octubre de 1918. Con un tono optimista, como era lógico, Escandell intentaba demostrar el gran avance experimentado por el socialismo valenciano desde la constitución de la Federación Socialista Valenciana en 1905. Señalaba que se habían sumado poblaciones donde el carlismo y el clericalismo habían sido hegemónicos, citando especialmente el caso de Ontinyent. Otras, como Buñol, la Font de la Figuera o Gandia, donde el caciquismo ejercía un control absoluto, se habían empezado a rebelar creando organizaciones y votando a los candidatos de izquierdas. Para acabar, se ufanaba de que la Federación valenciana contara en esos momentos con 25 secciones en otras tantas localidades, que había llevado a cabo 6 congresos, el último de los cuales había tenido lugar en 1916, además de la organización de jóvenes que él presidía. En suma, una radiografía del socialismo valenciano en clave positiva pero un tanto alejada de la realidad, tal y como ha sido reconstruida por historiadores como José Antonio Piqueras (2005).

Otro artículo que pretendía fijar posición lo firmará Escandell en *El Socialista* de 15 de marzo de 1922, bajo el título de «El manifiesto de los obispos. Ladridos a la luna». Se trata de una reflexión, a partir de la campaña de acción social planeada por el episcopado español, expuesta en sus líneas básicas en la pastoral que se hizo pública en el mes de marzo. En dicha carta, los obispos acusaban directamente al socialismo de ser un peligro para la paz de las familias y la armonía de los obreros. De aquí la respuesta de Escandell, primero en términos filosóficos, anteponiendo la concepción materialista de la Historia frente a la teológica; después, en términos de clase, identificando la historia de la Iglesia con la pugna feroz por la defensa de sus privilegios; y, finalmente, para concluir que la lucha obrera por la igualdad y contra los privilegios de clase conllevaba también una pugna abierta y decidida contra la curia eclesiástica. A tenor de este texto, se nos revela un Escandell impregnado del anticlericalismo que identificaba el sentir de buena parte de las capas populares. Este planteamiento crítico frente a la Iglesia contrastará con el mantenido sobre la religión, cuyos textos el propio Escandell conocía y hasta recomendaba leer.

Más allá de estos primeros artículos, desde 1918 y con una presencia intermitente, Escandell también hacía de corresponsal para *El Socialista*, informando de algunas de las actividades que llevaban a cabo los dirigentes, sobre todo, el concejal del Ayuntamiento de València, Francisco Sanchis. También de acontecimientos señalados, como la visita de Besteiro a València en julio de 1918, o de asuntos más particulares como los accidentes labores que padecían los obreros valencianos.

De esta forma, el líder de las Juventudes Socialistas, que en los primeros censos de población donde ha figurado su nombre -el de Xàtiva primero y el de València después- aparecía con las profesiones de jornalero y luego empleado, daba sus primeros pasos hacia una profesión que finalmente lo calificará, la de periodista. Eso sí, periodista decimonónico, una expresión que servía para identificar al escritor de artículos de opinión, el más valorado por definir la calidad y finalidad del medio, frente al periodista conectado con el reporterismo y la información. A partir de 1924, Escandell será un prolífico periodista de artículos que analizarán situaciones y realidades de medio mundo.

DE PRESIDENTE DE LAS JUVENTUDES A PRESIDENTE DEL PARTIDO

¡Simbólico consorcio de un poder gubernamental totalmente desacreditado e inculto, con una burguesía nacional cuyas especulaciones en el mundo monetario se reducen al tanto por ciento, a la carta de gracia, a la ley hipotecaria y a la deuda perpetua! La huelga de obreros en muebles curvados, perpetuada por un conglomerado formado por codicia patronal y por indiferencia gubernativa, es un símbolo en nuestra desgraciada España.[14]

Fue un tiempo muy duro para los obreros en general y para los sindicalistas en particular, plagado de huelgas, asesinatos, detenciones y colas de hambre, con la carestía de los alimentos básicos para el consumo como punto de partida. Fue un tiempo de rebeldía social que se manifestó en huelgas generales, protestas ininterrumpidas y enfrentamientos sangrientos. Fueron unos años, los de 1917 y sucesivos en los que la mayoría de los españoles sufría, tanto las consecuencias económicas de una guerra foránea en la que no participaban, como

---

14 ESCANDELL, Isidro: «La huelga de obreros en muebles curvados», *El Pueblo* (17/06/1918).

las militares de otra en el norte de Marruecos en la que sí lo hacían por ser pobres y no tener los medios para eludir o reducir la prestación. Incluso no faltó una crisis sanitaria que se llevó por delante a miles de jóvenes solo en el otoño de 1918.

En este contexto, el compromiso político y sindical de quien lidera las Juventudes Socialistas y forma parte de la UGT, no solo se verá reforzado, sino que supondrá una experiencia que condicionará la conformación ideológica del militante. El planteamiento de la huelga revolucionaria de marzo de 1917, con al menos 127 muertos y todo el comité de huelga encarcelado, no solo fue una lección para la UGT y el PSOE en su conjunto acerca de qué estrategia seguir -si la revolucionaria o la reformista-, sino también para un Escandell que acabará apuntándose a la vía parlamentaria y, por lo mismo, reformista, para la consecución de sus objetivos. Una decisión acelerada, a su vez, ante la necesidad de posicionarse frente a la nueva Internacional Socialista nacida en Moscú tras la revolución de octubre.

Entre la revolución y la prisión

En aquel final de década, por encima de la pugna diaria por seguir viviendo, el triunfo de la revolución rusa en 1917 demostraba que la utopía podía hacerse realidad. Demostraba que la extrema necesidad en la que se encontraba una infinidad de personas podía dar una oportunidad al cambio revolucionario. Tan solo hacía falta capitalizarlo y dirigirlo con las ideas correctas y las personas adecuadas. Al menos estas fueron las convicciones de algunos de los hombres y mujeres que siguieron difundiendo las ideas y valores del socialismo en aquellos años finales de la Gran Guerra. Así lo expusieron Vicente Martí, Manuel Molina Conejero, José González, Pascual Quiles, Francisco Sanchis e Isidro Escandell en el mitin celebrado en la nueva sede de los socialistas valencianos de la calle de las Almas, el domingo 10 de noviembre de 1918. Y así lo repitió Escandell en sucesivos mítines, como los pronunciados en Tavernes de la Valldigna y Riola a fines del mes de noviembre de 1918.

Fue la primera reacción del socialismo valenciano ante lo que consideraban la primera experiencia exitosa de conquista del poder. Una reacción, además, que no admitía críticas ni cuestionamientos. Cuando la prensa local describía «las atrocidades de los bolcheviques», desde *República Social* no dudaban en acusar a la «prensa burguesa» de mentir y tergiversar los hechos, advirtiendo que sabrían contestar «con noble y enérgica actitud». Así lo proclamaron los jóvenes socialistas comandados por Escandell, como presidente y Perales como secretario, tras una asamblea en la que se evaluó la información emitida por la prensa valenciana acerca de la revolución.

Esta identificación con lo sucedido en Rusia también se manifestó en diferentes demostraciones públicas, como mítines o cenas populares donde quedaban invitados todos aquellos «que miren con simpatía la implantación de la República social». Sin embargo, el entusiasmo de estos primeros meses pronto se fue debilitando ante el debate interno que se originó en el seno del Partido Socialista sobre el grado de adhesión y seguimiento a la revolución rusa. Escandell, precisamente, sería un claro ejemplo de cómo se pasó de celebrar el triunfo revolucionario a vivir con gran preocupación la amenaza de escisión de un sector del partido posicionado a favor de seguir el «bolchevismo».

Había que digerir la resaca de aquel bienio revolucionario y hacer frente a nuevos desafíos que ponían en riesgo, no solo la existencia de la organización -algunas de las cuales como la de Alcoi había sido disuelta tras los sucesos de agosto de 1917-, sino también la integridad física de sus militantes. Todo ello, en el caso del socialismo valenciano, teniendo que decidir si secundaban las acciones radicales de la CNT o si seguían participando en procesos electorales coaligados con los republicanos del partido que fundara Blasco Ibáñez.

La cuestión capital tras la experiencia revolucionaria rusa será la redefinición de la estrategia del Partido Socialista, lo que era tanto como decidir si se apostaba por seguir por la vía gradualista, de conquistas progresivas a través de los procesos electorales, o se apuntaban a la nueva línea revolucionaria instaurada a partir de marzo de 1919 con la fundación en Moscú de la III Internacional. El dilema llevaría a Escandell a pedir directamente consejo al propio Pablo Iglesias, con el que mantenía una relación epistolar. En carta fechada el 22 de junio de 1918 -y que reprodujo años después *La Voz Valenciana*- Iglesias le contestaba con un expresivo «querido amigo Escandell», al tiempo que se disculpaba por no haberle contestado antes debido a sus problemas de salud, una situación que en esos momentos condicionaban toda su actividad (Morató, 2000: 205). Sobre la cuestión de Rusia y la extensión del comunismo a otros países, Iglesias mostraba su incredulidad: «Dudo mucho que en Rusia se afirme el bolchevismo; no creo que se establezca en Alemania ahora y menos que en otros países se implante dentro de muy poco. Respecto a España, menos lo creo aún».

Es posible que este diagnóstico de Iglesias condicionase su visión y su posicionamiento. Lo cierto es que Escandell, a pesar de su juventud y de su liderazgo al frente de la organización socialista juvenil, empezó un lento proceso que le llevaría a distanciarse de las propuestas revolucionarias. Por supuesto apoyó las sucesivas movilizaciones y las diferentes reivindicaciones que se produjeron desde fines de 1918. Pero eso sí, defendiendo la huelga reivindicativa, incluso la solidaria, pero cada vez más alejado de la revolucionaria. Y, por supuesto, participando en los procesos electorales a pesar de todas las dificultades que imponía el sistema de la Restauración. De esta forma, el reformismo y sus resultados a corto en las condiciones de vida se imponía en la mentalidad del líder juvenil. Un planteamiento que no hará sino crecer en la siguiente década.

Lo que no cambiará será su intensa actividad propagandística. El prestigio adquirido como orador le llevará a protagonizar, una tras otra, todas las campañas de propaganda que el partido se plantee, tanto a escala local como nacional, siendo descrito en las crónicas de los corresponsales como un joven enérgico y con gran capacidad de convicción. En septiembre de 1918 intervenía en diversos mítines junto al prestigioso catedrático madrileño, Andrés Ovejero, en una campaña planteada por la Federación Socialista Valenciana para abonar el terreno de cara a las próximas elecciones generales que se disputarían al año siguiente. El primer acto tenía lugar el 16 en Carcaixent, donde cerca de 3.000 personas se reunían en un antiguo almacén de frutas para poder escuchar a los oradores. Las reseñas de este mitin, tanto la de *El Pueblo* (15/09/1918) como la de *El Socialista* (21/09/1918), apenas daban detalles de cómo se pudo organizar tan gran masa de gente ni cómo se pudieron hacer oír los intervinientes. Lo que sí destacaban era la belleza de las imágenes poéticas a las que recurría Ovejero, o la firmeza de los argumentos que esgrimía Escandell. Figuras retóricas que de nuevo nos plantea el interrogante de cómo un catedrático que citaba a Goethe, o un Escandell que hablaba de socialismo científico a partir de Marx, podían llegar a conectar con un auditorio en su mayoría iletrado. La cuestión es que después de este masivo mitin, reprodujeron sus actuaciones en Alzira, Sueca, Ontinyent, Alginet y, como final, en Benifaió, en este caso, sin la presencia de Escandell que había caído enfermo.

La información de los mítines realizados en estos últimos pueblos nos confirma cómo los oradores tuvieron que adaptarse a todo tipo de escenarios y situaciones, incluso variando el tema de sus discursos. En Alginet, por ejemplo, Ovejero y Escandell serían recibidos en la estación por los miembros de la Federación Obrera El Movimiento, así como por la Juventud Republicana y una banda de música, dirigiéndose a continuación al Ayuntamiento desde cuyo balcón hablaron a los congregados en la plaza. Ovejero se centró en «la educación socialista en España» y «con el fuego de su palabra evidenció el docto profesor de la Universidad Central a las masas trabajadoras, que llenaban por completo la Plaza de la Constitución, de la grandeza del socialismo» *El Socialista* (28/09/1918).

La presencia en este mitin que acabamos de reseñar de los jóvenes del Partido de la Unión Republicana, liderado por el director del diario *El Pueblo*, Félix Azzati, nos apunta otro de los temas conflictivos de estos momentos: la salud de la alianza entre republicanos y socialistas que, entre otros buenos resultados, había permitido al partido la consecución de la primera acta de concejal en el Ayuntamiento de València en noviembre de 1917 (Piqueras, 1981). Ahora, diversos acontecimientos fueron minando esta coalición. Para empezar, la radicalización de la cuestión social y la posición respecto de las estrategias violentas preconizadas por la CNT. No olvidemos que, junto con las emboscadas a obreros esquiroles, encargados de fábrica, patronos y hasta gobernadores, también la prensa valenciana, incluido el diario republicano *El Pueblo*, fue objeto de acciones violentas anarquistas. En concreto, entre junio y julio de 1920 se colocaron bombas en los talleres de *El Pueblo*, que no estalló, y en las puertas de las redacciones del *Diario de Valencia* y de *La Correspondencia de Valencia* que no causaron más que daños materiales.

Tras la cuestión social, otro factor distorsionador de la alianza fue la emergencia con fuerza de la cuestión nacional, siguiendo la estela de lo que acontecía en Cataluña. La reivindicación de autonomía administrativa que se plasmó en el plebiscito promovido por los ayuntamientos catalanes en noviembre de 1918 se complementaba con la reclamación oficial del catalán y hasta de la señera con la estrella como única bandera representativa de las instituciones. Esto es, no solo descentralizar gestión, sino construir simbólicamente una nueva nación.

En València, hasta esos momentos, la cuestión identitaria había sido promovida por eximios representantes de la burguesía más conservadora, con Teodoro Llorente a la cabeza, por miembros eruditos de la Iglesia, como el padre Fullana, el primero en plantear la cooficialidad del valenciano y el castellano, así como por el carlismo en su defensa del tradicionalismo y el pasado foral. Era lógico, pues, que socialistas y republicanos vieran con cierta desconfianza el surgimiento del nacionalismo valenciano o que simplemente lo ignoraran. Al menos así fue hasta que en 1918, la reivindicación de autonomía administrativa -más que regional, provincial- empezó a ser vista por los republicanos como un objetivo que conectaba con el pasado federal y, por lo mismo, con la reivindicación de una futura república. El partido blasquista se hacía ahora autonomista, pero sin asumir la dimensión identitaria que se le había dado en Cataluña o sin comprometerse en actos reivindicativos del valencianismo, tales como los convocados por la Diputación de València en forma de conferencias o la campaña emprendida por el diario *La Correspondencia de Valencia*. Una disociación que no fue entendida por todos, en especial, por el alcalde de València en esos momentos, el republicano Faustino Valentín, que no dudó en presentar su dimisión en diciembre de 1918, justo cuando se había hecho pública la primera Declaración Valencianista en *La Correspondencia de Valencia* y cuyo punto de partida era el reconocimiento de la lengua propia y de la «seua modalitat racial»[15]. Esta dimisión, además de provocar una crisis municipal, aceleró la ruptura con los socialistas que, tras el nombramiento del nuevo alcalde, el republicano Mariano Cuber, acordaban que su concejal, Francisco Sanchis, se constituyera en minoría. De ahí, hasta la celebración de las siguientes elecciones generales, previstas para el mes de mayo de 1919, todo fue duro enfrentamiento y declaraciones de enemistad, como la realizada por las juventudes del Partido de la Unión Republicana a través de *El Pueblo* (22/05/1919), considerando a los socialistas valencianos «como enemigos».

En todo este proceso de ruptura y división, el socialismo quedaba aislado entre unos republicanos que seguían hegemonizando el voto popular y una CNT que ganaba la partida a la hora de atraer a sus filas a los obreros. Escandell vivía pendiente de los conflictos sociales que se sucedían sin prácticamente solución de continuidad y de los mítines en los que poder intervenir. Todo ello, sin olvidar su responsabilidad orgánica en las Juventudes y su aspiración de seguir liderándolas. En enero de 1919, coincidiendo con la celebración del sexto aniversario de su reconstitución, los afiliados volvían a ratificar a

---

15 Publicada en *La Correspondencia de Valencia* (14/11/1918). Tres meses antes, Valentin también había presentado una moción en el pleno municipal de 9 de agosto de 1918 para la enseñanza del valenciano en las escuelas, lo que provocó una dura respuesta por parte de algunos republicanos, en especial del propio dirigente, Félix Azzati. Vid «El valenciano y los republicanos» en *La Correspondencia de Valencia* (16/08/1918).

Escandell por cuarto año consecutivo como presidente del Comité de la Juventud Socialista de València. El comité lo integraban, además de Escandell como presidente, Francisco Ripoll como vicepresidente; Francisco Parreño como secretario; Germán Pérez como vicesecretario; Manuel Blasco como tesorero; y José Esteve, José Sanchis, Miguel Hueso y Enrique Ibars como vocales.

La situación laboral en aquellos primeros meses de 1919 era caótica, tal y como han reseñado algunos autores (Paniagua y Piqueras, 1986). Oficios tan diversos como los pasteleros, los carreteros, los descargadores del puerto, los conductores de tranvías, los ebanistas, los tipógrafos o los carteros protagonizaron paros y protestas en el primer trimestre de 1919. Sus reivindicaciones iban desde las mejoras salariales con las que hacer frente a la carestía de las subsistencias, especialmente del pan, hasta la reclamación de la jornada de 8 horas diarias -en la semana laboral de 6 días-. Para el diario conservador, *Las Provincias*, la culpa de esta efervescencia obrera estaba en la «intensísima propaganda sindicalista» que se estaba produciendo entre los obreros valencianos, al menos así lo publicaba en su almanaque anual.

La acusación del diario de Teodoro Llorente Falcó no indicaba ningún nombre concreto, pero en esa denominación de propagandista entraba, sin ninguna duda, el líder de las Juventudes Socialistas, presente en numerosas asambleas y actos de huelga. Por ejemplo, en el paro llevado a cabo por los ebanistas valencianos en octubre de 1918, que se saldó con duros enfrentamientos al recurrir los empresarios a obreros esquiroles para trabajar con la protección de la Guardia Civil. Estuvo presente también en la asamblea que los ebanistas celebraron el 20 de octubre de 1918 en el teatro Escalante de la calle Sogueros el 20 de octubre de 1918, interviniendo para mostrar su solidaridad, asumir sus reivindicaciones y criticar al Gobernador acusándolo de incumplir la Ley de Asociaciones. Tras esta última asamblea, Escandell era detenido y conducido al juzgado para tomarle declaración. Todo acabó sin mayores consecuencias.

Todo se agudizó a partir de febrero de 1919. Prácticamente al mismo tiempo que se declaraba la huelga en la fábrica La Canadiense de

Barcelona -principio de una huelga general-, y en València se declaraban en huelga los obreros de imprenta paralizando la salida de prensa durante tres días, otro mitin de los socialistas era interrumpido por la policía por considerar delictivas las palabras que se estaban pronunciando. Poco después estallaba la huelga general en València que mantendrá paralizada toda la actividad desde el 25 de marzo de 1919 al 3 de abril. Desplegado el ejército, suspendidas las garantías constitucionales e implantado un ambiente de represión con los somatenes armados de civiles, la huelga se saldaría con varios muertos y detenidos, pero conquistando la promesa de legalizar la jornada laboral de 8 horas. Poco después, tras la caída de Romanones y su sustitución por Maura, eran disueltas las Cortes y convocadas elecciones para fines de mayo.

Como decía *Las Provincias*, los activistas sindicales no paraban en su acción propagandística. Y Escandell era uno de ellos. Baste citar solo los mítines celebrados en el mes de marzo de 1919 para ratificarlo: intervino en Ràfol de Salem para inaugurar el nuevo Centro Socialista de la localidad; en Algemesí pronunció un mitin de dos horas animado, sin duda, por contar con una concurrencia en torno a las 4.000 personas; en Sagunt, además de inaugurar el Centro Social de los trabajadores, celebraba el ingreso de estos en la Federación Socialista Valenciana; en Alcàntera de Xúquer y en Càrcer la policía le había advertido que si hablaba de la revolución rusa interrumpirían el mitin; en Alzira, esta vez junto con Anguiano y ante unas 8.000 personas, atacó el sistema caciquil que burlaba la voluntad del pueblo; en Aielo de Malferit, ante 2.000 personas, habló acerca del proceso a seguir para la liberación de los obreros; finalmente en València, de nuevo con la presencia del diputado Daniel Anguiano, defendía la libertad de los huelguistas presos, tanto en València como en Barcelona. Como se ve, en solo un mes se había desplazado a ocho pueblos y ciudades, había hablado ante miles de personas y había proclamado el martirio de los socialistas presos.

Campaña sobre campaña, tal era la razón de vida de nuestro protagonista. Y es que, apenas concluida la gira anterior, Escandell se volvía a poner en marcha ante la convocatoria de unas nuevas elecciones generales para principios de junio. Propuesto de nuevo el profesor Ovejero como candidato socialista por València, Escandell se convirtió en su más fiel acompañante, interviniendo de «telonero» en todos los mítines. Mientras Ovejero hablaba de socialismo, Escandell descendía a la realidad política, criticando por igual al gobierno y su política represiva, como a los otrora aliados, los blasquistas, con los que ahora competían al haberse roto la coalición. Esta tensión con los republicanos explicaría por qué *El Pueblo* no se hizo eco de la detención sufrida por Escandell tras el mitin electoral que pronunció el 29 de mayo en Enguera. Solo *El Socialista*, en un breve publicado el 30 de mayo, informaba del arresto que sufrió, por suerte para él, solo durante algunas horas.

A pesar del malestar manifiesto entre las capas populares y de la cantidad de gente que se había congregado en los mítines, los socialistas cosecharon un claro fracaso en las elecciones celebradas el 1 de junio de 1919. El candidato socialista por la ciudad de València, Andrés Ovejero, apenas llegó a los 4.000 votos, por los más de 9.000 conseguido por los candidatos republicanos Azzati y Samper. *El Pueblo*, en su cabecera del 2 de junio, destacaba en letras grandes que, «La traición de Valentín y los socialistas, representados por Ovejero, ha provocado la derrota de las izquierdas».

Tras esta derrota electoral llegó otra mala noticia para Escandell. Fue su segunda detención apenas un mes después y esta no fue de unas horas, sino de días. En esta ocasión, a diferencia de la anterior, no se le acusaba de haber hablado sobre temas prohibidos, sino de algo mucho más grave. Ahora se le acusaba de haber colocado la bomba que estalló el 19 de junio en la procesión del Corpus cuando discurría por la calle de San Vicente. Escandell, junto con su compañero de filas, Gisbert, y el presidente de las juventudes republicanas, Andrés Ruiz, fueron detenidos como supuestos responsables del atentado. Cerca de diez días permanecieron incomunicados en la cárcel hasta que, la inexistencia de pruebas y la intensidad de la protesta que se originó, posibilitaron su puesta en libertad.

Ahora sí que estaba en el ojo de huracán. En medio de la extrema tensión provocada por las actuaciones anarquistas y las respuestas policiales y parapoliciales, al poco de salir de prisión era de nuevo acusado de instigar un nuevo estallido social, en este caso, el ocurrido en la Pobla Llarga el 9 de julio. Los sucesos fueron de extrema gravedad. La Guardia Civil y el somatén armado al servicio de los caciques locales se emplearon a fondo contra las protestas obreras con el resultado de 5 obreros muertos. *El Pueblo Obrero* primero y *El Pueblo Agrario* después, ambos portavoces del sindicalismo católico citaban expresamente el nombre de Escandell como máximo instigador del levantamiento al haber pronunciado un mitin en esta localidad pocos días antes en el marco de las elecciones provinciales en juego. Escandell intentaría rebatir la acusación a través de un comunicado que tan solo publicó *El Socialista* el 28 de julio. *El Pueblo*, que consideraba intolerable la acusación vertida por los periódicos católicos contra Escandell, no considerará, sin embargo, necesario publicar su desmentido lo que indica cómo se habían deteriorado las relaciones entre blasquistas y socialistas. En su comunicado, lo primero que hacía Escandell era identificar los intereses políticos de los periódicos que lo acusaban: *El Pueblo Obrero*, al que catalogaba como «órgano de los amarillos», en referencia a los sindicatos católicos, mientras señalaba que *El Pueblo Agrario* era el «órgano de la Federación de terratenientes valencianos». A continuación, también negaba la calificación de sindicalista que le atribuían… «Falso de toda falsedad. Soy socialista, como lo acreditan mis cargos de presidente de la Juventud Socialista de València cuatro años seguidos y el de secretario segundo que desempeño en el Comité de la Federación valenciana». Finalmente, atribuía al caciquismo del distrito de Alzira el haber urdido una trama contra él: «Dos veces, durante la represión maurista, he estado encarcelado. La primera en las elecciones de diputados a Cortes. La segunda, en las provinciales. Creí y sigo creyendo que el caciquismo del distrito de Alcira, donde pertenece Puebla Larga, es el que me mandó detener para evitar que trabajara la candidatura nuestra en ese distrito, donde tengo los amigos a miles». Y como conclusión, auguraba la pronta desaparición de los caciques, arrollados por el voto de las masas agrarias. No todas estas respuestas eran del todo ciertas, pues, sindicalista sí que lo era. No lo era como representante de algún colectivo u oficio, pero sí como afiliado a la UGT. Tal y como veremos a continuación, ser socialista era sinónimo de estar afiliado al sindicato, en un tiempo en que esta condición todavía no era obligatoria. Y con este doble compromiso, Escandell pasará a convertirse también en un activista de la UGT, lo que significará el primer puente que lo unirá a la figura de Francisco Largo Caballero.

Así concluía una de las etapas más duras del joven propagandista. Había transitado entre la revolución de 1917 y la prisión de 1919, ejerciendo la labor que mejor sabía hacer y liderando la organización que lo había acogido desde su llegada a València. A partir de 1920, su dimensión política crecerá y su vocación periodística se materializará.

Calle Buena Vista, 27

En esta calle, según el padrón municipal de la ciudad de València de 1920, estaba el domicilio familiar de Isidro Escandell. Allí residían también sus padres, Patrocinio, la madre, dedicada a sus labores y Francisco, el padre, catalogado como jornalero en esos momentos. También figuraban sus hermanos: Vicente, tres años menor que Isidro y clasificado como empleado; y Enrique, el más pequeño, que trabajaba como ferroviario. Sin embargo, cuando arranca la década de 1920, el domicilio de Isidro Escandell dejará de tener un punto fijo. La causa radicará en que, además de propagar las ideas del socialismo por diversos pueblos valencianos, a partir de 1919 será elegido por la directiva de la UGT para desarrollar diversas campañas de propaganda por todo el territorio nacional.

De propagandista del socialismo local pasaba a convertirse en abanderado del sindicalismo nacional. Un cambio que avalaba la popularidad de su figura al tiempo que la confianza que despertaba su oratoria.

Ejerciendo, pues, el cargo de delegado de la UGT, Escandell tuvo que dejar València a mediados de diciembre de 1919, lo que le impedirá estar presente en el VII Congreso de la Federación Regional Valenciana, celebrado en València en la primera semana de enero de 1920. Su primer destino fue la provincia de Albacete, donde en compañía de Antonio de Solís, presidente de la Federación Obrera de la provincia, visitaría diversas poblaciones para promover la afiliación ugetista. Antes de llegar a Villatoya, su primer pueblo albaceteño, el coche donde viajaban Escandell y Solís sufrió un accidente que dio con sus cuerpos «en una umbría llena de barrizales», pero sin mayores consecuencias. Nada impidió que aquella misma noche, Escandell se dirigiera a los «compañeros de Villatoya» para «glosar la actuación y fortaleza de la Unión General». El discurso, según reseña *El Socialista* (14/12/1919) lo dividió en dos partes: en la primera, abordó el triunfo bolchevique y el fin del zarismo, mientras en la segunda reconstruía las luchas del socialismo español, atribuyéndole la conquista de la semana de 48 horas. Es decir, si por un lado destacaba la revolución, por el otro defendía el éxito de la reivindicación sindical.

El viaje prosiguió con paradas e intervención en Pozo Cañada y en Madrigueras. En este último pueblo albaceteño, Escandell disertó sobre la historia de la UGT y las principales luchas llevadas a cabo, detallando con más hincapié los sucesos de agosto de 1917, lo que provocó «estruendosos vivas a la Unión General», según señalaba la crónica entusiasta publicada en *El Socialista* (21/12/1919).

De Albacete pasó a Cuenca, interviniendo también en diversos pueblos. Y una semana después, el 22 de enero de 1920, llegaba a Cáceres para hablar en el teatro San Juan ante «más de tres mil personas». El líder local, que firmaba con el seudónimo de «Rojo Acero», remitía la reseña del acto a *El Socialista* (24/01/1920) con una frase final que decía: «Ha sido un acto imponente». En los siguientes días visitaría diferentes pueblos cacereños: en Navas del Madroño sería recibido por una manifestación obrera; en Alcantara, «una compacta muchedumbre y comisiones de pueblos de la frontera portuguesa llenaban la ancha plaza».

El resultado de esta campaña debió de agradar a la dirección sindical que, en la primavera de 1922, volvió a encargar a Escandell una nueva gira, en esta ocasión, por tierras andaluzas, lo que no dejaba de ser un objetivo siempre complicado. El primer mitin previsto era en la localidad granadina de Baza, donde Escandell llegó el 27 de marzo. Sin embargo, el cacique local, Nicolás Pérez del Hierro, había hecho todas las gestiones necesarias para impedir que hablara, consiguiendo del Gobernador provincial la orden de suspensión del mitin y del arrendador del teatro municipal la negativa a ceder el local. Escandell no tuvo más remedio que trasladarse a Guadix para poder debutar, ahora sí, como propagandista de la UGT en Andalucía.

Tras intervenir en Albolote, Atarfe, Pinos Puente y Fuente Vaqueros en los primeros días de abril, el día 8 llegaba a Granada capital donde pronunciaría una conferencia en la que, después de saludar a los trabajadores granadinos, ensalzar las bellezas naturales de aquella tierra y la literatura de Ángel Ganivet, desarrollaba la teoría socialista a partir del Manifiesto Comunista de Marx. A continuación, Escandell reconstruía la historia de los grandes socialistas de diversos países, acabando con la figura de Pablo Iglesias. Como conclusión, recomendaba que todas las organizaciones obreras sectoriales debían de ingresar en la UGT.

En días sucesivos prosiguió su actividad propagandística con intervenciones en Almuñécar, Santa Fe e Íllora. Y para acabar, habló en Alhama y Montefrío. En el primero, por problemas del correo la agrupación local, resulta que no tenían conocimiento de su llegada por lo que hubo de improvisar sobre la marcha. Al final, en el local del Centro Obrero de Alhama, Escandell, más que adoctrinar, informaba a los presentes de la futura de la Federación Nacional de Obreros Agrarios que pretendía constituirse en el próximo Congreso de la Unión General de Trabajadores.

Escandell regresó a València a fines del mes de mayo. Y sin apenas tiempo para descansar, dejó su papel de sindicalista para retomar el de líder socialista. Ahora, la propuesta se la hacía la Juventud Socialista de Elche, encargándole un periplo de intervenciones en distintas poblaciones alicantinas (el 18 Monòver y Elda; el 19 Petrel; el 20 Novelda; 22, Elx; 24, Crevillent; 25, Hondón de las Nieves). En todos ellos, volvió a desarrollar los principios marxistas que inspiraban al socialismo español.

No paraba y de Alacant marchó a Córdoba. En julio, invitado por el Sindicato Minero y Metalúrgico de Peñarroya, pronunciaba un mitin ante una elevada concurrencia de obreros, donde describía los problemas sociales y las alternativas desde el socialismo. Después, en Belmez, «ante una enorme concurrencia», felicitaba a los obreros tras su reciente por «haber sabido poner a raya la avaricia de una empresa que por añadidura es extranjera». Escandell todavía pronunció algunos mítines más en La Parrilla, El Porvenir y en Pueblo Nuevo.

Antes de acabar el año todavía llevaría a cabo una nueva campaña como delegado de la UGT, en esta ocasión por tierras asturianas, asumiendo el reto de hablar ante uno de los focos obreristas de más larga tradición: la cuenca minera asturiana. En octubre de 1922, junto con los compañeros de Valladolid, Remigio Cabello, y de Bilbao, Ángel Lacort, Escandell intervendría en Mieres, Santo Firme, Turón y Tudela Veguín.

El dirigente de las Juventudes Socialistas se estaba haciendo mayor, y no solo en edad, sino en reconocimiento político. De hecho, su presencia era requerida en numerosas poblaciones donde se producía cualquier acto simbólico o emotivo. Fue el caso de las inauguraciones de la Casa del Pueblo de la Vall d'Uixó, en octubre de 1921, y la de Paterna en mayo de 1922, o la invitación a presidir una boda civil celebrada en Xàtiva en junio de 1922.

La Segunda o la Tercera

En los inicios de aquella década de 1920, hemos visto cómo Escandell ejercía de activista en distintas partes del país, defendiendo al unísono el ideario socialista y el asociacionismo obrero. Un papel que le llevaría a participar con cierto protagonismo en las reuniones congresuales de la UGT y del partido, siendo elegido para cargos de responsabilidad.

Todo ello, en medio del gran debate interno que significó la irrupción de la III Internacional y la propuesta de amplios sectores del PSOE y de las Juventudes de abandonar la Internacional de 1889, la de Londres, por la nueva, la de Moscú.

Escandell, como líder provincial de los jóvenes socialistas valencianos, se verá inmerso en este dilema, posicionándose finalmente junto con la tesis oficial del partido de seguir donde estaban, en la Internacional socialista, y de mantener la vía de una participación política que, en apenas tres años, le llevaría a ser candidato y diputado provincial. Antes de llegar a esta conclusión, por lo que se debatió y por lo que se concluyó, es sabido que el proceso fue traumático.

Todo empezó con la convocatoria extraordinaria de un congreso del PSOE, previsto inicialmente para el 3 de noviembre de 1919, pero que finalmente se celebraría a partir del 8 de diciembre. En su primer punto se establecía la cuestión capital: decidir la incorporación o no del partido a la III Internacional. Un tema que no solo iba a producir división en la ponencia, sino también en la votación final. Hasta el punto de que el resultado, favorable a seguir en la Internacional socialista sería muy cuestionado y hasta impugnado, reclamando el sector perdedor un referéndum[16]. Entre los más beligerantes, figurarán los dirigentes nacionales de las Juventudes Socialistas que, tras la finalización del congreso del PSOE y sin esperar ni un día, convocaban de urgencia uno propio para decidir también sobre a qué Internacional pertenecer. La postura mayoritaria de la dirección de las Juventudes quedaba ya clara en cada uno de los números de su periódico portavoz, *Renovación*, que no dudaba en criticar la decisión tomada por «los mayores» y, a pesar de que estatutariamente debían de acatar lo acordado por el partido, proponían el ingreso en la Internacional comunista, lo que de facto implicaba la ruptura. Una situación que se materializó en abril de 1920 (Tezanos, 1993: p. 71). El ejemplar de

---

16 Sobre el dictamen de la ponencia, *Nuestra Bandera* (18/12/1919). Sobre la ponencia finalmente aprobada, *La Internacional*, 20/12/1919. Sobre la necesidad del referéndum, *Renovación* (17/03/1920).

Renovación, del 20 de enero de 1920, empezaba con un titular inequívoco: «Las Juventudes Socialistas ingresan en la III Internacional».

El paso a la nueva Internacional de un sector de las Juventudes Socialistas iba a ser uno de los primeros grandes dilemas a los que se tuvo que enfrentar Escandell. Él no había participado en el congreso de las Juventudes celebrado entre el 14 y el 18 de diciembre. Lo hizo el sector rupturista, encabezado por José González, quien decía portar los votos de 100 afiliados de la capital más 30 de la Vall d'Uixó. Escandell y la mayor parte de la Comisión Ejecutiva que presidía, no estaban de acuerdo con abandonar la II Internacional, lo que podría explicar la decisión de no asistir a un cónclave donde todo parecía estar decidido.

La decisión de aquel Congreso de finales de 1919 iba a dar lugar al nacimiento de una nueva opción política que compartía la base marxista de los socialistas, pero que elegía seguir el camino trazado por el Partido Comunista ruso. En concreto, reproducía el divorcio que en 1917 se había producido dentro del antiguo Partido Obrero Socialdemócrata de Rusia, dando lugar a una división que marcará la historia política del movimiento obrero internacional.

La escisión, pues, se consumó en abril de 1920 y así lo fue reflejando el portavoz oficial de las Juventudes escindidas, *Renovación*. En su número de 17 de marzo de 1920, exigía al partido «actuar de acuerdo con la táctica revolucionaria y comunista». En el número siguiente, de 3 de abril, se declaraba abiertamente crítico con el PSOE y, de forma especial, con Largo Caballero, al que llegará a tildar de reformista burgués, todo ello complementado con un extenso artículo titulado «El descrédito de los líderes». Y para acabar, el número 15, aparecido el 15 de abril, anunciaba la conversión de las Juventudes al Partido Comunista y la transformación de *Renovación* en un nuevo periódico, titulado *El Comunista*.

La crisis originada por esta ruptura obligó a las Juventudes Socialistas que seguían dentro del partido a convocar un congreso extraordinario que redefiniese los estatutos y estrategias de la organización. Una convocatoria que tuvo que esperar al mes de julio debido a los graves incidentes que se sucedieron con motivo de las manifestaciones del primero de mayo y porque en el mes de junio estaba convocado el XIV Congreso de la UGT. De hecho, Escandell participará en el Congreso de la UGT, celebrado los días 29 y 30 de junio de 1920 en Madrid[17]. Lo hará -curiosamente y sin que sepamos la relación exacta, aunque intuimos que motivado por las divisiones que hemos narrado- como delegado del Centro Obrero de Cortes de Pallás. Su única intervención se limitará a proponer la solidaridad del sindicato con los trabajadores de Sueca, atropellados y reprimidos por la policía a raíz de la huelga declarada en el anterior mes de mayo. El Congreso aprobará la solicitud de Escandell y acordaría enviar un delegado de la Ejecutiva para averiguar los hechos y determinar las respuestas.

Un mes después, en la ciudad de Valladolid, tenía lugar el Congreso Extraordinario de la Federación de las Juventudes Socialistas de España para intentar zanjar la crisis vivida. Ahora sí, Escandell ejercerá un papel más protagonista ya que, además de representar en el congreso a las Juventudes de València, con 75 afiliados, lo hacía también a las de Sueca, con otros 75; a las de Yecla, con 161; a las de la Vall d'Uixó con 50; y a las de Alcoi con 56. El 15 de julio de 1920, en la sesión preparatoria para validar a los representantes, Escandell era elegido miembro de la comisión de actas. Finalizado este primer trámite, se inició la constitución formal de Congreso con la elección de la mesa de dirección, siendo elegido Escandell para ocupar la presidencia. Como se deduce, era la recompensa por haber conseguido que la organización que presidía en València permaneciese mayoritariamente junto al Partido Socialista.

Tras esta fase protocolaria, se pasó a planificar los temas a debatir y sus ponentes. Escandell hablaría defendiendo la ponencia sobre «Táctica y Estatutos», la más importante con diferencia, que habían

---

17 «El XIV Congreso de la Unión General, iniciado inmediatamente después de la celebración del segundo Congreso extraordinario del PSOE(…)abordó la participación de la UGT en la reconstitución de la Federación Sindical Internacional» (Martin, 1998: p. 72).

elaborado conjuntamente Francisco Moreno, José Huerta, Francisco Muñoz y el propio Escandell.

La primera sesión se inició en la tarde del día 16, abordando la cuestión de la propaganda. El debate se dividió en torno a la necesidad de reeditar *Renovación*, el periódico portavoz creado en 1907 y que como hemos visto acababa de desaparecer, o reclamar a la dirección de *El Socialista* un espacio exclusivo para las Juventudes. Escandell se posicionó por esta segunda opción.

Ya de noche se inició la segunda sesión, dejando Escandell la presidencia para situarse en la tribuna donde debía exponer y defender la ponencia que determinaría la estrategia a seguir por la organización, todo ello bajo una premisa incuestionable: «la de seguir las aspiraciones e iniciativas del PSOE, según lo aprobado en el pasado Congreso de diciembre». Escandell dividió la ponencia en tres grandes apartados: en el primero, defenderá la permanencia de la organización en el seno de la II Internacional; en el segundo, reclamará el fin de la intervención militar española en Marruecos; y en el tercero, planteará la necesidad de potenciar la organización fomentando la creación de federaciones regionales. En el debate, reseñado ampliamente *El Socialista* (16/07/1920), se iba a reproducir la polémica en torno a qué Internacional pertenecer. Sin embargo, la ponencia presentada por Escandell postulando la permanencia sería aprobada por la mayoría de los delegados. Fue una votación que no solo marcó el devenir de la organización, sino la carrera política del propio Escandell.

El trascendental Congreso de Valladolid concluyó con otra serie de acuerdos entre los que se encontraba la creación de federaciones regionales lo que, llevado a la práctica, significaba plantear y elegir nuevas estructuras de dirección. La constitución de la Federación de Juventudes Socialistas de Levante se produciría a principios del mes de septiembre de 1920. Por iniciativa del propio Escandell, que presidió la comisión organizadora, se trasladó a todas las agrupaciones de València, Alacant, Castelló y Murcia la invitación para participar en el congreso constituyente de la nueva Federación. La convocatoria logró reunir en la sede de València, sita en la calle de las Almas

-nombre poco socialista, por cierto[18]- a representantes de Castelló, Sueca, Alcoi, Villena, Elx, Jumilla, Yecla, la Vall d'Uixó, Onil y la Font de la Figuera, sobre un total de 732 afiliados (*El Pueblo*, 7/09/1920). Superados los trámites de constitución y revisión de las actas de los representantes, los reunidos entraron en materia. Escandell, en su calidad de presidente de la comisión organizadora, pronunciaba el primer discurso planteando los motivos que justificaban la convo-catoria del Congreso, así como la necesidad de la unión para potenciar la organización y sus medios de propaganda. Al concluir su inter-vención, Escandell era elegido presidente de la mesa del Congreso, aunque su papel más relevante fue como defensor de la ponencia de Estatutos que él mismo había contribuido a redactar. Tras el debate y posterior aprobación, la nueva organización supraprovincial de las Juventudes Socialistas quedaba formalmente constituida y regida por unos estatutos que llevaban la firma de Escandell. Y su primer artí-culo decía así:

> Artículo 1º. Se constituye la Federación de Juventudes Socialistas de las provincias de Murcia, València, Alicante, Castelló y Albacete al objeto de unificar la acción de estas juventudes en lo concerniente a la propa-ganda y todo cuanto afecte a la difusión de las ideas socialistas.
> Esta federación acomodará sus normas tácticas a las que adopte el Partido en sus Congresos, bien entendido que las Juventudes deben pro-curar ir de acuerdo con el Partido Socialista[19].

Presidente antes de los treinta

El año de 1921 fue muy problemático para los socialistas valencia-nos. La huelga general planteada en diciembre de 1920, que mantuvo

---

18 El local era compartido por ambas organizaciones y estaba ambientado por las fotografías de Marx, Engels y Pablo Iglesias, así como por las banderas entrelazadas de la Agrupación Socialista Valenciana y la de las Juventudes. *República Social* (11/09/1920).

19 Los estatutos en *República Social* (11/09/1920).

paralizada la vida de la capital por espacio de una semana, se saldó con varios muertos y heridos, con el encarcelamiento de numerosos sindicalistas, con la ruptura de relaciones entre la UGT y la CNT y con el cierre indefinido de la Casa del Pueblo de la calle de las Almas (Navarro, 2003: p. 92). También afectó a las elecciones generales celebradas el 19 de ese mismo mes, con una clara derrota para los dos candidatos presentados por el partido en la capital, Andrés Ovejero y Francisco Sanchis. No extraña, por tanto, que el 14 de enero de 1921, *El Socialista* publicase un comunicado firmado por los principales líderes valencianos (por Aniceto Iranzo, Pascual Quiles, Isidro Escandell, Francisco Ripoll, Manuel Molina Conejero, Francisco Domingo y otros más), reconociendo abiertamente que «Es un hecho innegable que entre las regiones españolas Valencia ocupa un lugar secundario en lo que a conciencia socialista se refiere». La causa de tal atraso la achacaban a la falta de medios de propaganda, pues cerrado *República Social*, limitados los mítines por las actuaciones represivas de fiscales y policías[20], solo cabía que los militantes y simpatizantes se volcasen con *El Socialista*, no solo en su lectura, sino en apoyarlo económicamente.

El cierre de la sede operativa de los socialistas valencianos, ejemplo evidente de la represión imperante bajo el gobierno del conservador Eduardo Dato, no solo lastraba las posibilidades de la organización para mantener su actividad, sino que afectaba también a la propia capacidad de los militantes para seguir manteniendo sus acciones políticas. Escandell, tal y como ya hemos visto, pasaría buena parte de todo 1921 haciendo campañas fuera de València. Hacía falta sobreponerse a todas estas dificultades y relanzar la organización.

El marco acordado para definir la nueva etapa fue la asamblea del partido en enero de 1922. De acuerdo con lo preceptuado en los estatutos que establecía la celebración de una asamblea general al inicio

---

20 Recordemos, tal y como ya vimos, que Escandell había sido detenido y denunciado tras un mitin durante la campaña electoral de diciembre de 1920. Defendido por los abogados Emilio Borso y Pedro Vargas, sería finalmente absuelto. *El Pueblo* (12/04/1921).

de cada año, se reunieron los socialistas valencianos en el local de la Sociedad de Sastres, sito en la calle San Vicente, 106. El primer punto fue aprobar la memoria anual que sintetizaba el trabajo llevado a cabo por la Comisión Ejecutiva que presidía el también concejal del Ayuntamiento de València, Francisco Sanchis. Antes de proceder a la renovación de los cargos ejecutivos, se planteó la cuestión clave de cómo afrontar las próximas elecciones municipales. La mayoría reconoció la precariedad en la que se encontraba la organización, sin sede operativa desde hacía más de un año, sin más medios para desarrollar la propaganda que su oratoria y con la amenaza de la denuncia siempre presente. Ante este diagnóstico, se impuso la resignación. En nota que publicó una parte de la prensa valenciana, *El Pueblo* (14/01/1922), los socialistas anunciaban su decisión sobre las elecciones municipales previstas para el 5 de febrero…

> Reunida la Agrupación Socialista de Valencia en la noche del pasado jueves, al tratar de si tomaba o no parte en los próximas elecciones municipales, examinó el estado de sus fuerzas después de una tan intensa y larga represión gubernamental contra la organización obrera; la situación de los militantes del partido, con el centro clausurado más de un año, sin domicilio social donde reunirse y preparar los trabajos electorales, carentes de todo medio para la lucha sin contacto directo entre sí, y ante el cúmulo de adversidades, acordó abstenerse en la lucha electoral próxima y encaminar su acción de ahora a reorganizar las fuerzas socialistas y prepararlas para sucesivas elecciones.

En cuanto a la renovación de la Comisión Ejecutiva, la novedad fue la elección de IsidroEscandell como nuevo presidente. Sin duda, los méritos mostrados en su actividad propagandística debieron de ser su mejor aval para cambiar la presidencia de las Juventudes por la de la Agrupación de la ciudad de València. Junto a Escandell, el resto de los miembros elegidos para la dirección del partido, según informaba *El Socialista* (17/01/1922) eran: Molina Conejero como vicepresidente; Manuel Blasco, secretario y Vicente Lacambra, vicesecretario; Miguel Salvador, tesorero y Antonio de Gracia y José Esteve como vocales.

Apenas faltaban unos días para que cumpliese los 27 y ya había pasado a ser el referente del socialismo valenciano, asumiendo la responsabilidad de revitalizarlo, superar las tensiones pasadas con motivo de la escisión comunista y hacerlo competitivo electoralmente, lo que pasaba, entre otros condicionantes, por retomar las relaciones con los republicanos que comandaba Azzati.

Escandell fue presentado por primera vez como presidente de los socialistas valencianos en una conferencia pronunciada el 21 de enero de 1922 en el Centro de la Federación Republicana de Alzira, donde desarrolló diversos conceptos marxistas. Poco después, a fines de febrero, también intervenía como delegado de la UGT en el conflicto que mantenían los trabajadores del campo en el pueblo de Nules, consiguiendo una solución que fue calificada como triunfo de los trabajadores. Y ya en el mes de marzo pronunciaba uno de los pocos mítines que haría en valenciano, lengua que dominaba por su origen familiar. Fue en un mitin de Acció Valencianista, organizado por el Círculo Republicano de Carlet, donde Escandell afirmaba por primera vez que, si bien el socialismo era una necesidad material, el valencianismo podía ser también una necesidad espiritual, toda una demostración de la nueva visión aperturista y renovadora que pretendía implantar en el partido.

Antes de la celebración el 1 de mayo, Escandell convocaba una asamblea provincial de todas las agrupaciones para plantear la urgencia de relanzar la distribución y lectura de *El Socialista*, el principal portavoz con el que contaban en esos momentos y que era el único -según manifestó Escandell en el discurso de apertura- «que no silencia lo que otros periódicos de la prensa burguesa intencionadamente ocultan». Finalmente, se acordaba fijar una cuota mensual, «proporcional a la importancia numérica de las colectividades, para asegurar la colocación de mil ejemplares semanales por lo menos» *El Socialista* (28/04/1922).

El primero de mayo de aquel 1922 Escandell lo vivió en Nules. Allí inauguró una nueva agrupación de mujeres, llamada El Despertar Femenino, encabezó la manifestación obrera que recorrió las calles de la población e intervino al finalizar la misma con un mitin donde la figura de Pablo Iglesias fue el tema central.

Lo vivido en Nules se repitió en otras ciudades, inclusa la capital. Todo lo cual apunta a que los socialistas valencianos afrontaban unos meses de relativa tranquilidad, con noticias que se podían considerar positivas en comparación con las vividas no hacía mucho. Y, sin duda, la más destacada sería la reapertura, tras año y medio de suspensión gubernativa, de la sede del partido en València, en la calle de las Almas. Todo parecía recuperación en la nueva etapa presidida por Escandell.

En este ambiente, la Agrupación Socialista de la capital afrontaba su participación en el VIII Congreso de la Federación Regional Valenciana, a celebrar a partir del 9 de septiembre de 1922 en València. Un congreso que debía servir, entre otros fines, para evaluar gestiones, cuantificar recursos disponibles, volver a reivindicar la necesidad de recuperar *República Social* y modificar el artículo 8º del reglamento, el relacionado con los ingresos de la secretaría de propaganda. La propuesta, una vez más, era que cada agrupación cotizara 10 céntimos por afiliado al trimestre para gastos de propaganda. El ambiente congresual de los delegados por València, Alacant, Castelló, Albacete y Murcia fue animado con «una velada literario-musical y un té en honor de los delegados asistentes». También aquí se dejaba notar la mano de Escandell. El congreso concluyó con la elección de la Comisión Ejecutiva, que estaría integrada por Sanchis, como presidente; Lacambra, como vicepresidente; Molina, secretario; Tomás como vocal; y Ricart como tesorero.

Nada más concluir el congreso y dentro de esta tendencia de recuperación que señalamos, Escandell, junto con Sanchis y Lacambra, acudía el domingo, 24 de septiembre, al vecino pueblo de Paterna a inaugurar la nueva agrupación socialista que nacía con 60 afiliados, en su mayoría obreros albañiles entre los que la siembra de ideas que en reiteradas ocasiones habían llevado a cabo los propagandistas de la UGT y del partido, ahora fructificaba (*El Socialista*, 30/09/1922).

La recuperación del partido seguía teniendo una asignatura pendiente ante futuras competencias electorales. Aquí, el problema a resolver era decidir qué hacer con los republicanos locales. Escandell no tenía duda, declarándose firme partidario de la colaboración, sobre todo tras los pobres resultados que se habían venido cosechando desde la ruptura de relaciones de hacía tres años. También a los republicanos les interesaba recuperar la relación, pues los resultados eran muy distintos cuando iban en coalición a cuando competían entre sí. De hecho, el diario portavoz del blasquismo, *El Pueblo*, que había mantenido un silencio informativo sobre las actividades llevadas a cabo por los socialistas, ahora volvía a prestarles atención dedicándoles algunas notas informativas. Fue el caso de la conferencia pronunciada por Escandell en la sede de los republicanos de Ruzafa, anunciada así por el diario (2/11/1922): «Conferencia de Isidro Escandell. Este luchador, leader del socialismo valenciano, dará hoy jueves una conferencia sobre Exaltación táctica del socialismo marxista. El acto será público».

Escandell volvió a ser reelegido presidente de la Agrupación de la capital en la asamblea ordinaria de enero de 1923. En realidad, se reeligió por unanimidad a la misma Comisión Ejecutiva electa en enero del año anterior. La mejoría experimentada por el Partido Socialista en ese año debió ser el mejor argumento para repetir y continuar impulsando la organización. Sin embargo, el verdadero reto que se le presentó a Escandell en estos primeros meses de 1923 fue, sin duda, aceptar ser el candidato por el distrito de Alzira-Alberic en las elecciones provinciales que debían celebrarse el 10 de junio. Hasta ahora, el mayor logro que el partido había conseguido era un acta de concejal en el Ayuntamiento de València.

De acuerdo con la lógica de los procesos electorales de aquellos momentos, donde el sufragio universal masculino para los mayores de 25 años estaba mediatizado por los controles que ejercían los caciques locales, las posibilidades de éxito de Escandell parecían muy remotas. Su principal aval era la etiqueta de socialista, además del conocimiento expreso que los votantes pudiesen tener de él, sobre todo por los mítines pronunciados. Sin ir más lejos, en el mes de marzo había participado en un importante mitin en Alzira contra la política militarista del gobierno, reclamando el fin de la intervención en

Marruecos[21]. Ahora, la campaña consistirá en dirigirse a los más necesitados para recordarles que… «de las Diputaciones Provinciales dependen los hospitales de provincias, los hospicios, los asilos, las inclusas y los manicomios». Un mensaje que concluía apelando a las mujeres, principales sufridoras de la falta de asistencia social, para que insistiesen a sus hijos, padres o esposos de que le votasen. Pero, más allá de la propaganda, el éxito de Escandell dependía de concentrar todo el voto de izquierda, lo que pasaba porque no hubiese candidato republicano. Un objetivo que se materializó poco antes de las votaciones. El candidato del PURA, el republicano Juan Calot Sanz, anunciaba su retirada al tiempo que proponía que se votase a Escandell.

El 14 de junio de 1923, dos días después de celebradas las elecciones, la Junta Provincial del Censo hacía oficial los resultados del distrito, proclamando electos a los cuatro diputados con mayor número de votos: Federico Ausina, Partido Conservador, 7.731; Isidro Escandell, Partido Socialista, 7.374; Vicente Serra, Acción Católica, 6.299; Juan Sanchis, Partido Liberal, 6.101. Escandell lo había conseguido, se había convertido en el primer diputado provincial en la historia del socialismo valenciano. Un éxito que provocó una inmediata celebración en la propia ciudad de Alzira, donde una improvisada manifestación recorrió las calles entonando La Internacional. Y en València, en la sede del partido, la celebración consistió en una velada artistico-musical. *El Socialista* también se sumaba a las felicitaciones y hacía un análisis más detallado del éxito de Escandell. Destacaba que su segundo puesto en número de votos lo había logrado por encima de las maniobras del Gobernador, de los caciques y de los partidos tradicionales, consiguiendo ser el más votado en Alzira, Alberic, Algemesí, Corbera, Polinyà de Xúquer, Riola, Gavarda, Sumacàrcel y Senyera. No dudaba en agradecer a los republicanos valencianos su apoyo,

---

21 En el mitin, entre otros oradores, participó el concejal republicano Calot, que en mayo había sido propuesto por el PURA como candidato por el mismo distrito. *El Pueblo* (11/03/1923).

reconociendo que defendieron a Escandell como si hubiese sido su propio candidato. Finalmente, Escandell recibió numerosos comunicados de felicitación, destacando los remitidos por Pablo Iglesias y Andrés Saborit, además de los enviados por republicanos como Ricardo Samper o Juan Bort, ambos exalcaldes de València.

Tenía 28 años, lo que le convertía en el segundo diputado más joven de la Diputación. Era presidente de la Agrupación Socialista de Valencia por segundo año consecutivo. Y era el primer socialista en conseguir un éxito electoral en unas elecciones provinciales. Todo sumaba y hacía presagiar un futuro prometedor hasta que el levantamiento militar de septiembre puso punto final al sueño. Con todo, en los breves meses en que Escandell fue diputado, sus iniciativas e intervenciones dejaron huella.

Diputado provincial

Apenas estrenada su condición de miembro electo de la Diputación, Escandell vivía la triste noticia de la muerte de la hermana de su padre, su tía Josefa Úbeda Blasco, con la que mantenía una estrecha relación[22]. El hecho de que esta muerte fuese noticia en la prensa valenciana constituía el primer indicativo de lo que significaba ser un cargo público. Y como cargo público, incluso antes de que la Diputación se constituyese formalmente, Escandell empezó a demostrar que había sido elegido para defender a los trabajadores. Lo primero que hizo fue visitar al Gobernador Civil para, en nombre de los trabajadores de hornos, exigirle que hiciese cumplir la jornada laboral de 8 horas. *El Socialista* destacó esta acción con el siguiente comentario: «como ven los trabajadores valencianos, ya ha comenzado a tener sus efectos el triunfo electoral de Alcira-Alberique» (1/07/1923).

La siguiente acción como diputado fue visitar, en compañía de Molina Conejero, el Hospital Provincial de Valencia. Durante más de

---

22 Josefa Úbeda Blasco era viuda de Ortolá, con quien había tenido una hija, Teresa, casada con Bienvenido Gorgues. *El Pueblo* (31/07/1923).

una hora, Escandell fue tomando nota de la situación en la que se encontraban trabajadores, médicos y pacientes, en especial los que habían sufrido accidentes de trabajo. Recordemos que, en uno de sus primeros artículos publicados en *República Social*, ya se había mostrado contrario a que la asistencia social fuese más una cuestión de la Iglesia y de la caridad que del Estado. Ahora lo hacía extensivo al ámbito de la asistencia sanitaria.

Pero quizá, la principal novedad que puso en marcha el diputado Escandell fue la creación de una especie de oficina de reclamaciones. Su intención era que cualquier ciudadano del distrito que representaba le comunicara, personalmente o por correo, cualquier asunto en que él pudiese intervenir. La iniciativa pronto daría resultado, recibiendo todo tipo de cartas y solicitudes: para el ingreso en el asilo de ancianos, como la de José Martínez, de Antella, con «debilidad senil»; para ingresar en la Casa de la Misericordia, por familias de «pobreza acreditada por los Ayuntamientos»; para ingresar en el Hospital, como la de un obrero de Guadassuar con «granulaciones en los ojos», u otro de Alzira con «dolencia peronifrítica»; o reclamaciones, como la del carretero José Oliver, de Algemesí, por atropello de su carro por un tranvía frente a las Torres de Quart.

El 1 de agosto se constituía oficialmente la nueva Corporación provincial con una mayoría de diputados conservadores y liberales albistas -llamados así por ser seguidores de Santiago Alba-. En la primera parte de esta sesión inaugural, se procedió a elegir todos los cargos de dirección y gestión en que se estructuraba la Diputación. Obviamente, Escandell no fue propuesto para ninguna comisión por lo que se quedó como diputado sin más. Eso sí, reclamó al nuevo presidente, el conservador Pedro Juan Serrano, explicaciones del porqué no se había elegido el vocal para la Junta de Defensa del Obrero, a lo que el presidente contestó que quedaba aplazado para una siguiente sesión. Tras las designaciones -más que elecciones- de los cargos, la segunda parte de la sesión se dedicó únicamente a las intervenciones de los distintos portavoces de los partidos que constituían la Corporación. Escandell intervino el último, pues era la minoría más minoritaria. Pero había expectación por la novedad, por escuchar por primera vez en el palacio de la Batlía a un socialista, y por ver con qué intenciones venía alguien que muy bien podía ser calificado de «marxista revolucionario». Nada más empezar, reclamó el derecho a expresarse libremente, sin cortapisa alguna, lo que debió de sorprender a los más antiguos del lugar, políticos conservadores y liberales que difícilmente habían pasado por la cárcel por sus ideas. A continuación, repasó todas las intervenciones realizadas para destacar que, «cuanto signifique para bien de los obreros, su voz y su voto no han de faltar». Destacó, como no podía ser menos, su simpatía para con la minoría republicana, con la que compartía -afirmó- su aspiración de cambio en la forma de gobierno. Pero también hizo una extensa alusión al valencianismo con quien dijo compartía la defensa de la lengua, de la historia y de la cultura valenciana, comentario que sería muy valorado por los diarios conservadores. Escandell concluía reafirmando su condición de socialista lo que, no obstante, no le privaría de apoyar cualquier medida que fuese favorable a los intereses generales de los valencianos. Al finalizar su intervención, Escandell recibió un caluroso aplauso de la representación socialista que se había dado cita entre el público[23]. También fue felicitado de forma especial por el vicepresidente, el liberal albista José Aparicio Albiñana que, con 27 años, muy pronto se convertirá en una de las personas que determinará su vida profesional[24].

---

23 «A la toma de posesión de nuestro amigo acudieron representaciones de los pueblos de Alcira-Alberique, entre los que figuraban Pedro García, concejal socialista de Alcira; el compañero Antonio Chofre, de Riola; el ex alcalde de Poliñá, compañero Benavent, y varios compañeros de Alberique, presididos por los concejales socialistas Bartolomé Vila y Enrique Miñana». *El Socialista* (08/08/1923).

24 José Aparicio Albiñana (l'Alcúdia, 1896-Albacete, 1965) era descrito así por *La Voz Valenciana* de 04/08/1923; «Joven, culto, abogado, inteligente, de fácil palabra, de actividad incansable, de posición desahogada», solo falta añadir que muy pronto sería el propietario y director del diario. De militar en el Partido Liberal, en la facción de Santiago Alba, a partir de la II República militará en las filas del Partido Republicano Radical, siendo nombrado Gobernador de Jaén y Albacete entre 1933 y 1935. Su hermano, Francisco, sería ejecutado al acabar la guerra por participar en el Comité Revolucionario de l'Alcúdia.

En el acto de constitución se había aprobado que la Diputación celebrase diez plenos. Dado que Escandell no tenía participación en ninguna comisión y más allá de las iniciativas personales que fuese asumiendo, los plenos iban a ser su única oportunidad de intervenir. Y lo hizo con el desparpajo de quien se siente cómodo en el arte de la oratoria y confiado en los argumentos que esgrime. Propuso cambios en el reglamento, como retrasar el horario de comienzo de los plenos para facilitar la asistencia de trabajadores; encabezó mociones como la destinada a conmemorar el segundo aniversario del desastre de Annual; fiscalizó cuentas y criticó gastos que consideraba innecesarios. Pero de las diez sesiones anunciadas, tan solo se pudieron realizar la mitad: dos antes del golpe militar de septiembre y otras tres después, siendo la del 20 de diciembre la última. Había ganado un acta y un escaño para defender sus ideas, a su partido y hasta su nombre, pero apenas tuvo tiempo de hacerlo.

Con todo, la imagen pública de Escandell se acrecentó de forma acelerada. Primero, porque *La Voz Valenciana*, el diario portavoz del Partido Liberal y de José Aparicio Albiñana, lo convirtió en personaje destacado. En su portada del 13 de noviembre, vigente ya la censura militar impuesta por el directorio militar, el redactor, Juan Vargas, hacía un retrato del joven diputado con el título de «El diputado provincial, don Isidro Escandell está encantado de la vida». En un tono irónico, empezaba comentando los miedos que había generado el éxito electoral de un socialista al que todos suponían «uno de esos revolucionarios que se comen a los niños crudos»; los augurios de que, si salía elegido, «temblarían las paredes del caserón de la Diputación (…) y es posible que hasta tiros hubiese en alguna sesión». Pero todo se disipó tras la primera intervención de Escandell. Según Vargas, no solo tranquilizó a los más temerosos, sino que llegó a conquistar a los más reacios cuando afirmó que «él era amigo del orden. Justicia, respeto a la ley, igualdad para todos en aplicación, era su aspiración. Violencias no. Paz y trabajo. Honradez y cultura. Esfuerzo y remuneración. Ese era su lema». El redactor del artículo se lamentaba también del escaso tiempo que había tenido Escandell para demostrar sus posibilidades como diputado -«Nos entristecimos nosotros también»- y concluía confirmando la admiración que había despertado la figura del joven socialista: «Admiramos al señor Escandell y le queremos de verdad, por su espíritu liberal y progresivo, por su corazón grande, magnánimo, de niño, por su voluntad de hierro que convirtió al modesto obrero en formidable orador de vasta y profunda cultura».

Esta nueva imagen de hombre moderado, culto y respetuoso de la ley le iba a abrir las puertas de nuevos foros y, sobre todo, de la prensa más allá de *El Pueblo* o *El Socialista*. A principios del mes de septiembre era invitado a pronunciar una conferencia en el Ateneo Científico, Artístico y Literario de Valencia, una entidad ubicada en la calle del Mar y presidida por Tomás Jiménez Valdivieso, secretario del Ayuntamiento de la capital y gran impulsor de la cultura valenciana. Toda la flor y nata de la intelectualidad valenciana, especialmente la progresista, había pasado por este Ateneo. La intervención de Escandell, por lo tanto, podría ser catalogada como la consagración del «político intelectual». De hecho, el tema elegido para su disertación fue «Estudios literarios», que abarcaba 9 apartados: «1º. El arte literario y los grandes caracteres. 2º Revisión del Castello Branco. 3º La novela científica tipo Wells. 4º. La desgracia como factor de inspiración. 5º Los emperadores de América. Cervantes Shakespeare y Camoens. 6º. Aristocratismo y democracia literaria. Tipos Walter Scott y Cervantes. 7º. Los literatos de Andalucía. Alarcón y Valera. 8º. La literatura francesa. 9º. La literatura rusa».

La Voz Valenciana, en un nuevo alarde de complicidad con Escandell, publicaría el 5 de septiembre un adelanto del texto de la conferencia, ¡dos meses antes de que esta se produjese! Prevista para fines de septiembre, la conferencia se retrasaría hasta fines de año por los acontecimientos militares y las medidas represivas adoptadas. Finalmente, el lunes 10 de diciembre, presentado por Jiménez Valdivieso y con la presencia del presidente en funciones de la Diputación, Escandell desarrolló su conferencia por espacio de hora y media. Al concluir, fue aplaudido y felicitado por el numeroso público que asistió. Toda la prensa, excepto el diario *El Pueblo*, se hizo eco del acto reseñándolo en términos elogiosos. Esta fue su última actuación pública en que se le identificó como diputado. El golpe de Estado de Primo de Rivera, producido el 13 de septiembre de 1923, comportó la disolución de la Corporación provincial antes de acabar el año.

Sin embargo, a pesar de la brevedad, la experiencia de la Diputación marcará un punto de inflexión en su trayectoria vital. El hombre que aparecía en los padrones municipales como jornalero o empleado, ahora se nos hará periodista de la mano de un líder político del Partido Liberal, pasando a trabajar en un diario monárquico. Y el hombre de los mítines en agrupaciones y sociedades obreras, ahora se convertirá en el conferenciante de ateneos y foros culturales de raigambre burguesa. Para alguien que se había pasado media vida explicando los conceptos marxistas, resulta que estaba experimentando en carne propia el principio básico de la «Contribución a la Crítica de la Economía Política», esto es, que la realidad es la que determina la conciencia y no al revés[25]. ¿Hasta dónde cambiaría su conciencia?

---

25 «No es la conciencia del hombre la que determina su ser, sino, por el contrario, el ser social es lo que determina su conciencia» (Marx, 1976: p. 65).

PERIODISTA
EN TIEMPOS DE DICTADURA

Isidro Escandell Úbeda. El artículo de fondo escribe todos los días, demostrando que posee buen fondo de periodista y es en *La Voz Valenciana* esa prestigiosa firma que interesa a los lectores y siempre se solicita. Estudioso, luchador, de ideales socialistas, es rectitud, honradez, capacidad y justicia. Por su porte y por su cara parece un seminarista que se decide ya tarde por los latines y misas, y ¡vamos!, con esto engaña su noble fisonomía, que Escandell es hombre activo, de grandes iniciativas y con un reparto loco de innegables simpatías. Isidro, el hombre modesto, por su historia siempre digna ocupó diversos cargos envidiables en política. Y hoy tiene a él confiada la seria secretaria de nuestro gran Ateneo Mercantil donde prodiga su talento en los asuntos de sociedad tan querida. Este es Isidro Escandell, el de prestigiosa firma, el que lee a todas horas y en todo se multiplica y concreta en su cerebro de todo el orbe la vida. Yo que lo quiero y lo aprecio retratarle me obliga la admiración como amigo y como persona digna de que sea su retrato quien honre mi galería[26].

---

26 Descripción de José María Juan García sobre Escandell como periodista en *La Voz Valenciana* (26/09/1930).

En aquella década de los años 20, Escandell no solo madurará física e intelectualmente, sino que se transformará en un auténtico referente intelectual. En esos años escribió la mayor parte de su obra divulgativa e intervino en los foros culturales más reputados, todo ello coincidiendo con una dictadura militar que alteró por completo el modelo político vigente desde 1875, poniendo a prueba las estrategias del partido en el que militaba.

Al finalizar 1923, cuando la Dictadura ya había puesto fecha para disolver la Diputación de València, Escandell perdía su primer cargo político, pero a cambio iniciaba su gran periplo profesional. Contaba 28 años y el propagandista político, reconocido y valorado por obreros y campesinos como socialista y sindicalista, se iba a transformar también en un escritor de prensa de marcado cariz intelectual. Una actividad que ampliará significativamente su círculo de amistades más allá del mundo socialista. La primera y más decisiva será la estrecha amistad contraída con José Aparicio Albiñana, nada más conocerlo en los escaños de la Diputación. De esta relación, extraña a priori por lo mucho que les separaba ideológicamente, surgirá la opción de convertirse en periodista. Y no la desaprovechó.

A partir de 1924, su pluma pasó a ser su medio de vida, de la misma manera que el traje y la corbata pasaron a ser su vestimenta habitual. Ganó prestigio y reconocimiento en la siempre compleja y ardua especialidad de la crónica internacional. Fue reclamado por personajes para conferenciar en salones donde el único obrero era el portero que abría la puerta. Será acogido, respetado y valorado por un gremio como el de los periodistas que tenía la virtud de inocular entre sus integrantes la sugestión de sentirse superiores por estar cerca del poder, de sentirse intelectuales desclasados. ¿Le ocurrió lo mismo al joven Escandell?

Una extraña decisión

El 13 de septiembre de 1923, el Capitán General de Cataluña, Miguel Primo de Rivera, encabezaba un golpe de Estado que ponía fin al régimen político de la Restauración. La declaración del estado de excepción, con la consiguiente suspensión de la Constitución de 1876 y la ley de prensa de 1883, convertía a la prensa en uno de los objetivos prioritarios de control político, estableciéndose la censura militar previa y la obligatoriedad de insertar cuantas notas oficiales dimanaran del gobierno. La prensa en general y la más crítica en particular padecerán muy pronto en sus páginas el rigor de esta censura, saldándose con multas, suspensiones y otras derivas más contundentes a medida que evolucionó la dictadura (Laguna, 2015: p. 99).

El 3 de diciembre de 1923 se hizo oficial la incorporación de Escandell a *La Voz Valenciana*. Ese día, en la misma cabecera aparecía el listado con los nombres de todos los que hacían el periódico: José Aparicio Albiñana, consejero gerente; director, Manuel Castillo; redactores: B. Guillén Engo, Antonio Rossi, Prudencio Herreros, Isidro Escandell, Federico Miñana, Manuel de Tudela, Rafael Pérez Manglano, Carlos Rieta, Juan José Marqués, Ramón Pérez Marqués y Leopoldo Magenti. Y cuatro días después ya aparecía su primer trabajo, titulado «Dos producciones de Lacambra». Su debut, por tanto, era un reconocimiento expreso a uno de los líderes socialistas valencianos, un hombre de la literatura y el teatro cuyo compromiso con el partido había quedado evidenciado en su labor al frente del periódico *República Social*[27].

---

27 «Vicente Lacambra Serena (1876-1959) fue un escritor y periodista socialista que, aunque oscense, desarrolló su compromiso político y sindical en València. Se da la circunstancia de que en marzo de 1904 fue condenado a cadena perpetua por un crimen que no cometió. Pasó diez años en un penal valenciano hasta que fue indultado a finales de 1913 gracias las peticiones de destacados personajes de la cultura española del momento. Esa dura experiencia vital le movió a escribir Mi cautiverio. Diez años de un inocente en presidio, con prólogo de Jacinto Benavente. Al salir, reanudó su compromiso en la Agrupación Socialista de Valencia, llegando a ocupar cargos de responsabilidad en la misma, así como en la Federación Provincial Socialista, y en el Comité Nacional de la Federación Nacional de empleados municipales, ya que fue empleado en el consistorio valenciano». MONTAGUT, Vicente: «Vicente Lacambra y el teatro social», en https://www.eduardomontagut.es/mis-articulos/historia/item/2644-vicente-lacambra-y-el-teatro-social.html [consultado el 12/04/2024].

La València de aquellos momentos tenía una oferta de prensa diaria mayoritariamente conservadora y monárquica. Con esta etiqueta estaba el *Diario de Valencia*, de adscripción católica y con una clara predisposición a colaborar con el nuevo régimen dictatorial. También se situaba el otrora adalid conservador, *Las Provincias*, dirigido por el hijo del fundador, Teodoro Llorente Falcó, que también acogió con expectación positiva la llegada de los militares. *La Correspondencia de Valencia*, reconvertido desde 1919 en portavoz del incipiente nacionalismo valenciano, verá frustrado su sueño de una mancomunidad provincial y de una recuperación del idioma propio, por lo que se consideraba como un periódico perjudicado por el nuevo régimen. Lo mismo sucedía con otro diario monárquico, portavoz del liberalismo valenciano, *La Voz Valenciana*, cuyo jefe, Santiago Alba, se tuvo que refugiar en París al ser considerado persona *non grata* por parte del nuevo régimen militar. Más allá de estas diferencias, estos diarios tenían en común el haber sido decididamente monárquicos desde sus orígenes y, por lo mismo, el haber servido de trampolín a distintos líderes políticos de los partidos que protagonizaron el turno político durante la Restauración.

Enfrente, en el campo republicano, competían dos diarios que apenas se dieron un día de respiro en sus innumerables polémicas y disputas. Por un lado, *El Mercantil Valenciano*, dirigido por Tomás Peris Mora y que suscribía las tesis del republicanismo más moderado. Por el otro, *El Pueblo* de Félix Azzati y su defensa del blasquismo como la forma de entender la lucha contra el sistema. Ambos, en cualquier caso, suscribieron los comentarios más críticos al golpe de Estado de septiembre.

Además de esta relación de títulos editados y vendidos en València, por ferrocarril también llegaba cada mañana a la ciudad la prensa madrileña, la que mejor y más caliente cocinaba la información política por su cercanía con el poder. Y, por supuesto, también llegaba *El Socialista*, el referente doctrinal y organizativo de los socialistas valencianos. Todos ellos al precio de 10 céntimos el ejemplar, lo que dificultaba sobremanera la compra a los obreros y capas populares en general. La alternativa será su lectura en el centro obrero, en el casino republicano o en las bibliotecas y escuelas populares que los ayuntamientos blasquistas de València habían venido implantando desde principios de siglo.

A tenor de este panorama periodístico, podría deducirse que la vocación periodística de Escandell podía haber encontrado salida preferente en alguno de los dos diarios republicanos de la ciudad, sobre todo en *El Pueblo* por los vínculos entablados entre socialistas y republicanos del PURA desde tiempos de la Conjunción de 1909. Sin embargo, no fue así.

Suponemos que la decisión de entrar a trabajar en un diario monárquico, para un líder socialista, presidente todavía de la Agrupación de València, no debió de ser fácil. Pero era la dinámica del momento, pues tampoco resultó nada sencillo para el Partido Socialista determinar la posición a seguir frente a una dictadura que ilegalizaba a la CNT y al PCE, pero no a ellos. Escandell, como luego le sucedería a Largo Caballero antes de aceptar formar parte del Consejo de Estado, apostará por el pragmatismo antes que por la pureza ideológica, por el posibilismo de conquistar mejoras antes que por la utopía de hacer la revolución. Los efectos de la Gran Guerra, con caídas de monarquías y llegadas al gobierno de partidos socialdemócratas en diferentes países de Europa, unido a la experiencia revolucionaria de Rusia, serían claves para entender tanto su posicionamiento ideológico como la adaptación a su nuevo medio de vida.

Una adaptación, aparentemente compleja si tenemos en cuenta la línea editorial que había definido a *La Voz Valenciana* hasta el golpe de Estado. Se trataba de un diario heredero de *La Voz de Valencia*, nacido en abril de 1901 por la intervención directa del arzobispado valenciano con la misión de contrarrestar el anticlericalismo republicano, al tiempo que servir de plataforma propagandística a carlistas, integristas y católicos en general bajo la inspiración del Syllabus de Pio IX, esto es, la condena absoluta al liberalismo. *La Voz de Valencia* no pudo superar el impacto de la crisis provocada por la Gran Guerra y se reconvertía en *La Voz Valenciana* en septiembre de 1917. Pocos meses después, en abril de 1918, con el fin de superar la identificación primigenia de diario con la Liga Católica, cambió su salida matutina -la franja habitual de la prensa política- para pasar a salir por la tarde, el espacio diario elegido por los periódicos informativos, al tiempo que se convertía en diario defensor del Partido Liberal (Laguna, 1990). La fórmula funcionó a medias, pues si bien el diario logró mantenerse en el mercado, sufrió diversos cambios de propietarios y hasta de redactores.

A principios de noviembre de 1923, José Aparicio Albiñana se convertía en el nuevo gerente y, desde febrero de 1924, en director del diario con el encargo de relanzar *La Voz Valenciana* y mantener viva la llama del liberalismo valenciano ligado al exiliado Santiago Alba. Un objetivo harto complicado, toda vez que la censura previa impuesta por la dictadura hacía muy complicado cualquier información política divergente. A falta de opinión, la apuesta de Aparicio, como la de otros tantos directores de periódicos, fue la evasión. Es decir, fomentar la imagen, ya fotográfica ya caricaturesca, el sensacionalismo con noticias de sucesos y hasta los concursos con la participación de los lectores. Y por lo que respecta a la opinión, decisiva en la conformación y catalogación de la prensa española hasta esos momentos, la salida fue apostar por intelectuales de prestigio que tratasen temas que pasasen el filtro del censor sin problemas, esto es, sin alusión ni colusión con la política española. El artículo de fondo, aquel con el que se iniciaba la lectura del diario por figurar en la primera columna de la primera plana, pasó a tratar temas de Europa, de arte, de historia…, sin aparente contenido político que hiciera salta al censor de su silla. *La Voz* pronto se convirtió en un medio donde colaboraron periodistas y escritores como Jaime Mariscal de Gante, Emilio Gascó Contell, José Ortega y Gasset o Luis de Oteyza, que hablaban de viajes, de países exóticos o de situaciones políticas en cualquier país menos en España. Se trataba, por lo tanto, de hacer prensa pensando más en el entretenimiento que en la información o en el debate de ideas, pensando más en vender y subsistir que en padecer el lápiz rojo de la censura.

Con estos antecedentes, aceptar ser periodista de *La Voz* debió de ser una decisión complicada, pues significaba escribir para un medio que inicialmente no tenía ninguna relación con el proletariado valenciano. El obrero de aquí dividía sus preferencias entre los dos diarios republicanos de la ciudad, siendo el fundado por Blasco Ibáñez el preferido (Laguna, 1999).

Escandell, además de socialista, quería ser periodista. Y esto allanó el camino. Además, las condiciones laborales, compatibles con sus actividades políticas, y el respeto del propietario a todo lo que escribiese, llevó a Escandell a subirse al proyecto que encabezaba José Aparicio, un hombre que compartía casi su misma edad y que provenía de una familia industrial donde el paternalismo había sido su máxima. De hecho, cuando en diciembre de 1928 moría su padre, los mismos obreros protagonizaron una cuestación para erigirle un monumento.

¿Quién se adaptó a quién sería la pregunta? Si Escandell moderó su opinión para encajar en un diario de adscripción liberal, con Canalejas en el panteón y Alba en cualquier mención, o si fue el diario el que intentó, con la incorporación de firmas como la de Escandell, presentarse como más abierto y pragmático. En realidad, como tendremos ocasión de ver, ocurrieron las dos cosas debido, no cabe duda, a que la falta de libertad igualaba el periodismo y limaba las etiquetas políticas tradicionales, pues, de lo contrario, el riesgo de represalias era mayúsculo.

La otra pregunta es, ¿qué vio un político monárquico, por muy identificado que estuviese con el ideario reformista del Partido Liberal, en un joven socialista como Escandell para proponerle su incorporación al diario? ¿Fue la amistad de coincidir en la institución provincial la única razón, o cabría pensar en que Aparicio vio en Escandell un articulista de mucho futuro?

Un periodista de referencia

Escandell se convirtió muy pronto en uno de los redactores destacados del diario, contribuyendo con su firma a que, tanto *El Socialista* como algunos líderes del partido, consideraran a *La Voz Valenciana* como un diario al que seguir o en el que poder colaborar. Lo haría Lacambra

y Molina Conejero, por citar dos casos destacados de socialistas locales. También algunos de los periodistas del diario aceptaron participar en las actividades culturales que se desarrollaban en la sede
socialista. El redactor, Federico Miñana, lo haría en uno de los cursos
del Círculo Socialista con el tema «El teatro del pueblo»[28]. *La Voz
Valenciana*, a pesar de su pasado y de sus largas entrevistas a los líderes
del antiguo Partido Liberal, podía ser una alternativa informativa más
para los socialistas valencianos, sobre todo para aquellos que quisieran
seguir y leer a uno de sus líderes.

El resultado será que el rubro conservador y católico de *La Voz*
apenas se mantuvo el tiempo que tardó Escandell en darse a conocer.
Un cambio que debió de ampliar las bases lectoras del periódico y,
por ende, los ingresos con los que acometer nuevos retos. Por ejemplo,
la incorporación de nuevos colaboradores de gran prestigio, como el
ya citado José Ortega y Gasset que escribirá un artículo diario a partir
de 1924, o el caricaturista manchego, Alberto Mateos, que retratará a
la elite política valenciana del momento con aguda mirada (Molina,
2014: 41-45). También mejoras materiales, como el cambio de sede en
agosto de 1925 y la adquisición de una moderna rotativa que permitía
aumentar el número de páginas hasta 8 y, con ello, el número de
secciones y de nuevos colaboradores. Todo un cambio que, al cumplirse el cuarto aniversario de la llegada de Aparicio a la dirección del
periódico, fue celebrado como un éxito. El 16 de febrero de 1928, en
el hotel Palace de la ciudad, se daban cita colaboradores y redactores
del diario para homenajear al director de *La Voz Valenciana* y reconocer la vitalidad que la había inyectado al rotativo. Tras el ágape, en
nombre de la redacción, sería Isidro Escandell el encargado de darle
las gracias con un discurso «tan brillante como emotivo».

Escandell se convertirá, de esta forma, en un periodista acreditado,
tanto por la solvencia y calidad de sus trabajos como por la solidez

---

28 Miñana realizaba las críticas de arte y espectáculos en el diario. Invitado por el
    Circulo Socialista, le correspondió a Escandell hacer la presentación del orador, de
    quien destacó que era un compañero en la prensa y en las ideas. *El Socialista*
    (14/11/1926).

del periódico en el que trabaja. Su nombre, hasta entonces identificado con la propaganda del PSOE, adquiría una nueva dimensión al ser reconocido como el columnista de *La Voz*. Se había hecho popular y reconocido. A mitad de la década de los veinte, el nombre de Escandell podía ser noticia tanto por los mítines y conferencias que pronunciaba como por la actividad periodística que desarrollaba. Esta condición de personaje público quedó patente cuando el 16 de enero de 1927 fallecía su padre, Francisco Escandell Tomás, un artesano reconvertido en jornalero que nunca pudo haber imaginado que su nombre aparecería reseñado en todos los diarios de València. El diario *El Pueblo*, en su número del 18 de enero, describía así el funeral:

Nuestro estimado amigo y compañero en la prensa, don Isidro Escandell Úbeda, redactor del querido colega *La Voz Valenciana*, pasa en estos momentos por uno de los trances más amargos de la vida. Anteanoche falleció en Valencia su buen padre, don Francisco Escandell Tomás, causando el consiguiente dolor entre los suyos, que en él idolatraban. Ayer mañana se verificó el acto de conducir el cadáver del señor Escandell Tomás al cementerio, siendo presidido al duelo por los hijos del finado don Isidro y don Enrique; Don Buenaventura Guillén Engo, por *La Voz Valenciana*; Don Enrique Bohórquez, por la Asociación de la Prensa, y don José Valls y Don Manuel Blasco, por el Partido Socialista. Figuraban en la comitiva numerosos elementos de todas las clases sociales, patentizándose el alto concepto y la estimación que despertará siempre el finado.

Como se observa, entre las instituciones representadas figura la de la Asociación de la Prensa, un organismo de carácter benéfico creado por los periodistas valencianos en 1899. Escandell, a diferencia de otros periodistas de su partido -nos referimos a Eduardo Buil-, se abstuvo de ingresar en esta organización, tan elitista como gratificante para sus asociados. La profesora Rius nos recuerda las contraprestaciones que obtenían sus miembros en estos años veinte y que podían ir desde la asistencia médica hasta un chalé en la ciudad (Rius: 2000: 67). La conciencia de quien defendía la organización sindical de clase podía no casar bien con figurar en una sociedad de socorros mutuos que vivía gracias a las subvenciones y regalos del poder. Sin embargo, cuando el régimen del Directorio Militar puso en marcha su modelo de «Organización Corporativa Nacional», a partir del Real Decreto de 26 de noviembre de 1926, la situación varió[29].

Los socialistas en general y los sindicalistas como Escandell en concreto, entendieron que la constitución de comités paritarios con presencia de obreros y patronos podía ser una oportunidad que no debía desaprovecharse. Así lo expondría públicamente el propio Escandell en varias intervenciones que protagonizó, tanto a correligionarios como a obreros en general, siempre con el mismo planteamiento reformista de ganar terreno como fuese y con quien fuese. El 23 de abril de 1927, invitado por la Sociedad de Obreros Tejedores exponía que los comités paritarios suponían «un avance en la marcha progresiva del proletariado hacia su emancipación definitiva». Y apenas un mes después, ahora en la conferencia que ofreció en el Circulo Socialista a los empleados de comercio, industria, banca y bolsa, defendía «con su característica elocuencia, la conveniencia de acogerse a los beneficios que se derivan de dicha disposición gubernativa» (*El Socialista*, 22/05/1927). En esta misma línea se posicionaba otro destacado líder socialista, Manuel Molina Conejero, que al ser entrevistado para *La Voz Valenciana* valoraba los comités paritarios, primero porque significaba reconocer la lucha de clases y, a continuación, porque situaba en el mismo plano de la negociación a los obreros frente a los patronos, tal y como había hecho la Organización Internacional del Trabajo tras su constitución en 1919. En todo caso, obviaba la oposición que, a pesar de su situación de ilegalidad, había mostrado la CNT hacia este tipo de mecanismos de participación obrera.

Para el caso del mundo de la prensa, el requisito previo para la puesta en marcha de cualquier comité paritario pasaba por constituir

---

29 «A partir del 26 de noviembre de 1926 -escribe un socialista- las organizaciones de la Unión General recobraron su actividad, y, con el lema general de los Comités paritarios, se dieron millares de conferencias...» (Andres Gallego, 1977: p. 145).

una agrupación profesional de periodistas que sirviese de base representativa frente a los propietarios de los medios. El 18 de enero de 1927, cuando apenas hacía unas horas que había enterrado a su padre, Escandell se acercó a la sede la Asociación de la Prensa Valenciana para participar en la constitución de la primera Agrupación Profesional de Periodistas valencianos. Se trataba de un trámite, pero que podía servir para crear una primera conciencia sindical entre quienes nunca se habían considerado obreros. La asamblea concluyó con el nombramiento del comité de dirección, siendo elegido Escandell como uno de los siete integrantes del primer «sindicato» profesional del periodismo valenciano[30].

Poco tiempo después, siguiendo lo preceptuado por el Real Decreto, se procedía a elegir la agrupación interlocal de periodistas que tenía que reunir a los de Alacant, València y Castelló para constituir el Comité Paritario de Prensa de la Región Valenciana. El 20 de mayo de 1927, en el despacho del Delegado Regio del Trabajo de València, se verificaba el recuento de los votos obtenidos por los candidatos propuestos por las distintas organizaciones. Entre los delegados elegidos para representar a los propietarios figuraba, entre otros, José Aparicio Albiñana, dueño de *La Voz Valenciana*. Y entre los electos en nombre de los profesionales, salió Isidro Escandell, redactor del mismo diario[31]. Otro cargo más y, sobre todo, otra prueba del nivel de reconocimiento que gozaba como profesional.

---

30 El comité rector de la Agrupación Profesional de Periodistas de València quedó integrado por Julio Jiménez Jordán, Juan José Marqués Moreno, José Navarro Cabanes, Joaquín José Thous Orts, Isidro Ecandell Úbeda, Vicente Badía Cortina y Luis Portaceli José. Estaban representados todos los diarios que en esos momentos se editan en la ciudad. *Las Provincias* (19/01/1927).

31 Los miembros elegidos para representar a la patronal fueron: Trinitario Presencia Fábregas, de *Diario de Valencia*; José Aparicio Albiñana, de *La Voz Valenciana*; Renán Azzati Cutanda, de *El Pueblo*; Enrique Muñoz Pascual, de *Las Provincias*; Vicente Fe Castell, de *El Mercantil Valenciano*. Federico Doménech Muñoz, de *Las Provincias*; José Castelló y Tárrega, *de Heraldo de Castellón*. Y los elegidos para representar a los periodistas: Julio Jiménez Jordán, Vicente Badia Cortina, Isidro Escandell Úbeda, Emilio Costa Tomás, Víctor Viñas Serrano, Manuel Bellido Rubert y Ángel Yáñez Tirado. *Diario de Alicante* (21/05/1927).

En la práctica, este modelo de resolución de conflictos mediante estos tribunales de arbitraje no cuajó. Eran tiempos de dictadura y, por lo mismo, de reformar algo para que todo siguiese igual. La actividad de la Agrupación Profesional de Periodistas era la lucha en cada empresa, intentando solucionar problemas particulares antes que generales. Tal y como sucederá años después, los periodistas, a pesar de su organización sindical, nunca se plantearon la posibilidad de un convenio colectivo del sector ni negociar a una escala superior a la local. La identificación con la empresa del periodista, ayer como hoy, resultaba casi imposible de superar.

Pero estamos en 1927, el año en que la popularidad de Escandell alcanzará uno de sus mayores momentos de gloria. En el mes de septiembre, un joven recién licenciado en Derecho, Emilio Valldecabres Malrás, hijo de un industrial ceramista de Quart de Poblet y que profesaba «una profunda admiración y una íntima amistad», ponía en marcha una comisión de amigos y admiradores de Isidro para tributarle un homenaje por la calidad de su trabajo y por la cantidad del mismo. En este caso, por haber alcanzado la cifra de 100 crónicas dedicadas al periodismo internacional. El sábado, 17 de septiembre, en un salón del Ateneo Mercantil especialmente decorado para la ocasión, «con profusión de plantas y flores, con una espléndida iluminación, con las banderas de España, Bolivia, Finlandia, Panamá, Brasil, México y El Salvador» *El Pueblo* (22/09/1927), tenía lugar el homenaje al periodista que apenas llevaba algo más de tres años ejerciendo y que tan solo contaba con 32 años.

La convocatoria resultó todo un éxito, tanto por el nivel de las personas que asistieron o se adhirieron como por las palabras que allí le dedicaron. Según la crónica del diario *El Pueblo*, «En el homenaje al cronista internacional se reunió lo más selecto de la vida intelectual de Valencia. Catedráticos de nuestra gloriosa Universidad, elementos del Ateneo Científico, sección de estudiantes de Derecho y de Filosofía y Letras, periodistas, abogados, obreros, publicistas, cónsules de la América española y europeos, etcétera». También estaba en pleno la redacción de *La Voz Valenciana* y todo el personal de talleres. En síntesis, tal y como señalaba la reseña de *El Pueblo*, «Todo lo que en la vida de la actividad bulle en Valencia, tenía su relevante representación».

Tras el banquete, se inició el turno de los discursos, tomando la palabra para glosar la figura de Escandell un largo número de personas. Primero, el secretario de la comisión organizadora, Emilio Valldecabres Malrás. Después, entre otros, el cónsul de Finlandia, Carlos Talavera Bjonberg, el catedrático de Derecho Internacional Orúe Arregui, el de Derecho Civil, Salom Antequera, el exalcalde, Ricardo Samper o su mismo director, José Aparicio. Todos coincidían en destacar tanto la calidad profesional como humana de Escandell.

Entre las 57 adhesiones recibidas y que fueron leídas en el acto, destacan las de exsenador Bernardo Gómez Igual; la de Pedro Samper, ex presidente de la Diputación Provincial; Mariano Gómez, catedrático de la Universidad y presidente del Ateneo Mercantil; Emeterio Muga, Teniente Coronel de Estado Mayor y ex diputado; del presidente del Ateneo Científico, Tomás Jiménez Valdivieso; del abogado Luis Buixareu; del dibujante Ruano Llopis; del ex alcalde de València y cónsul de Portugal, Ernesto Ibáñez Rizo; del presidente del Comité provincial de la Unión Iberoamericana, Eduardo Salinas; del profesor de la Escuela Normal de Toledo, José Ballester Gozalvo; de los periodistas, Fernando Valera, Marín Civera y Vicente Calvo Acacio. Y, cómo no, también la de las Juventudes Socialistas y la de su partido.

Escandell fue homenajeado por sus 100 crónicas internacionales. Pero no olvidemos que, en el mes de septiembre cuando tuvo lugar el reconocimiento, el total de artículos publicados por el valenciano era ya superior a los 300 y creciendo. Es decir, Escandell no solo era reconocible como periodista de internacional, con especial atención a los países iberoamericanos, sino también se había consagrado como crítico literario, divulgador del pensamiento socialista y de la teoría marxista, además de un articulista erudito capaz de abordar cualquier tema de historia, arte o literatura.

Socialista y académico

Una de las dudas que subyace a lo largo de este capítulo es conocer en qué medida los cambios profesionales que venimos reconstruyendo afectaron al Escandell político y en qué sentido. Es obvio que debió de generar cambios: posiblemente mejoraron las condiciones materiales de su vida; inclusive le permitió adquirir una modesta vivienda en el barrio de Benimàmet de València, sita en la calle Cervantes, 22, lugar donde aparecerá empadronado en 1930[32].

En el apartado político, la primera consecuencia de la nueva vida del periodista e intelectual será su salida, en enero de 1924, de la Comisión Ejecutiva provincial del partido. Miembro de las ejecutivas, tanto de las Juventudes como de la agrupación de la ciudad, ahora, por primera vez, se quedaba fuera de la dirección[33]. Más que motivos ideológicos, la razón más lógica podía ser la de potenciar la imagen de periodista sin hipotecas, además de la dificultad obvia de compatibilizar su trabajo con una mayor responsabilidad orgánica.

También en enero de 1924 se producía su salida definitiva de la Diputación, algo que ya tenía claro desde el mismo instante en que triunfó el golpe militar. Con este motivo, Escandell remitía un comunicado a *El Socialista* (21/01/1924) con este breve y directo mensaje: «Al dejar de ser diputado provincial de la Diputación de València por virtud del reciente decreto de disolución, me ratifico en los ideales del socialismo. València enero de 1924». Es decir, de todo el repertorio posible que podía haber utilizado para explicar su salida, lo único que refiere es su compromiso con los ideales, su compromiso con el socialismo y, por lo mismo, por seguir siendo el mismo de antes. Comprobémoslo.

---

32 En la casa de la calle Cervantes, aparecerán empadronados, además de Isidro, su madre, Patrocinio, su hermano Enrique y su hermana Concha, la más joven. Arxiu Municipal de València, padrón de 1930.

33 La nueva Ejecutiva quedará integrada por: Presidente, Antonio de Gracia Pons; vicepresidente, Manuel Molina Conejero; secretario, Manuel Blasco Ferrís; vicesecretario, José Esteve García; tesorero, Aniceto Iranzo Pérez; vocales: Vicente Lacambra Serena y Salvador Aliaga Duval. *El Socialista* (12/01/1924).

Escandell, a pesar del cambio político que conllevó la dictadura, no dejó de compatibilizar sus dos facetas: la ya conocida de orador y la de escritor en prensa. En realidad, ambas resultaban inseparables, pues lo que escribía para el periódico lo utilizaba para sus charlas. Lo único que variaba eran los escenarios donde intervenía. Por ejemplo, si en enero de 1924 iniciaba un ciclo en el Ateneo Científico que le llevará a pronunciar hasta cuatro conferencias, en febrero lo hacía invitado por el casino republicano de Ruzafa y en marzo por la sociedad, Fomento de la Agricultura, Industria y Comercio de Gandía, una organización de la burguesía local recién creada. Poco después, en el mes de abril, lo hacía en el Círculo Socialista, establecido en la misma sede de la organización de la calle de las Almas, para homenajear a Francesc Pi i Margall. Y para acabar de verificar la diversidad de escenarios, el 1 de mayo intervenía en Nules, ante las sociedades obreras, con una conferencia que tituló, «Simbolismo de la fiesta del trabajo».

Para realizar todas estas actividades públicas había que pedir la correspondiente autorización y, cuando tenían lugar, siempre figuraba un delegado gubernativo. La permisividad que se dio en los primeros compases de la dictadura pronto desapareció a medida que avanzaba el año. Después de la celebración del Primero de Mayo, el Gobernador empezó a prohibir nuevas manifestaciones y actividades en el Círculo Socialista. Si a fines del mes de mayo era prohibida la conferencia de José Luis Cordero en València, en el mes de junio de 1924 se prohibía el mitin de Escandell en Alcoi, donde había sido invitado por la Juventud Socialista para conmemorar su decimosexto aniversario.

Distinta suerte tuvo la celebración del 1º de mayo de 1925 al ser la UGT la que programó los actos de celebración. Escandell fue llamado para intervenir, por tercera vez en su vida, en diversos pueblos de Extremadura y hacer proselitismo del sindicato. En esta ocasión, Escandell aprovechó el viaje para redactar un artículo impresionista que publicaría *La Voz Valenciana* poco después. Lo tituló «En el país de los conquistadores. La ardiente Extremadura», y narraba cómo había sido el viaje, primero en ferrocarril acompañado de una variada tipología de personajes que describe, y luego en automóvil hasta Trujillo, donde fue recibido por «Pepe el carnicero», un valenciano de Llíria que, a pesar de llevar 50 años allí, aún pudo mantener la conversación con Escandell en el idioma propio. El artículo finalizaba describiendo la plaza mayor en la víspera de la celebración del mitin y manifestación de la fiesta del trabajo.

Antes de su nuevo periplo por Extremadura, Escandell había podido asistir a la inauguración de la primera estación de radio, instalada en el hotel Reina Victoria de la ciudad, celebrada el 18 de abril. Fue un acto impactante, tanto por la exhibición de las instalaciones en el hotel, culminada con la antena que sobresalía de su azotea, como por la colocación de diversos altavoces por la ciudad para que sirvieran de receptores de la primera emisión (Vallés *et al.*, 2018: p. 39). Desde luego, fue impactante para Escandell que, a partir de ese momento, no dudará en utilizar este medio como una tribuna más para sus conferencias. Invitado por el director de la emisora, Rafael Pacios, Escandell pronunció su primera conferencia radiada nada más regresar de su viaje extremeño, el 8 de mayo. El tema elegido fue «La teoría socialista y su influencia en la política europea». Presentado por José María López, presidente de la Asociación de la Prensa Valenciana, Escandell reconocerá que se sintió cohibido, tanto por la obligación de resumir y adaptarse al tiempo marcado[34], como por la cantidad de gente que le habían dicho podría escuchar su voz: entre 15 y 30.00 personas. Él mismo redactó un artículo exponiendo las emociones sentidas y que apareció en *La Voz Valenciana* (29/05/1925), con el expresivo título de «¡No alarmarse, que es buena persona! El simbolismo de unas palabras». Entre otras cosas, sobre el volumen de público, decía: «Yo no vi a ninguno, exceptuando al telegrafista encargado de la censura, al presidente de la asociación de la prensa valenciana, el

---

34 La conferencia debió ser necesariamente breve, pues se incluía en la programación de noche que iba de las 22 a las 24:00h. Y, según la parrilla de la programación, Escandell hablaría tras diversas piezas musicales, algunos recitados de poesía y la información de mercados. *Vid. El Pueblo* (8/05/1925).

speaker y a un amigo, el señor don Rafael Bonmatí y Valero, de Alicante. Fue, para mí, un gran contraste, ser escuchada una conferencia por un número imponente de personas anónimas, sin ver nada más que cuatro. Alabemos una vez más a la ciencia que permite a un socialista ser escuchado impunemente por algún enemigo de esta filiación del ideal».

De esta forma se convertía en el primer político/periodista que hacía uso de este revolucionario medio de comunicación para difundir sus ideas, eso sí, a pesar de la impresión de Escandell, todavía con un público reducido. El cronista local de *El Socialista* consideró el hecho como muy relevante y así lo trasladó al diario madrileño, concluyendo que: «Nuestro amigo ha sido muy felicitado por la feliz iniciativa, que tan buenos resultados puede dar para la propaganda de las ideas socialistas. Es de esperar que no será la única». No lo fue, pero habría que esperar a la II República para que Escandell volviese a sentarse delante de un micrófono, entre otras causas, porque la vida de las primeras emisoras de radio valenciana, tanto Radio València como Radio Levante, fueron muy efímeras.

Poco después de esta experiencia comunicativa, el 8 de junio de 1925, Escandell y el mismo director de *La Voz*, José Aparicio eran admitidos en la Real Academia Hispano-Americana de Ciencias y Artes, una institución creada en Cádiz en 1910 con el objeto de fomentar la relación cultural con los países de habla castellana del continente americano[35]. Los motivos planteados para aceptar la incorporación de ambos a la Academia se basaban en los artículos publicados en *La Voz* sobre los distintos países de América. También tuvo que ver la relación que Escandell mantenía con el arqueólogo conquense, Pelayo Quintero Atauri, defensor de un modelo de academia de corte krausista, centrada en la promoción de la ciencia y la cultura. Sin embargo, cuando Escandell fue nombrado miembro con

---

35 Así lo establecía el artículo 1º de sus estatutos: «El objeto de esta Academia es cultivar las relaciones artísticas, literarias y científicas, entre España y América». *Revista de la Real Academia Hispano-Americana de Ciencias y Artes* (Cádiz). 2/1910, 1.

la categoría de «académico correspondiente»[36], la institución era una herramienta más de la propaganda nacional-españolista emanada del pensamiento reaccionario de Marcelino Menéndez Pelayo. De hecho, uno de los máximos dirigentes de la institución era el gaditano José María Pemán, propagandista católico en la asociación que dirigía el extremista Herrera Oria, teórico de la dictadura de Primo de Rivera -en 1929 publicaba «El hecho y la idea de la Unión Patriótica»- y futuro sostén intelectual del franquismo (Rivera, 2002).

Escandell, consciente de esta línea ideológica de la Academia, antes de aceptar el ingreso solicitó el plácet del partido. En el remitido que elevó al comité de dirección provincial informaba de la importancia del nombramiento, al tiempo que prometía «seguir laborando por las ideas socialistas desde su nueva posición académica». La respuesta no solo fue positiva, sino que el comité en pleno se sumaba a «las felicitaciones por la distinción de que ha sido objeto», al tiempo que destacaba «los numerosos testimonios de simpatía de gran número de intelectuales y especialmente de los correligionarios valencianos que celebramos infinito penetre por primera vez el espíritu socialista en esos centros de tradición reaccionara» *El Socialista* (24/06/1925).

Además de «penetrar el espíritu», este nombramiento significaba que, por primera vez, un socialista valenciano adquiría tan elevado rango: nada más y nada menos que el reconocimiento de académico y, por lo mismo, de intelectual. Una consideración acorde con la idea defendida por el propio Escandell de que el socialismo, para conseguir gobernar, además de obreros iba a necesitar de personas preparadas. De aquí la admiración por correligionarios como Fernando de los Ríos o Andrés Ovejero, ambos catedráticos de universidad, a los que dedicará diversos artículos en estos años. Es más, esta consideración

---

36 Según el artículo 3° de los estatutos, los integrantes se dividían en «Académicos protectores, de mérito, de número, honorarios, supernumerarios y correspondientes». Esta última categoría, donde figurará Escandell, se reservaba para aquellos intelectuales que publicasen sobre Hispanoamérica. *Revista de la Real Academia Hispano-Americana de Ciencias y Artes* (Cádiz). 2/1910, 1.

del intelectual llamado a liderar el futuro del socialismo también estará presente en las biografías y crónicas que realizará de diferentes gobernantes europeos, así como en algunas de sus conferencias, como la impartida en la localidad de Pego, el 15 de julio de 1925, esto es, apenas un par de semanas después de su elección académica. Allí, en un discurso que duró hora y media y que consiguió que en algunos momentos todo el auditorio lo aplaudiese puesto en pie, afirmó: «Sí en un mañana no lejano tuviéramos los socialistas que intervenir en los destinos de nuestra nación, poder dar la sensación de que no solo somos trabajadores del campo o del taller, sí que también de la Universidad, del Instituto, de la ingeniería, de la economía nacional, etc., y que lo sabemos hacer también como los que mejor lo han hecho, sin apartarnos del programa ideal que a todos nos une: libertad, igualdad, justicia, paz y amor». La conferencia había sido organizada por la Sociedad de Trabajadores de Oficios Varios de Pego, afiliada a la UGT y el tema que desarrolló Escandell llevaba como título, «El socialismo y la cultura o la evolución de las ideas del trabajo» *El Socialista* (16/07/1925).

Para seguir penetrando el espíritu rancio de la Academia, Escandell elegiría como tema para el discurso de su ingreso la vida de Simón Bolivar, al que consideraba un personaje poco reconocido hasta el momento. Así lo declarará en el artículo que publicaba en *La Voz Valenciana* el 26 de junio de 1925, titulado «El ideal cumbre de Simón Bolívar. El sentido republicano del Libertador», donde recordaba la influencia que la revolución francesa de 1789 ejerció sobre su idea de libertad, indisociable con la forma republicana de gobierno. Y en ese mismo artículo, Escandell confesaba públicamente su intención de escribir, en un plazo de 8 o 9 meses y con la ayuda de sus amigos y correligionarios Fernando de los Rios y Gabriel Alomar, una extensa biografía de Bolívar. La intensidad del trabajo periodístico y de la política convertirá los meses en años y el estudio biográfico en una historia general de América. Una historia que se detuvo el 22 de julio de 1939, en la página 900, cuando fue detenido por la Guardia Civil. Pero esa es otra historia.

Más que un militante de base

Desde enero de 1924, Escandell había sido un militante más del Partido Socialista y de la UGT, limitándose a participar en algunos actos del Círculo Socialista, escribir artículos en *El Socialista* o pronunciar conferencias allí donde había sido invitado. Esta relativa distancia con el papel de dirigente que había tenido hasta entonces, le llevará incluso a desempeñar el papel de cronista en algunos eventos, como el III Congreso de la Federación Levantina de Sociedades Agrícolas, celebrado en València en octubre de 1925. De todas las intervenciones que allí se produjeron -incluida una elogiosa a su persona-, Escandell se pemitió el atrevimiento de destacar dos de ellas en su crónica de *La Voz Valenciana* (18/09/1925): la realizada por los representantes del Centro Obrero Socialista de Cheste, que planteaba al congreso la urgencia de reclamar a los poderes públicos la vuelta a la normalidad constitucional; y la de Villena, que proponía pedir «a los poderes públicos la instalación del mayor número de escuelas en los pueblos rurales». Ambas definían lo que podían ser sus mayores reivindicaciones en esos momentos.

A fines de 1925, Escandell volvía a ser reclamado por la UGT para nuevas campañas de propaganda, algo que no le generaba ninguna incompatibilidad con el trabajo en *La Voz*. El 29 de octubre intervenía en Elda, con el tema «La táctica y desarrollo de la Unión General de Trabajadores». El presidente de la Sociedad de Oficios Varios La Emancipación, Luis Arráez, presentaba a Escandell como «académico de la Hispano-Americana de Ciencias y Arte», además de camarada, por lo que reclamaba a los presentes «la mayor prudencia y atención para poder oír la autorizada palabra del conferenciante». Escandell era, pues, una autoridad política e intelectual a ojos de los obreros que allí se congregaron y era presentado de la misma manera y con la misma devoción que hacía pocos años él presentaba a Ovejero o Araquistáin. En su discurso, además de reconstruir la historia de la UGT y de la lucha de clases, aputnaba la estrategia que, a escala nacional, debía estar desarrollando el sindicato liderado por Largo Caballero. En concreto, recomendaba a los obreros que: «abandonen la apatía que sobre ellos pesa, y acudan a la Casa del Pueblo a organizarse y capacitarse para estar preparados para el día que tengan qué actuar, ya que todos los partidos están resquebrajados y sus huestes diseminadas, y los únicos organismos que están en pie y con prestigio y solvencia moral son el Partido Socialista y la Unión general de trabajadores» (*El Socialista*, 30/10/1925). La misma consigna la iría repitiendo en las semanas siguientes, en los sucesivos discursos que en nombre de la UGT impartiría por diversos pueblos valencianos.

La UGT crecía en una dictadura que había ilegalizado a su gran rival, la CNT, lo que le había permitido casi duplicar su número de afiliados. Pero no solo, también se expandía gracias al planteamiento de aprovechar cualquier resquicio legal que posibilitase mejorar las condiciones de vida de los obreros. Será el caso del retiro obrero, una ley aprobada en marzo de 1919 y que constituye el primer precedente de una política de jubilaciones retribuidas. Sin embargo, la aplicación de la ley, a partir del Real Decreto de enero de 1921, dejaba muy lejos el objetivo de ofrecer un seguro de vejez a la mayor parte de los trabajadores. Por ejemplo, se quedaban fuera los trabajadores del campo, faltos de contratos legales y, en consecuencia, del pago de las cuotas sociales por parte de patronos y obreros que recogía la norma.

La UGT defendió la mejora de esta novedosa ley. Por ello se sumó en 1925 a la campaña diseñada por la Caja de Previsión Social del Reino de València para conseguir una aplicación inmediata de la misma. Por parte de la Caja, su principal acción fue convocar un concurso para el diseño de un cartel que «enaltezca gráficamente la idea del retiro obrero (simbolizando) la protección a que tiene derecho todo aquel que rinde su esfuerzo, durante los años de energías físicas, al engrandecimiento de la Patria» *Las Provincias* (3/12/1925). Mientras, por la UGT valenciana la aportación fue una campaña, protagonizada por Pedro García, Francisco Sanchis y Escandell, que bajo el lema de «Divulgación de la ley del Retiro obrero obligatorio y los nuevos procedimientos para su inmediata aplicación» se desarrollaría hasta fines de año en numerosos pueblos de la geografía valenciana. A Escandell le tocó peregrinar por los pueblos de la Plana de Castelló, intentando convencer a los agricultores, básicamente naranjeros, de sus derechos. La experiencia debió de ser muy positiva e impactante, lo que explica que, a pesar de su costumbre de no escribir nada sobre su actividad política, en esta ocasión se atreviese a convertirla en una de sus crónicas en *La Voz Valenciana* (17/12/1925). Con el título de «En el seno de las democracias obreras. Una semana entre naranjos», el texto describía el impacto de la riqueza agropecuaria, el nivel económico de los pueblos, pero también el grado de solidaridad entre sus gentes. Y como ejemplo, destacaba lo ocurrido en Almenara cuando se supo de su llegada. La presidenta de la Sociedad Femenina de confeccionadoras de cajas de naranjas, a pesar de la lluvia, fue casa por casa informando de la conferencia de Escandell que se celebraría en el Teatro Artístico de la localidad. No satisfecha con esta primera difusión, procedió a pregonar de viva voz por las calles el acto, eso sí, ayudada por una trompeta con la que conseguía atraer la atención.

En plena campaña, después de haber intervenido en Sax y a la espera de hacerlo en la Vall d'Uixó, Escandell conoció la muerte de Pablo Iglesias Posse. Lo intuyó nada más ver las telas negras colgadas en la fachada del Centro Obrero de la Vall. De esta forma, la muerte del fundador, del padre y el abuelo en versión cariñosa de muchos socialistas, daba lugar a un proceso de mitificación en el que Escandell jugó su papel mediante la palabra y el escrito. El primero de la larga lista de artículos y actos en los que intervendrá para glosar su figura, lo publicó en *La Voz Valenciana* el 11 de diciembre de 1925, esto es, dos días después de su fallecimiento. Con el título de «La última trinchera del romanticismo. El papel de Pablo Iglesias», recordaba su última visita al fundador el pasado mes de abril, cuando ya se veía en su cuerpo la inminencia del desenlace. Tras dedicarle diversos elogios, concluía reproduciendo la carta que Iglesias le había remitido en noviembre de 1918 aconsejándole, como líder de las Juventudes, qué hacer ante la revolución rusa.

A partir de este momento, Escandell protagonizará una larga serie de homenajes a Iglesias. En enero de 1926 lo hacía en Alacant, en el mitin pronunciado en la Casa del Pueblo, donde afirmaba que Iglesias, «quizas fue derrotado, pero jamás vencido» *El Socialista* (19/01/1926). En febrero, en el Círculo Socialista de Castelló de la Plana, donde calificó al fallecido de «honrado, austero, inteligente, fuerte, humilde y previsor». En abril redactaría para *La Voz Valenciana,* primero, y reproduciría *El Socialista* despues, el artículo, «La Fundación Pablo Iglesias. El tesoro de los humildes», donde comparaba el desarrollo del socialismo español frente al de otros países europeos para demostrar el gran mérito de Iglesias que, a pesar de las calumnias, persecuciones y otras adversidades que imponía un país atrasado, consiguió «consolidar fuertemente la realización obrera madrileña con la profesión de un ideal socialista».

En los meses siguientes y en todos los aniversarios hasta los años treinta, Escandell rindió tributo a Iglesias. Lo hizo por escrito, pero también ante un gran número de personas. Algunas de ellas, emocionadas por lo que oían, fundieron en su imaginario al héroe desaparecido con la del del orador que glosaba su figura, tal y como sucedió en el pueblo de Manuel, ubicado en la comarca de la Ribera Alta, donde los dos retratos que presidían el modesto Centro Obrero eran los de Iglesias y Escandell.

Compaginar trabajos, encargos y hasta públicos era ya una constante en la vida de Escandell. Tras la campaña en nombre de la UGT sobre el retiro obrero y los homenajes al maestro, de nuevo una conferencia en el marco del Ateneo Mercantil de València. El 26 de marzo de 1926 y ante un salón de actos repleto de «público selecto», desarrollaba el tema «España y la Sociedad de Naciones». Para ganarse a los presentes, sin duda provenientes de la burguesía local, lo primero que planteó Escandell es que no había contradicción entre socialismo y patriotismo, y para ello utilizaba el planteamiento del profesor Adolfo Zerboglio que propugnaba: «los socialistas no combaten el amor al pueblo donde se ha nacido; pero quieren que este sentimiento no sea exclusivista y se traduzca en odio y en antagonismo hacia cuántos han nacido en otro lugar, hablan otra lengua y se rigen por otras leyes. El socialismo, pues, no es incompatible con el verdadero patriotismo, sino que antes lo amplía y lo dignifica» *La Voz Valenciana* (27/03/1926). A partir de ahí, vencido cualquier resquemor, reconstruía la historia de la institución mundial y destacaba la importancia de que España formase parte de ella. La conferencia concluía «con un hermoso y vibrante canto de amor a España, haciendo votos por su grandeza», lo que dio lugar a un gran aplauso y, sobre todo, a desterrar «muchos prejuicios entre los elementos mercantiles que predominan en esta importante sociedad».

Esta era una de las virtudes de Escandell: saber adaptar su discurso en función del público al que se dirigía. De esta manera se había ganado al auditorio del Ateneo Mercantil. Como también se ganará a los ferroviarios valencianos, tras la charla que dos semanas después de esta conferencia les daba acerca de la legislación internacional del trabajo. Lo mismo ocurrió con los jóvenes de la Federación de Estudiantes Universitarios, en el mes de noviembre, tras pronunciar la lección inaugural de curso dedicada a la historia del pensamiento socialista.

Su figura de intelectual se agrandaba y el reconocimiento general lo certificaba la prensa con elogiosas reseñas. En diciembre de 1926 quiso dar un paso más, presentando en el Ateneo Mercantil algunos de los capítulos del libro que estaba escribiendo con el título de «El alma española en América». Todo fue muy bien, ya que «la lectura de cada capítulo fue acogida con grandes aplausos, que se convirtieron en una prolongada ovación al terminar», al menos esto es lo que decía en su crónica el corresponsal de *El Socialista* (21/12/1926). El éxito de este adelanto de su trabajo, más que inducirlo a terminar la obra, le estimularon para seguir ampliándola.

Triunfaba en los ambientes culturales y académicos, pero hacía ya tres años que había dejado de ser protagonista en la dirección del partido. Por eso, cuando al finalizar el año de 1926 el Comité Ejecutivo de la Agrupación valenciana anunciaba la convocatoria de la asamblea para renovar los órganos de dirección, decidió postularse de nuevo. El 2 de enero de 1927, la asamblea de los socialistas valencianos aprobaba la memoria de gestión y elegía a Escandell como secretario de la nueva Comisión Ejecutiva, conformada por Teófilo Rodríguez, como presidente; vicepresidente, Aniceto Iranzo; vicesecretario, Tomás García; tesorero, Manuel Blasco; y vocales, Juan Bautista García Rovira y Vicente Guillén. Sería el último acto en el local de la calle de las Almas, pues unos días después el Partido Socialista se trasladaba a su nueva sede en la calle Calatrava, 2, de València.

Para alguien tan ocupado como Escandell, resulta un tanto sorprendente que el puesto que asuma en su regreso a la dirección fuese el de secretario, en especial, por la carga administrativa que conllevaba. Sin embargo, en la práctica, el verdadero trabajo de control de los asuntos administrativos de la Agrupación recaía en la comisión administrativa y la de cuentas, ambas integradas por varios militantes. Es decir, su nuevo cargo tan solo le exigía firmar las convocatorias de reuniones y elevar las correspondientes actas. Solo así podemos entender que siguiese compatibilizando las múltiples actividades de todo tipo que protagonizará.

En efecto, la vuelta a la Ejecutiva del Partido Socialista no le impidió seguir escribiendo artículos, pronunciando conferencias sobre temas tan diversos como la cuestión de Oriente o la organización científica del trabajo y asistiendo a todos los actos políticos en los que era invitado. Además, un hombre de su capacidad y convicioines acerca de la cultura, no desaprovechó la oportunidad para potenciar las actividades del partido. Al finalizar el año de su primer mandato y tener que dar cuenta a los militantes en la nueva asamblea de enero de 1928, la memoria no hizo sino confirmar la intensa y extensa lista de actos llevados a cabo en el Círculo Socialista.

Secretario del partido, del comité metalúrgico y del Ateneo

En enero de 1928 Escandell volvía a ser reelegido secretario de una Comisión Ejecutiva en la que el histórico Francisco Sanchis volvía a la presidencia de nuevo. El cambio coincidía con el declive del régimen dictatorial, los debates internos sobre la táctica de alianzas a seguir y con una progresiva mayor actividad de proselitismo sindical.

La campaña que en nombre de la UGT había llevada a cabo en 1926 acerca de los comités paritarios, con intervenciones en diferentes localidades y ante diversas organizaciones obreras, dará ahora lugar a un hecho de cierto impacto en aquellos momentos. Tras una asamblea de los obreros metalúrgicos de València, estos acordaban proponer a Escandell para que los representase en el comité paritario regional del sector. Recordemos que ya lo era también en el comité regional de prensa, lo que tenía cierta lógica por su condición de periodista. Pero, ¡de la metalurgia! En abril de 1928 se procedía a elegir la composición del comité, siendo elegido Eduardo Llagaría como presidente y Escandell como secretario.

Sin vínculo conocido con este sector laboral y claramente identificado por sus ideas socialistas, la propuesta de los obreros metalúrgicos dio lugar a una importante reacción de la patronal. Primero fueron las protestas individuales para, tras su elección como secretario, llevar a cabo una colectiva. Los representantes de la Unión de Industriales Metalúrgicos, Sociedad de Industriales de Manufactura en Bronces, Sociedad Patronal de Transformadores Metalúrgicos y Unión de Fabricantes de Alambres y Puntas, consensuaban una carta de protesta que, el 21 de junio de 1928, remitían al ministro de Trabajo, Eduardo Aunós. En ella, además de confundir su nombre -lo llaman Isidoro-, rechazaban su nombramiento por no reunir «las cualidades de independencia, ecuanimidad e imparcialidad necesarias» que, según ellos, requería el cargo de secretario del comité. Una reacción que desvela cómo a pesar de la etiqueta de intelectual, de periodista en un medio monárquico y de las conferencias en el Ateneo Mercantil, para la burguesía valenciana seguía siendo socialista y, por lo mismo, un enemigo de su clase, tal y como señalaban en la carta con toda claridad:

El Sr. Escandell ocupa un cargo directivo, creemos que el de Secretario, del Partido socialista-obrero; es vocal obrero de un Comité paritario y viene significándose, desde hace años, por sus campañas obreristas y no siempre en términos constructivos y armónicos, hasta el extremo, de que si se consulta el archivo de la policía, se encontrarán datos justificativos de que reiteradas veces ha sido detenido gubernativamente por sus campañas e intervención en cuestiones políticas y sociales[37].

Junto a estos inconvenientes, la instancia destacaba el hecho de que Escandell, en su condición de sindicalista, fuese asesor de varias organizaciones obreras, algo que nos revela otra actividad que apenas tiene su reflejo en la prensa y que, sin embargo, demostraría que su compromiso social y político, a pesar de la dictadura y de su trabajo de periodista, se mantiene incólume. Por todo ello -concluía la carta-, el nombramiento de Escandell no solo contravenía el ideal de armonía de los comités, sino que constituía «un peligro evidente (…) con resultados perjudiciales».

No fueron los obreros proponentes los únicos en rechazar estas descalificaciones de la patronal del sector. Los ataques a la figura de Escandell iban a generar una importante ola de solidaridad que pondría de manifiesto el nivel de popularidad y cariño que despertaba su figura. Encabezada por el presidente del Ateneo Científico, el doctor en Derecho y secretario municipal del Ayuntamiento, Tomás Giménez Valdivieso, una nueva carta dirigida al mismo ministro de Trabajo, con fecha 7 de julio, pero que hacía pública *La Correspondencia de Valencia* el 16, afrimaba que: «Los abajo firmantes declaran haber visto con gran complacencia el nombramiento de don Isidro Escandell Úbeda, periodista de destacada solvencia intelectual y de intachable conducta ciudadana, para secretario del Comité paritario interlocal de Metalurgia de València». Los abajo firmantes eran un total de 36 hombres, de variadas profesiones y posiciones políticas, toda una muestra del tipo de personas con las que se relacionaba Escandell. Por ello, creemos interesante reproducir la lista completa:

---

37 Instancia presentada por la Federación Patronal de València y su región al Excmo. Sr. Ministro de Trabajo, reproducida en *El Eco Patronal* (15/07/1928).

1. Tomás Jiménez Valdivieso, doctor en Derecho y presidente del Ateneo Científico.

2. Mariano Gómez y González, catedrático de Derecho político.

3. Julio Jiménez Jordán, licenciado en Derecho y presidente de la Asociación de la Prensa Valenciana.

4. Mariano Pérez Feliu, doctor en Medicina y director del Sanatorio de la Malvarrosa, ex pensionado por el ministerio de Instrucción pública.

5. Eduardo Llagaria Ballester, ex alcalde de València, abogado y exdiputado a Cortes.

6. Juan José Marqués y Moreno, abogado y secretario de la Agrupación Profesional de Periodistas de València.

7. Leopoldo Magenti, compositor.

8. José García, director de la revista *Arte y Destreza*.

9. Salvador Salom y Antequera, catedrático de Derecho civil.

10. José Aparicio Albiñana, licenciado en Derecho y director de *La Voz Valenciana*.

11. Agustín Gardó, perito mercantil.

12. Juan Serrano y Pla, abogado y periodista.

13. E. Vilella, industrial y publicista.

14. Francisco Moliner Alio, presidente del Colegio Oficial de Médicos de la provincia, presidente de la Federación de Colegios Médicos de Levante (València, Alicante, Castelló, Murcia, Albacete y Baleares). Del Consejo Nacional de Colegios Médicos de España.

15. Emeterio Muga Díez, coronel de Estado Mayor y exdiputado a Cortes.

16. Eduardo Martínez Ferrando, abogado
y licenciado en Filosofía y Letras.

17. Juan Salvador y Rubio, abogado y periodista.

18. Juan M. Useros, maestro superior.

19. José Ramón de Orde y Arregui, ex rector de La Laguna
y catedrático de Derecho internacional.

20. Rafael Pami Sancho, licenciado en Derecho.

21. Luis Cebrián Ibor, abogado, licenciado en Filosofía y Letras,
archivero de la excelentísima Diputación provincial
y bibliotecario perpetuo del Ateneo Mercantil.

22. Buenaventura Guillén Engo, doctor en Derecho,
secretario del Ilustre Colegio de Abogados de València,
exconcejal y exdiputado provincial.

23. José Taroncher, licenciado en Derecho
y vicepresidente del Ateneo Mercantil.

24. Emilio Valldecabres y Pechuán, industrial.

25. Sebastián Ballesta, industrial.

26. José Blasco Sebastiá, abogado y ex teniente de alcalde.

27. Joaquin Huguet Soriano, profesor de esta Universidad.

28. Enrique Bohorques, secretario de la Asociación
de la Prensa Valenciana.

29. José María Segrelles Alfonso, presidente
de la Federación Gráfica Española (Sección de València).

30. José Montoro Torres, directivo
de la Asociación de la Prensa Valenciana.

31. Manuel Alonso, abogado de este ilustre Colegio.

32. José Cano Ibáñez, abogado de la Liga de Inquilinos y exdiputado provincial.

33. Emilio Valldecabres y Malrás, abogado y secretario del Comité paritario interlocal de Artes Gráficas.

34. Jesús Baixauli, licenciado en Ciencias Químicas.

35. Vicente Lacambra y Serena, escritor y auxiliar de la Inspección del Trabajo en València.

36. José Benimeli Sumsi, licenciado en Derecho y juez municipal del distrito de Serranos, de València.

Nombres con distintos empleos, cargos e ideologías que confirman la heterogeneidad del mundo social en el que se movía Escandell. Y en todos ellos, era reconocido y querido, lo que se traduce en estos momentos en que es cuestionado por una patronal en un reconocimiento transversal que va desde las organizaciones obreras a las corporativas de mayor abolengo, de la universidad al foro, de los monárquicos a los republicanos y, por supuesto, también en el propio Partido Socialista. Una amalgama que se traducía en invitaciones de toda clase para disertar sobre lo que estimase oportuno. Si en julio de 1928 volvía a intervenir en el Ateneo Científico con el tema, «La evolución de las ideas económicas», en agosto lo hacía en el IV Congreso Nacional de Auxiliares de Farmacia, hablando sobre «La evolución corporativa del trabajo». Su actividad era incesante, multidisciplinar y polivalente. Igual escribía un artículo que un discurso; igual hablaba sobre socialismo que sobre arte o literatura; igual lo hacía ante un auditorio de obreros que en otro de burgueses; igual representaba a sus camaradas como a sus colegas de la prensa… No rechazaba ninguna invitación ni ningún cargo.

En la asamblea de la Agrupación, celebrada el 14 de septiembre de 1928, era elegido junto con Manuel Molina Conejero para intervenir como delegado en el próximo congreso de la Federación Socialista Valenciana. El 6 de octubre, en la Casa del Pueblo de Alacant, con la participación de 42 delegados representando a 19 entidades de cinco provincias (las tres valencianas más Albacete y Murcia) con un total de 1.069 afiliados, dio comienzo el X Congreso de la Federación Valenciana que, después del congreso, pasaría a llamarse Federación Levantina. Escandell intervino defendiendo una ponencia, firmada también por José Cañizares, José Bernabéu y Manuel Rodríguez, acerca del papel que debía desempeñar la prensa socialista. El dilema que Escandell expuso era si los miembros de la Federación estaban en disposición de poder poner en marcha, una vez más, un medio propio o si, por el contrario, debían concentrarse en apoyar y mejorar *El Socialista*. De hecho, los socialistas de Castelló propusieron una enmienda para solicitar que el diario madrileño dedicara una cuarta plana en exclusiva a la Federación Valenciana, algo que no fue tomado en consideración. También dio lugar al debate sobre si los periódicos que los socialistas tenían en Alacant, Gandia i Elx debían desaparecer para beneficiar la aparición de un único portavoz, o si por el contrario eran perfectamente compatibles. Obviamente, se apostó por esta última consideración, ya que era una decisión ilógica cerrar unos medios que, como el caso de *El Obrero* de Elx, no solo estaba consolidado, sino que había conseguido expandirse a los pueblos de la comarca del Vinalopó (Orts, 1984: p. 61). Lo mismo sucedía con el portavoz socialista de Gandia, *El Popular*, cuyo subtítulo indicaba bien a las claras su ámbito de difusión: «Defensor de las Sociedades Obreras y de los intereses generales del distrito». También con *El Mundo Obrero* de Alacant, el más destacado de todos ellos. Y como era habitual, gracias a estos periódicos, también se difundían amplificados algunos contenidos destacados de *El Socialista* o se llevaban a cabo campañas de apoyo económico para la maltrecha administración del diario madrileño.

Escandell, que mantuvo a lo largo de todo el congreso una intensa actividad, sería elegido secretario de la mesa en la última sesión. Un cargo que aprovechó para proponer un homenaje a Francisco Sanchis con motivo de su 62 cumpleaños, lo que fue aprobado por unanimidad. Además, Sanchis sería reelegido presidente de la nueva Ejecutiva de la Federación. Este protagonismo de Escandell, en todo caso, tuvo que ver con la importancia que el congreso le dio al tema de la propaganda. Más allá de la posibilidad de crear un periódico portavoz de la Federación, algo que se dejó para estudio de la nueva Ejecutiva y que a tenor del dinero disponible era harto complicado[38], la conclusión más destacaba que provocó la intervención de Escandell fue someter a evaluación las oficinas de Reclamaciones, Informaciones y Propaganda, el órgano del que se articulaba la comunicación de la organización hasta ese momento. En concreto, se acordaba celebrar una especie de «congresillo» tras la finalización del oficial con el fin de replantearse el sistema de propaganda seguido hasta el momento, pero también los perfiles de las personas que lo habían dirigido. Francisco Alted, desde Novelda, remitía a *El Socialista* una carta solicitando el rejuvenecimiento de estas oficinas, incorporando a... «Un secretario joven, activo y capacitado para intensificar esa inmensa labor de propaganda que es preciso desarrollar por los pueblos» *El Socialista* (13/10/1928).

El proceso de revisión se cerró sin mayores resultados. La decisión más importante fue que la Oficina de Propaganda de València editase, con motivo del 1 de mayo de 1929, un número extraordinario y único del periódico, *Adelante*, compuesto de 4 planas, «las dos centrales con una litografía en colores con alusión a las aspiraciones de la clase trabajadora organizada», y las otras dos con artículos de destacados compañeros. El objetivo, sin embargo, nunca llegó a materializarse, lo que indica la debilidad del socialismo en la provincia de València, incapaz de hacer lo mismo que la de Alacant, Elx o Gandia.

A falta de prensa, el mitin seguía siendo la principal alternativa, siendo Escandell uno de los más reclamados para intervenir en buena parte de ellos. Como muestra, podemos recurrir al programa de

---

38 Según la comisión de cuentas, en el informe que presentó en el Congreso, las existencias en la caja de la Federación eran: entradas, 2.278,65 pesetas; salidas, 1.786,65 y el saldo, 492 pesetas. *El Socialista* (19/10/1928).

intervenciones que protagonizó en el mes de mayo de aquel 1929: el 5 de abril en Vilarreal; el mismo 1 de mayo, en Riola, Albalat y Sueca; días después, el 18 de mayo, lo hacía en Paterna; un día después volvía al Ateneo Científico para hablar de la previsión social en Europa y América; finalmente, el 27 de mayo hablaba en Xàtiva, ante un auditorio donde, más que socialistas, abundaban los republicanos. El interés que despertaba su palabra justifica que la siguiente conferencia la impartiera, en los primeros días de julio, en la clausura del curso organizado por el Colegio Oficial de Agentes de Comercio. Allí habló sobre «Racionalización de las industrias», y lo hizo, según describía el diario conservador *Las Provincias* (5/07/1929): «con esa maestría y seguridad en él tan características, en la que, junto con el estudio filosófico, histórico y jurídico de la conferencia, supo hacer alardes de figuras retóricas de verdadera belleza, llenas de exaltación patriótica, no ya en su sentido estricto de patria chica, sino ampliando estos límites a la amplia esfera de lo internacional».

Escandell era un firme convencido de que la conciencia obrera necesitaba del alimento de la propaganda de las ideas socialistas. A falta de un medio portavoz del partido en València, conseguiría que su periódico, *La Voz Valenciana*, pusiese en marcha una sección específica en de cuestiones sociales. Fue la primera en su género en la historia de la prensa valenciana. Se llamó «Página Social» y Escandell figuraba como director, lo que le permitió convertirla en una especie de tablón informativo del movimiento obrero valenciano, al tiempo que tribuna abierta para el análisis y opinión de otros compañeros como Molina Conejero o Francisco Sanchis, entre otros. El martes, 2 de abril de 1929 apareció la primera, redactada en su conjunto por el propio Escandell. Empezaba con una breve síntesis de la historia del movimiento obrero; continuaba con la historia del obrerismo valenciano, valorando muy negativamente la influencia de Blasco Ibáñez en el desarrollo del socialismo valenciano; y concluía situando en la coyuntura de 1917-19 el verdadero arranque del sindicalismo valenciano. Complementaba la página diversos anuncios de convocatorias de organizaciones obreras, publicaciones y reseñas de congresos.

En la siguiente Pagina Social, publicada el 9 de abril, Escandell introducía también información sobre la patronal valenciana, en un claro intento de aparente ecuanimidad. Algo que quedó totalmente corregido en las siguientes, dedicadas a preparar y animar el 1 de mayo. Desde los actos previstos por la UGT hasta los de la Agrupación Socialista de València, la «Página Social» informó detalladamente de todo lo programado. Incluso, en la del 23 de abril aparecía una extensa entrevista al «abuelo local», al histórico Francisco Sanchis, con retrato incluido.

De esta forma, a falta de un medio estrictamente del partido, Escandell consiguió que una vez a la semana una página entera del periódico monárquico donde trabajaba fuese, dentro de las limitaciones que seguía imponiendo la censura previa, un medio de información de organizaciones obreras y sindicales, lo que le valió el reconocimiento hasta del propio diario *El Socialista*, que en su número de 16/04/1929 destacaba la valiosa información «de los asuntos, tanto locales como nacionales e internacionales, relacionados con la cuestión social», y concluía recordando que «Dirige dicha página nuestro compañero Isidro Escandell, y está siendo objeto de grandes elogios la acertada iniciativa del diario valenciano».

Decíamos que no rechazaba ninguna actividad ni ningún cargo. Pues bien, antes de llegar al final de la década de los 20, el currículum de Escandell acumulaba todas estas responsabilidades: en enero de 1929 había sido elegido vicepresidente de la Comisión Ejecutiva de la Agrupación Socialista Valenciana, dejando el puesto de secretario a Aniceto Iranzo, que hacía las veces también de corresponsal de *El Socialista*[39]; seguía infatigable dando conferencias allí donde podía o se lo pedían; figuraba en dos comités paritarios en representación de los trabajadores, el de prensa y el metalúrgico; era un acreditado

---

39 La Junta la integraban: Francisco Sanchis como presidente; Escandell como vice-presidente; Aniceto Iranzo, secretario; Vicente Medina, vicesecretario; Manuel Blasco, contador; y Vicente Guillén, Bernardo Pastor y José Almazán como Vocales. *El Socialista* (31/01/1929).

periodista en uno de los diarios de referencia de la ciudad de València, además de promotor de la primera asociación profesional del ramo; muchos de los artículos que seguía elaborando sobre recónditos países o los más prolijos temas culturales los firmaba como miembro de la Real Academia Hispano-Americana de Ciencias y Artes. Todo lo cual podía hacer pensar que era un joven en mitad de los treinta sin más vida que la dedicada a un intenso trabajo intelectual y político. Sin embargo, en estos años aparece otro perfil menos público y más humano. Se trata de su compromiso con jóvenes aspirantes a triunfar en el mundo de las artes.

En uno de sus artículos, aparecido en *La Voz Valenciana,* un 6 de junio de 1925, Escandell cambiaba radicalmente el tema habitual de sus crónicas para hablar de sentimientos, en este caso, el de la tristeza que le había producido la marcha de los jóvenes que, durante el curso y por ser foráneos de València, habían participado en una especie de tertulia «animosa y enriquecedora» en la que él ejercía de improvisado maestro. Escandell escribía sobre sí mismo, algo que resulta insólito en toda su producción periodística. Y lo hacía para hacer pública la tristeza que le había provocado la marcha de estos jóvenes a sus lugares de residencia tras finalizar el curso en la universidad. Es decir, mostraba en este artículo un lado humano tan infrecuente como críptico, al tiempo que daba algún detalle sobre su personalidad. Por ejemplo, se declaraba muy exigente a la hora de formalizar una relación de amistad, incluso se catalogaba de hosco con muchos y excesivamente tolerante con unos pocos, «Doy ciento por uno y calculo moriré con este mismo modo de pensar, y si no, el tiempo lo dirá».

La inexistencia de una correspondencia privada -al menos, que nosotros conozcamos- nos impide ahondar más en esta vertiente humana del personaje. Además, tal y como insistimos, son muy pocos los artículos en los que Escandell habló de sí mismo. Entre los tres o cuatro que redactó, destacamos también el aparecido en *La Voz* el 11/09/1929. Se trata de un artículo en el que describía cómo había pasado el verano/agosto de aquel año: primero, invitado por José Ramón Palmí Pérez, un maestro de larga trayectoria en la enseñanza primaria, con el que pasaría tres días en su casa de Moixent; después, el resto de las tardes del mes en la playa de la Malva-rosa, en la caseta de baños de Eduardo Fos, compartiendo tertulia con sus «amigos cabalañeros», que estaba integrada por: «Pepe Pont, prestigioso obrero que fue presidente de la Junta municipal del censo electoral de Valèn-cia; Vicente March, corredor de Comercio que fue y de la más pura reciedumbre blasquista; el obrero muy leído Francisco Roca; y el an-ciano carpintero de Ribera Francisco Borcha. También acude Antonio Cuesta, que es un buen amigo y servicial bañista». En esta variopinta tertulia, se hablaba de todo, desde la climatología a la política inter-nacional. Y aunque en alguna ocasión, Escandell llevó como invitados a Andrés Ovejero y Fernando de los Ríos, sorprende que en este re-ducido círculo de amigos no figurase ninguno de los líderes del par-tido con los que compartía militancia y responsabilidades.

Esta escasa relación de artículos autorreferenciales, en una persona que podía muy bien sentirse orgulloso de todo lo que había alcanzado, demuestra lo celoso que debía ser respecto de su vida privada. Todo apunta a que diferenciaba su vida personal de la pública. Como mues-tra, en aquel año de 1929, Escandell era motivo de noticia porque en su casa también se reunían distintos jóvenes, aspirantes a literatos, donde se compartían creaciones y críticas. Una de estas obras, una zarzuela firmada por dos prometedores autores noveles con el título de Morerías, logró elevarse del círculo privado de Escandell al público del teatro, lo que provocó que Aniceto Iranzo, en su nota remitida a *El Socialista* (21/081929) se atreviese a decir públicamente que Escandell también era un «promotor de talentos».

Promover a jóvenes con posibilidades también pudo ser la causa que le llevó a aceptar un nuevo reto: formar parte de la candidatura presidida por el republicano Ricardo Samper para dirigir el Ateneo Mercantil de València. Esta institución de clara raigambre burguesa -había sido creada en 1879 para la formación en el ámbito comercial-, era también un excelente expositor de la vida cultural y artística de la ciudad. Allí se celebraban cursos, conferencias y exposiciones ar-tísticas, además de tertulias, reuniones y conciliábulos varios. El ya inminente final de la dictadura alentó el cambio en la dirección del Ateneo y en las elecciones de abril de 1930, la candidatura presidida por Ricardo Samper, donde Escandell iba como secretario, resultó ganadora por un estrecho margen de votos[40]. Ser secretario de una entidad como esta, entre otras facetas, le iba a permitir a Escandell participar directamente en su programación cultural, algo que ya se notó apenas pasados unos días de la toma de posesión con la conferencia del cónsul de Uruguay, que disertó sobre este país al que Escandell había dedicado numerosos artículos hasta entonces.

Será la promoción de jóvenes promesas en el ámbito de la pintura uno de los capítulos más destacados en la gestión de Escandell. Exponer en el Ateneo significaba hacerlo en el mejor y más concurrido escaparate de la ciudad. De aquí que estuviese reservado a pintores de cierto nivel. La novedad ahora serán las exposiciones de jóvenes artistas como Miguel Vaquer, el primero en colgar 16 cuadros en esta nueva etapa. En la crítica que Escandell firmará en *La Voz Valenciana* de 30 de enero de 1930, entre otros elogios, dirá que representa «la adolescencia creativa». La siguiente exposición fue de Santiago de Les, también comentada y aplaudida por Escandell en su periódico. En abril, lo hacía Manuel Gordo, un joven nacido en su segunda patria, Xàtiva, con una colección de 38 cuadros que fueron comentados con admiración de nuevo en la crónica de Escandell, sobre todo, el cuadro dedicado a Conchita Piquer.

Las exposiciones se fueron sucediendo en lo que restaba de aquel año 30 y del inmediato, con todas sus vicisitudes y expectativas. De aquí que, en el mes de mayo de 1931, con la República ya declarada, Escandell fuera objeto de un homenaje de reconocimiento por parte de estos jóvenes pintores, sobre todo, para agradecer las oportunidades de promoción que les había facilitado. Era su segundo homenaje en apenas un lustro, un mes antes de conseguir otra nueva responsabilidad, su elección como diputado.

---

40 La candidatura de Samper consiguió 1286 votos, frente a los 1153 de la otra candidatura, encabezada por el catedrático Mariano Gómez. *El Pueblo* (8/04/1930).

UNA EXTENSA
OBRA PERIODÍSTICA

En el mundo de las ideas, lo esencial es la difusión de las ideas. No se contenta el hombre de ideas con la posesión de las mismas, con la retención en la vida de su espíritu, de ellas. Necesita como homenaje a las ideas mismas esparcirlas, difundirlas, procurar que su actuación sea un vehículo de propaganda de ellas[41].

Escandell nunca fue un teórico del socialismo, ni siquiera de la geopolítica o de la cultura que tanto analizó. No llevó a cabo obra o trabajo alguno que no fuese deudor de una tesis previa. Fue, por encima de todo, un divulgador. Algo que resultaría coherente con la función de periodista que definirá su relación laboral desde 1924. Sin embargo, la divulgación no le eximió de la toma de partido, de mostrar sus referentes, sus principios y hasta sus demonios. Sobre todo, en una etapa como la dictadura de Primo de Rivera en donde el Partido Socialista y la UGT vivieron en constante debate en torno al qué hacer saldado con grandes polémicas y más de una división.

---

41 ESCANDELL, Isidro: «La restauración idealista». *La Voz Valenciana* (21/06/1928).

Dos serán las vías utilizadas por Escandell para seguir con su actividad propagandística, mediatizada obviamente por los condicionantes censores de la dictadura: la tradicional de la intervención pública que venía ejerciendo -tal y como ya hemos visto-y que progresivamente había ido diversificando en temas y auditorios; y la profesional del periodismo, que constituye su actividad principal en estos momentos dando como resultado una extensa obra, tal y como se observa en el apéndice final de este libro.

Esta abundante producción periodística nos permite configurar el universo mental e ideológico que definía al personaje en aquellos años, al tiempo que evidenciar su capacidad intelectual y hasta su estilo literario. Todo ello con dos advertencias: la del contexto, esto es, que Escandell escribe en plena dictadura y en medios sometidos a censura previa; y la de la persona, en plena evolución vital e intelectual a un ritmo tan acelerado por la ingente cantidad de experiencias que desarrolla que hasta sus rasgos físicos cambiarán en poco tiempo, ganando una obesidad que redondeará su faz y perdiendo buena parte del pelo que lo hará parecer mayor. Significa, por consiguiente, que toda la base documental que utilizamos en este capítulo la produce el personaje entre 1923 y 1930; que todas las opiniones que manifiesta en sus casi 400 artículos, además de por la coyuntura política doméstica, vienen determinadas por el drama de la Gran Guerra y por la Europa que surge con liderazgos izquierdistas que considera ejemplos a seguir.

Sobre qué y cómo escribir

Hasta 1923, Escandell había colaborado en *El Socialista* con algunos artículos como los que remitían otros líderes de diferentes provincias. Era un colaborador más entre otros tantos. Su última entrega llevaba como título «El Socialismo y la juventud», publicado en el ejemplar de 25 de agosto de 1923, en plena actividad como diputado provincial y presidiendo todavía la Agrupación Socialista de València. Se trata de un artículo doctrinal, en la sección que el diario dedicaba a las

Juventudes, que firma por primera vez con el identificativo de «diputado provincial», y en el que reafirma su fe en el socialismo: «Seamos socialistas. Es el Socialismo una tendencia avasalladora del pensamiento europeo moderno y que necesita una gran acogida entre la juventud para que de ello salga una fuerza vibrante y triunfal que haga desaparecer los densos nubarrones que en el horizonte de la vida eclipsan el sol divino de la libertad y de la justicia».

Significa, por tanto, que hasta fines de 1923, la actividad publicística de Escandell se limitaba a las colaboraciones en un medio de parroquia limitada en su ciudad y con efectos diluidos por la distancia entre uno y otro artículo. Nada comparable a lo que iba a significar escribir de forma regular en un diario que, a pesar de no tener inicialmente un público obrero o militante, le iba a permitir demostrar sus inquietudes intelectuales al tiempo que continuar con su vocación y compromiso de propagar el socialismo. Porque la militancia de Escandell, a pesar de dejar de ser el presidente de la Agrupación valenciana en enero de 1924, tal y como ya vimos, no se debilitó en absoluto participando en mítines y conferencias o volviendo a la primera línea de la dirección a partir de 1927. Será, en definitiva, esa triple condición, la de periodista, intelectual y la de militante del socialismo valenciano, la base sobre la que construirá la obra periodística que producirá desde fines de 1923.

El primer problema con el que se debió encontrar Escandell en su nueva condición de periodista, contratado en un diario monárquico-liberal, muy probablemente tuvo que ser sobre qué escribir, qué temas dominaba lo suficiente para establecer una línea que lo identificara y que, por la lógica del momento, no implicase ningún riesgo con la censura. Inicialmente apostó por titular a su sección «Estudios Literarios», tal y como había decidido que se llamase la conferencia que pronunciaría en el Ateneo Científico de la ciudad el 13 de diciembre de 1923. De esta forma, viendo el resultado de su intervención entre el público podía confirmar la validez de esta temática. Y también al revés, es decir, publicando antes en el periódico el tema sobre el que luego disertaría podía evaluar la aceptación que podría tener. Sucedió, por ejemplo, con la conferencia del día 13 que señalamos, pues ese mismo día aparecía en la primera plana de *La Voz* su segundo artículo con el título de «El arte literario y los grandes caracteres. Napoleón y Bakounine», un resumen de la intervención que realizaría poco después en directo ante el público del salón del Ateneo.

Escribir sobre un tema para luego hablar de él, o la inversa, el caso es que todo fue bien: las conferencias resultaron un éxito de público y crítica y sus artículos pasaron la censura sin tachadura alguna. El 15, el 17 y el 19 de diciembre de 1923 publicaba en su sección de «Estudios Literarios» los tres siguientes artículos que debieron confirmar la validez de la línea a seguir. El del 15 era: «Los literatos de Andalucía. Alarcón y Valera»; el del 17: «La desgracia, como factor de inspiración»; y el del 19: «La literatura francesa».

La literatura era una vía segura, pero insuficiente para un marxista convencido de que la propaganda era parte de su vida. Tras haber superado el estreno con las entregas antes comentadas, Escandell dio un paso más arriesgado con su siguiente artículo, publicado el 24 de diciembre con el título de «La saludable reacción contra el fatalismo». Encuadrado en la nueva sección que el mismo ha promovido, la de «Estudios Sociales»., Escandell analizaba en dos extensas columnas el libro de Francesco Saverio Nitti, «La población y el sistema social», publicado en Nápoles en 1894, para contraponer la tesis del liberalismo pesimista que jalonaba el libro frente al optimismo redentor del socialismo que él defendía. Era, por tanto, la primera vez que abiertamente defendía sus ideas en el periódico. En días sucesivos y para consolidar la sección, publicaba «Las tres asistencias de Saint Simón» -el día 26-; «El magisterio de Heine» -el día 27-; y «La resurrección de Goldoni» -el día 28-, tres trabajos en los que se adentraba en el análisis del pensamiento político para seguir apuntalando su defensa del socialismo.

En total, en su primer mes de periodista, el de diciembre de 1923, Escandell publicó nueve artículos en *La Voz Valenciana* con un mismo común denominador, a pesar de sus variados títulos: el alto nivel de los temas, la densidad de sus contenidos y una redacción donde predomina la erudición y el lenguaje florido, siguiendo el modelo académico dominante en la época. Eran artículos, no ya para un obrero o un pequeño comerciante de cualquier ramo, sino para personas de un elevado nivel cultural. Eran artículos escritos como si fueran conferencias, que se dirigían al mismo tipo de público que asistía al Ateneo Científico y Literario de la ciudad donde había debutado en el mes de diciembre y donde volvería a intervenir a partir de ahora en reiteradas ocasiones.

Experimentada la fórmula y vistos sus resultados positivos, Escandell apenas variará esta forma de escribir en sus primeros años. Si comparamos este estilo abigarrado y lleno de citas con los artículos de otros colaboradores del diario, como por ejemplo con la narración descriptiva de Jaime Mariscal de Gante o el propio análisis de la situación europea de Ortega y Gasset, podríamos advertir que Escandell practica un cierto eclecticismo entre el ensayo político y el periodismo, lo que explica que recurra constantemente a citas de autoridad dándole al contenido un nivel intelectual antes que divulgativo.

Complejidad temática y densidad en el estilo, lo que pudo provocar que cualquiera que leyese alguno de sus trabajos de aquellos primeros años veinte, no acabase de entender su posición o su intención última, pero concluyese que el autor era toda una autoridad en la materia. En efecto, por las palabras que utilizaba, los lugares y experiencias históricas que refería y los autores que citaba, siempre precedidos de una frase admirativa, conseguía un alto nivel de erudición. Baste un pequeño ejemplo acerca de cómo define el feminismo de su tiempo para hacerse una idea. En el artículo, «Margarita Kollontai, la embajadora soviestista», aparecido en *La Voz Valenciana* el 14 de marzo de 1924:

El feminismo ha de encontrar en aquellas mujeres de Rusia, de Inglaterra, de Finlandia y de Norte América, una razón de legitimidad para el entronizamiento definitivo de este movimiento, cuyo triunfo final únicamente saben temer los espíritus misoneistas, es decir, los que por su concepción unilateral de la actividad humana, reputan de subterráneas y disolventes todas las innovaciones que el enorme decurso del progreso establece en la vida universal.

Esta mixtura que señalamos se evidencia incluso en el hecho de que Escandell utilizó la palabra «crónica», para identificar la mayor parte de sus artículos. El género de la crónica es aquel que se mueve entre la información y la interpretación, requiriendo un cierto equilibrio para compensar el hecho, lo objetivo, con la opinión. Como los tiempos no eran propicios para opinar, máxime para alguien con etiqueta de socialista, lo que predominó fueron los hechos, esto es, crónicas de conmemoraciones, de gobernantes, de países y de acontecimientos. Apenas nada sobre la situación política española, sobre la problemática de su partido ante las opciones de participar en los organismos sociales de la dictadura o sobre la evolución de la clase obrera. De aquí que apenas cultivase la polémica periodística en todos estos años, más allá de la que mantendría con el gran Roberto Castrovido, director del diario republicano madrileño *El País* y colaborador asiduo del valenciano *El Pueblo*, acerca de la compatibilidad del socialismo con la monarquía. La polémica se desarrolló en el mes de septiembre de 1924, escribiendo Escandell tres artículos en *La Voz Valenciana* y una en el diario asturiano *La Aurora Social*. El quid de la cuestión era la crítica que Castrovido y, por extensión, otros diarios republicanos, hacían a los laboristas ingleses, liderados por el reciente triunfador en las urnas, Mac Donald, de aceptar formar gobierno sin cuestionar la monarquía. Respondía Escandell que la forma de gobierno podía ser accidental mientras que el fondo, el sistema de gobierno, debía ser democrático. Y eso era lo que había que defender. Más allá de esta amable y hasta cordial polémica, Escandell rindió en reiteradas ocasiones tributo de admiración al gran Castrovido, al que incluso llegó a proponer para que ingresara en la Academia de la Lengua.

No creemos que a Escandell le costase mucho escribir cada uno de estos artículos, más allá de comprobar algún dato o recordar alguna cita. Es muy posible que la misma facilidad que tenía para armar un discurso de dos horas sin papel alguno que seguir, la tuviese también para escribir sus artículos. Prácticamente produjo entre 1924 y 1930 una media de dos cada semana. Su fuente de inspiración era la prensa o la última lectura que había hecho, de aquí la gran cantidad de reseñas bibliográficas que efectuará. También le atraían las biografías de grandes personajes, muchos de ellos desconocidos para la inmensa mayoría de sus posibles lectores.

Con todo, el gran ámbito de interés donde volcó la mayor parte de sus artículos fue en el campo internacional. De nuevo lo mismo: si la dictadura hacía imposible ofrecer análisis de la política nacional, la alternativa fue contar lo de fuera, máxime después de haber vivido una Guerra Mundial que tanto interés y debates había suscitado en su momento. Una apuesta que pasaba por contar con periodistas capaces de escribir sobre temas de fuera, aunque no hubiesen salido nunca del país. De esta forma, Escandell, que tan solo saldrá de España cuando sea diputado en el Congreso de 1931, se convirtió en un periodista que igual trataba las consecuencias de la Gran Guerra en la configuración del nuevo mapa mundial, como demostraba el avance del socialismo en su época. Escribió artículos sobre cualquier país del planeta que permitiese destacar el protagonismo de un líder obrero, de un partido de izquierda o de un sindicato. De China a Japón, de Chile a Canadá o de Portugal a Finlandia, la lista resulta casi universal.

También escribió de forma insistente sobre América en su conjunto y los países iberoamericanos en particular, describiendo su historia o analizando su situación política. Esta temática resultó especialmente fructífera para Escandell, pues no solo le abrió las puertas como académico de la institución radicada en Cádiz, sino que le llevaría a entablar relaciones con la práctica totalidad de cónsules americanos en València.

A partir de esta valoración sobre cómo y de qué escribía, podemos intuir quiénes eran sus lectores y cómo valoraban sus artículos. Porque, más allá de las consideraciones críticas, lo cierto es que Escandell se mantuvo como articulista de primera página hasta que quiso, llegando incluso a publicar al mismo tiempo y en momentos puntuales hasta en cuatro periódicos a la vez. Sus lectores, por tanto, debían de ser los curiosos ante el tema que abordaba, los seguidores que conocían de su filiación o, por qué no, los impactados por la forma en que adornaba sus crónicas. Por la cantidad de artículos que publicó podemos concluir que los tres tipos debieron constituir su público lector.

A medida que se consolidó como periodista y, por lo mismo, fue desarrollando el oficio, Escandell también acabó siendo un buen entrevistador. No le fue fácil, prueba de ello es que la mayor parte de ellas las realizó a partir de 1928. Pero será el único que contará en su haber con el mérito de haber entrevistado a toda la representación consular de la ciudad, a una parte de los industriales más prominentes y también a sus camaradas de sindicato y partido.

La cantidad, pues, y la variedad de temas que conforman la obra periodística de Escandell nos obliga a una clasificación por áreas temáticas que posibilite, siquiera sea de forma aproximada, hacerse una idea de la cosmovisión de este joven que, no lo olvidemos, en 1925 cumplía los 30 años. Un joven que, si nos atenemos a los autores que cita, a los países que analiza o a los libros que reseña, demostraba con creces tener una importante capacidad de lectura y una especial habilidad para sintetizar los fundamentos de todo lo que leía. A título de ejemplo, señalemos que cuando reseña el libro de Tomás Giménez Valdivieso, titulado «Un nuevo socialismo», Escandell afirmaba haberse leído dos veces las 569 páginas y haber tomado abundantes notas[42]; o cuando comentó en un extenso artículo el libro «Ariel», del uruguayo José Enrique Rodó, «uno de los más firmes sostenes de la civilización americana», afirmaba haberlo leído 10 veces por lo menos[43].

Sin duda, debía ser un visitante asiduo de las bibliotecas del momento. Incluso cabría pensar, a tenor de los hechos internacionales que analiza y de las relaciones que cultiva, que debía tener diversas fuentes de inspiración, ya fuesen directas de los mismos consulados

---

42 ESCANDELL, Isidro: «Un libro oportuno y documentado», en *La Voz Valenciana* (7/10/1924).

43 ESCANDELL, Isidro: «Consejos a los jóvenes socialistas», *El Socialista* (23/09/1925).

en València, ya fuese a través de la prensa madrileña o francesa[44]. O puede que un poco de todo a la vez. De hecho, en 1930 hacía de anfitrión de los socialistas alemanes en su visita a València, comunicándose en francés con ellos[45]. No tenía un título superior, ni había salido del país, pero dominaba un idioma extranjero y podía situar en el mapa a casi todos los países del mundo, incluida su historia. Todo ello, lógicamente, gracias a una incesante actividad lectora. No de otra manera se puede entender la erudición de sus crónicas, el volumen de información que manejó, la cantidad de países y temáticas que abordó o los datos y hechos que manejó.

En uno de sus artículos, Escandell reconocía que en la mesa de su despacho tenía una pequeña figura en bronce de Napoleón por ser, precisamente, «uno de los máximos exponentes de la formación autodidáctica».

Un gran divulgador de la cultura

Ya lo hemos advertido: cuando la censura arreciaba, tal y como sucedía en la dictadura iniciada en septiembre de 1923, los periodistas se hacían literatos. Los censores, ya fuese por su falta de nivel o por considerar este ámbito inocuo para el poder, tendían a ser más permisivos con lo cultural que con lo político.

Escandell debutó en *La Voz Valenciana* con «Estudios Literarios», demostrando su admiración por la llamada «novela científica» y su epígono, el matemático y poeta inglés, John Kells Ingram. Siguió ensalzando las obras de Alarcón y Valera, calificándolos como «dos de

---

44 ESCANDELL, Isidro: «Comentarios al Congreso nacionalista negro», en *La Voz Valenciana* (8/08/1924), escribe que ha leído el diario francés *Le Quotidien* la noticia de este congreso. El 30 de septiembre de 1930, *El Socialista* informaba que Escandell había utilizado el francés cuando acompañaba a la delegación alemana que visitaba València.

45 «Escandell pronunció en francés un breve y cordialísimo discurso, expresando la satisfacción de todos los presentes por tan honrosa visita y la admiración que los obreros conscientes sienten hacia la democracia socialista alemana». *El Socialista* (30/09/1930).

las figuras de mayor significación literaria del siglo xix» (15/12/1923). Reclamó con insistencia la repatriación de los restos de Ángel Ganivet a su Granada natal (25/03/1926). A continuación, era capaz de plantear la influencia que la desgracia había jugado en la inspiración literaria, desde Bécquer hasta el propio Galdós. También era capaz de analizar una larga lista de obras donde la tolerancia había sido el eje argumental (04/031924). Además de autores españoles, era un profundo conocedor de las literaturas francesa, alemana, inglesa, rusa e italiana, a las que dedicó más de un artículo. Fue el caso de Goethe, al que calificaba de «gloria de la humanidad» (27/08/1924); de Fiódor Dostoyevski, cuyo libro «Los hermanos Karamazov» tildaba de «oro viviente» (29/09/1924); de su admirado Luigi Pirandello por «Seis personajes en busca de un autor» (15/04/1924) y «Un caballo en la luna» (26/02/1925). Podía relacionar al gran poeta alemán Heinrich Heine con Cervantes; al dramaturgo italiano Carlo Goldoni con el francés Molière (28/12/1923); al novelista polaco Kraszewki con el granadino Pedro Antonio Alarcón (04/01/1924).

En estos seis años de trabajo en *La Voz Valenciana*, Escandell divulgó el conocimiento literario, reseñó un gran número de novedades bibliográficas y presentó los trazos biográficos de autores destacados, pero también de otros menos conocidos. Incluso habría que añadir sus incursiones en la crítica musical, tanto de Wagner como de Beethoven -sus dos preferidos-, así como en la crítica de arte y en la promoción de nuevo talentos que ya comentamos en el capítulo anterior.

Para escribir de todo esto hacía falta leer y leer mucho. Y hacía falta también disponer de los libros. Si bien la situación económica de Escandell debía de haber mejorado sustancialmente con su trabajo en *La Voz*, el acopio de libros, de periódicos y de otros medios que le permitieran conocer la evolución literaria, más que por sus propios recursos que nunca debieron de ser excesivos, creemos que lo hacía a través de las bibliotecas. Su preocupación por el estado que presentaba la biblioteca pública se hará patente en diversos artículos. Dos de ellos vinculaban directamente el progreso social de una ciudad como

València con el nivel que presentaban sus bibliotecas y, por cómo lo describe, todo hace pensar que era un asiduo de ellas:

> Con verdadero patriotismo valenciano vemos cómo el espíritu de la ciudad se va eclipsando progresivamente por la falta de bibliotecas públicas. Las que existen es mejor que no existieran. Algunas de ellas parecen estar montadas para ahuyentar al lector. Faltos los locales de ventilación, sin decorado alguno, sin calefacción, si memorando, con los catálogos horrorosamente manoseados y horriblemente mutilados causan penosa impresión en el ánimo de los concurrentes[46].

Es de suponer también que Escandell, a medida que crecía su labor periodística y el número de autores conocidos, mantuviese una intensa correspondencia que constituyese otra fuente de novedades. De hecho, por cómo se refiere a más de un autor cuando comenta su obra, reconociéndolo como «mi querido amigo», imaginamos que más de un libro le fue suministrado por el propio autor. De todos los que cita, el autor que con más claridad podría figurar en este apartado de «relaciones amistosas y correspondencia regular» sería Gabriel Alomar (1873-1941). Del poeta mallorquín escribió mucho y en diversos momentos. En «La autodidáctica de Alomar» (25/02/1924), señalaba: «Abrimos el libro insigne de nuestro gran amigo Gabriel Alomar, el príncipe del pensamiento moral contemporáneo, el cenobita de Palma, el gran cantor de la belleza balear». Esta relación se hizo más estrecha cuando en 1927 Escandell compartiese tres días en Mallorca con Alomar, lo que le permitió confirmar su bondad humana y su creatividad literaria, «que, entre otros valores éticos, contiene el de la capacidad de descender hasta el hambriento de Cultura y de ideal». En 1930, Escandell no dudó en sumarse a la iniciativa puesta en marcha desde Madrid por Luis Araquistáin para rendirle un homenaje, que no solo consideraba merecido sino obligado, por todos los escritores y muy especialmente por los valencianos y catalanes que compartían

---

46 ESCANDELL, Isidro: «El espíritu de las ciudades. Estantes, polvo y libros». *La Voz Valenciana* (24/03/1929).

una misma lengua y cultura. Así lo indicaba en el artículo, «Gabriel Alomar» (2/09/1930), donde afirmaba que la poesía de Alomar venía a ser «una especie de entronque entre Jacinto Verdaguer y Teodoro Llorente».

Luis Araquistáin (1886-1959), el periodista, escritor y destacado líder del socialismo madrileño, ofrece otro ejemplo de estrecha relación con Escandell. Ambos, además de compartir profesión y militancia, tenían una especial veneración por Tomás Meabe, fundador de las Juventudes Socialistas; los dos hacían de la escritura su forma principal de vida; y los dos acabarán atraídos por la atrayente figura de Largo Caballero. Escandell se refería a él en el artículo «El socialismo y el colonismo. Apostillas a un artículo de Luis Araquistáin» (8/06/1925) diciendo que: «desde el plano político hay un lazo que nos une a los dos, y es la comunidad de ideas entre Araquistáin y yo. En el de los afectos, en el puramente particular, la admiración y simpatía que brotan de mi amistad con el escritor desde hace años, consolida forzosamente aquella liga espiritual y fraternal y que no es otra que la idea socialista que nos une a los dos». Prueba de esta amistad es la reseña que Escandell le hará, con el nombre de «El depósito del pensamiento» (15/02/1929) a uno de sus libros. La iniciaba de esta manera: «mi ilustre amigo Luis Araquistáin me ha hecho ofrenda de un libro que leerlo es una admonición sagrada para todos los hombres que aspiren a ser reputados de cultos. Se titula «La Revolución Mejicana». El impacto de este libro llevará a que, unos meses después, Escandell publique una nueva reseña con el título de «Araquistáin y su magisterio permanente», primero en *La Voz* (4/06/1929) y luego en *El Socialista* (27/06/1929), donde, una vez más, mostrará su admiración por el escritor y camarada, sin imaginar que en breve compartiría con él escaño en un parlamento constituyente y corriente dentro de un dividido socialismo.

Por lo que se refiere a los autores valencianos, Escandell no solo propagó algunos de los nombres más reconocidos, sino que también promocionó a otros noveles. En el artículo «El simbolismo de don Teodoro Llorente» (01/08/1924), consideraba al que fuera director de *Las Provincias* y prohombre del conservadurismo valenciano como «un héroe indiscutible de nuestro pueblo. Simboliza para él, un camino, un norte, un guía, un faro lleno de luz». De su obra destacaba cómo había «purificado el nacionalismo para hacerlo resurgir en su aspecto simbólico y dulce». También tuvo palabras elogiosas para su amigo Vicente Pla Mompó, tras publicar la obra «Cuentos de la tía Blaya» (16/01/1925). En el mismo sentido, calificó de «insigne poeta valenciano» a Daniel Martínez Serrano tras publicar su «Guía sentimental de Mallorca», un libro que Escandell catalogaría como «una gran aportación a la literatura de Valencia» en el artículo «La resurrección de Rollinat por un valenciano. Paisajes de la isla Dorada» (12/01/1926). Gabriel Miró, al que en «Un rato a académicos» (9/09/1927) lo calificaba de «gloria de Alicante y gema de la literatura española», lo convertía -junto con Castrovido- en el escritor con más méritos para entrar en la Academia. Tambié fue un firme defensor del libro, «Feminisno Socialista», escrito por María Cambrils, la valenciana que significó un punto de inflexión en la lucha feminista española y cuya biografía nos ha permitido conocer el despertar de la conciencia de la mujer valenciana (Solbes *et al.* 2015). En su artículo de análisis bibliográfico (22/09/1925), calificaba la obra de Cambrils como «preciosa y precisa», recomendando especialmente su lectura a todas aquellas personas «Misoneistas, enemigas de todo lo nuevo, a las almas pacatas, a los espíritus suspicaces, porque desde el libro de la Cambrils, se aprende y se adquieren convicciones».

Es evidente que en esta relación falta un nombre, el más destacado por su obra y reconocimiento, el más republicano de todos, falta Vicente Blasco Ibáñez. Escandell no le dedicó ni uno solo de sus artículos a reseñar alguna de sus obras, de sus éxitos o sus folletos que tan importantes fueron en la lucha contra la dictadura. Esta falta es más notoria todavía si tenemos en cuenta la cantidad de autores que fueron tratados y comentados por Escandell y que, curiosamente, casi todos tenían el sello editorial de Sempere, la filial blasquista de *El Pueblo*. A título de ejemplo señalemos que, entre 1924 y 1928, fecha esta última en la que fallece Blasco, además de las reseñas o críticas literarias citadas, Escandell opinó y analizó las siguientes obras:

TÍTULO	AUTOR	FECHA
Origen y carácter del movimiento laborista	Antonio Fabra Ribas	22/09/1924
Un nuevo socialismo	Tomás Giménez Valdivieso	07/10/1924
El molino de viento	Eugenio D'Ors	04/07/1925
El mantón negro	Pirandello	04/07/1925
El ensueño	H.G. Wells	22/09/1925
La Sociedad de Naciones	José Ramón de Orúe	27/04/1926
El alma de mujer	Gina Lombroso	18/05/1926
El sentido humanista del socialismo	Fernando de los Ríos	14/08/1926
Ciudades islámicas	Daniel Martínez Ferrando	12/03/1927
Entre el pasado y el porvenir	Guillermo Ferrero	07/04/1927

Como se desprende, no había límite temático ni tampoco político a la hora de elegir el texto. Esta ausencia de Blasco que, no lo olvidemos, en aquellos años era el autor más leído en todo el mundo después de H.G. Wells, solo se pueda explicar desde la rivalidad política que el blasquismo significó para el socialismo valenciano, algo que el propio Escandell repitió en diversas ocasiones cuando escribía acerca de las dificultades para el arraigo de sus ideas en estas tierras. Ni siquiera cuando en 1930 se atrevió a proponer públicamente los 12 libros imprescindibles que toda persona debía leer alguna vez en su vida, Escandell tuvo en cuenta ninguna de las obras de Blasco. Para Escandell, los mejores libros se agrupaban en cinco categorías que dividía así: 1º. Los evangelios; 2º. Pensamientos; 3º. Origen del hombre; 4º. El capital; 5º. Resurrección. En esta última citaba las obras de Tolstoi, Dostoievski y Galdós, nada más[47].

Pero no solo a la obra. Tampoco hizo mención alguna al autor de «La Barraca» en las numerosas biografías que publicó a lo largo de

---

47 ESCANDELL, Isidro: «De los mejores doce libros», *La Voz Valenciana* (4 y 12/09/1930).

estos años. De nuevo una somera clasificación de los personajes nos permite comprobar la variedad y extensión sobre los que escribió Escandell:

ARTICULO	PERSONAJE	FECHA
Para la posteridad. Los restos del presidente Wilson	Pte. de los EE.UU fallecido	18/04/1924
La muerte de un apóstol de la paz. Hjalmar Branting	Líder socialista sueco y presidente del Gobierno	05/03/1925
La última noche del presidente Ebert. Amor a la pragmática constitucional	Presidente alemán	13/03/1925
Una gran figura del romanticismo político. El presidente Lincoln	Recuerdo del presidente americano	17/03/1925 y 24/03/1928
De la Alemania científica y docente. El 138 aniversario de Ohm	J.S. Ohm, científico alemán	18/03/1925
El retorno a la emoción del ochocientes. Los restos de Ángel Ganivet	Escritor y diplomático muerto en Riga en 1898	26/03/1925
La rehabilitación de un gran político. El ministro José Caillaux	Primer ministro francés	23/04/1925
El ideal cumbre de Simón Bolívar. El sentido republicano del Libertador	Héroe de la independencia americana	26/06/1925
Sentimiento y piedad filial. La condesa Tatiana Tolstoi	Historia del matrimonio Tolstoi	15/07/1925
Sobre fechas injustamente olvidadas. La marquesa de Fonseca	Biografía de Mariana Pineda	11/08/1925
Los valores de la civilización americana. El papel de José Martí	Luchador por la independencia cubana	24/08/1925
Federico Adler, nuevo secretario de la Internacional. Del presidio a la presidencia de la República	Político y revolucionario austriaco	4/09/1925

El general que fue fusilado sin morir. ¡Si Campero viviera!	Narciso Campero Leyes, militar que llegó a presidente de Bolivia	30/09/1925
Una gran figura de la guerra. Resistir	Biografía de monseñor Desiderio Mercier, cardenal arzobispo de Malinas	20/01/1926
Las grandes figuras del nacionalismo. El cardenal Dalbor	Arzobispo de Poznan y primado de la Iglesia polaca	20/02/1926
Acotaciones. El apóstol Pablo	Biografía del líder socialista	09/12/1926
Brandés y el espíritu moderno	A partir de la muerte del filósofo danés	26/02/1927
La cátedra de Luis Vives	Humanista valenciano del s. XVI	04/02/1928

A esta lista habría que añadirle la serie «Figuras de la política universal», publicadas por Escandell en *La Voz* desde marzo a octubre de 1928. En la relación nos encontramos con personajes claves de la historia española (Sagasta, Cánovas, Pi y Margall, Salmerón...), de la política europea (Bebel, Mussolini, Hindenburg, Gasaparri, Poincaré...) y de la historia del socialismo (Jaurés, Matteotti, Liebknecht, Fernando de los Ríos...).

Una serie complementada a renglón seguido con otra, bajo el título de «Los forjadores de intelectualidad», en la que desde el 22 de octubre de 1928 y hasta el 25 de diciembre aparecen en forma de entrevista destacados miembros de la Universitat de València. Se trata del muestrario más sobresaliente de la intelectualidad valenciana y española que, en apenas unos años, protagonizará la ciencia y la política de la II República. En la larga lista de académicos universitarios entrevistados por Escandell nos encontramos, en primer lugar, con el rector, Joaquín Ros; con el profesor Antonio Bernabé Herrero, «hijo político de Pérez Pujol»; el cirujano Enrique López Sancho; Pedro María López, bibliotecario, archivero y decano de la Facultad de Filosofía y Letras; el médico Fernando Rodríguez Fornos; el catedrático de Fisiología y destacado republicano, Adolfo Gil y Morte; el marqués de Lozoya, a la sazón catedrático en la Facultad de Filosofía y Letras; el cirujando y catedrático de Patología, José Segovia Caballero; el destacado catedrático de Historia Universal, José Deleito Piñuela; el médico, abogado y catedrático, Juan Peset Aleixandre, que correrá la misma suerte final que el propio entrevistador con tan solo unos pocos meses de diferencia.

En resumen, en apenas algo más de un lustro, Escandell escribió sobre literatura, arte, historia, música y política, casi siempre para biografiar a un autor o reseñar su obra. La extensa lista perfila un universo cultural que, además de definir sus preferencias, identifica de forma muy evidente la talla intelectual alcanzada antes del inicio de la nueva década de los treinta. También nos permite deducir que toda esta actividad de crítica literaria o entrevistas académicas le debieron permitir incrementar su universo social. Sin duda, cuando se inicia la década de 1930, Escandell era una figura reconocida y reconocible para una buena parte de la sociedad valenciana: unos, destacando su etiqueta política; otros, quedándose con su vertiente intelectual.

La visión del mundo. Referentes

Si la censura que imponía la dictadura militar fue uno de los condicionantes de su obra periodística, el otro, incluso con mayor incidencia, fue la situación internacional derivada de la trágica experiencia de la I Guerra Mundial. Lo que sucedió en una parte de Europa, donde el socialismo se hizo poder a través de las urnas, se convirtió en tema prioritario para sus crónicas en *La Voz*. Escandell escribía y, a la vez, transmitía optimismo demostrando con los distintos ejemplos internacionales que analizaba que el socialismo era la fuerza imparable del futuro. Un optimismo que se extendía a la Sociedad de Naciones, la institución que, según afirmaba, conseguiría que no se repitiera el drama de la guerra.

Nos aparecerá aquí, además de la persona que sigue la actualidad mundial para resumirla y explicarla a sus lectores, el socialista que ensalza gobiernos, que destaca líderes, que apuesta por unas políticas para condenar otras. En resumen, en este apartado también podremos constatar los referentes que sustentan la identidad política de nuestro protagonista.

El trabajo periodístico de Escandell tuvo la suerte de la oportunidad. Fue oportuno por el interés que todo lo internacional despertaba entre los lectores tras la I Guerra Mundial y las importantes consecuencias que produjo en medio mundo. Al iniciarse la década de los veinte, conocer por qué pasaba lo que pasaba en la URSS, qué significaba el fascismo en Italia y qué posibles consecuencias podía provocar, cómo evolucionaban las democracias europeas o qué papel podía desempeñar la Sociedad de Naciones para garantizar la paz serían, entre otros, verdaderos focos de interés para cualquier ciudadano de aquel tiempo. Y para un periódico, contar con un buen analista podía significar un sello distintivo de calidad.

La información internacional y su estadio superior, el análisis, había sido tradicionalmente una competencia al alcance tan solo de algunos periódicos madrileños. El resto, o bien copiaban directamente lo que decía el colega de la capital o, si los recursos lo permitían, compartían con otros periódicos la crónica de algún corresponsal o la opinión de algún especialista. De lo que no hay duda es que, hasta la llegada de Escandell a *La Voz Valenciana*, ningún diario valenciano había contado entre sus redactores con uno especializado en esta temática. Entre otros motivos, porque además de los condicionantes económicos para contar con tal figura, estaba el requisito de que supiese del tema y fuese capaz de resumirlos en un par de columnas. Es decir, a diferencia de otros redactores, el encargado de internacional debía poseer amplios conocimientos sobre las diferentes realidades políticas de cada país y sus procesos históricos. No de otra forma se podía ofrecer una crónica de calidad y con crédito para los seguidores del periódico.

Escandell, por el tiempo en el que le tocó escribir, se convirtió para los lectores de *La Voz Valenciana* en el cronista de un mundo que presumía nuevo y, por lo tanto, con el suficiente atractivo como para generar interés. No tenemos certeza de que sus artículos sobre esta temática fueran un elemento destacado del éxito del periódico, pero la cantidad que publicó con su firma entre 1924 y 1930, casi siempre en la primera página de las seis habituales, indicarían, al menos, que tenían una buena acogida y valoración.

Los artículos se suceden en intervalos que, a veces, podían ser de un par de días y en otras de alguna semana, según impusiese la otra agenda de Escandell, la política. Muchos de ellos son oportunos, en función del dictado de la actualidad, abordando el último óbito o las últimas elecciones. Otros, directamente, tienen que ver con su ámbito específico de interés, esto es, demostrar cómo sus ideas se van imponiendo en aquellos países que han superado las cadenas de la incultura o el oscurantismo de la Iglesia. Y al revés. Otros se convierten en ejemplos de lo que sucede cuando se malinterpreta y aplica mal el socialismo, se llame Italia o Rusia. En todos ellos, Escandell apelará a la historia para facilitar la comprensión del país analizado, al tiempo que recurrirá una y otra vez al caudillismo para explicar el desarrollo de los acontecimientos.

Una constante será su fijación por las fisonomías de estos líderes, convencido de que «la cara era el espejo del alma». Así, en el caso del presidente norteamericano, Woodrow Wilson, se fija en su «faz pulcramente afeitada» y lo describe como «una persona robusta, inteligente que, a pesar de tener sesenta y pico, aparenta cuarenta»[48]; de Pablo Iglesias destacaba «su faz austera, mirada penetrante y con barbas de sacerdote armenio»; de Fernando de los Ríos, «Sus barbas nazarenas son el detalle más característico de su personalidad».

La mayor parte de personajes seleccionados en sus crónicas tenían en común ser protagonistas de la ola progresista que en 1924 dio lugar a numerosos gobiernos en distintos países de Europa, desde Inglaterra a Dinamarca, desde Alemania a Francia. Sería una forma de compatibilizar su función de analista internacional con su compromiso de divulgar la praxis socialista en el mundo. En términos generales, el

---

48 El artículo apareció en *La Voz Valenciana* (5/01/1924), con el título de «El siempre oportuno Wilson». Un mes después, Wilson fallecía a los 67 años producto de un accidente cerebrovascular y un ataque al corazón.

tratamiento dado en cada artículo seguía unas mismas claves: se partía del acontecimiento electoral y su resultado; se destacaba el éxito del Partido Socialista vinculándolo al líder; se describía su capacidad política y, sobre todo, se abundaba en su dimensión intelectual o científica, clave para argumentar el éxito del socialismo.

Para Escandell, las cualidades del líder más destacables eran un cierto halo de romanticismo que explicaba su sacrificio por un ideal, la honestidad, la coherencia y su progresión cultural. También el origen de clase lo planteaba como una especie de aval que garantizaba el valor del personaje, tal y como reflejaba en su artículo, «La fortuna de los políticos europeos» (10/08/1925), y luego confirmada en varias de las biografías, como la del socialista sueco, Hjalmar Branting, muerto cuando ocupaba la presidencia del gobierno en marzo de 1925. De él dirá, en «La muerte de un apóstol de la paz» (5/03/1925): «El presidente Branting había hecho de su vida ejemplo de modestia. Sus normas ciudadanas eran una preciosa confluencia de voluntad y humildad». Si el socialista alemán Ebert había llegado a la presidencia habiendo sido guarnicionero, y si el laborista inglés McDonald había hecho lo mismo siendo en su juventud estibador en el puerto, Branting lo había conseguido tras ejercer de albañil en Upsala. Esos eran los ejemplos en los que se veía reflejado y que consideraba el paradigma de la política socialista.

En efecto, en el caso alemán, el protagonista que Escandell convertirá en referente será Friedrich Ebert (1871-1925), dirigente del Partido Socialdemócrata Alemán (SPD) y primer presidente de la República de Weimar, considerado por su gestión como «el Padre de la democracia alemana» (Eley, 2003: p. 226). En el artículo, «El fin de un mandato presidencial» (26/05/1924), Ebert aparecía como la solución a la crisis del país, tanto por sus ideas como por sus valores personales. Una perspectiva que no podía ocultar la identificación de Escandell con este personaje, al que describía como «un perfecto autodidacta», hijo de un sastre de Heildelberg, que ejerció de guarnicionero hasta llegar a ser diputado por el Partido Socialista. No hace falta insistir en el paralelismo que se deriva de estos datos. Sin embargo, la temprana muerte de Ebert (en febrero de 1925) junto con el triunfo electoral del aristócrata Hindenburg, disipó este optimismo inicial.

Si como socialista español había sido aliadófilo durante el conflicto bélico, tras el fin de la contienda y la transformación que vivió Alemania tras su revolución de 1918, Escandell pasó a reivindicar «la germanofilia», esto es, el experimento socialdemócrata en aquel país. Y seguirá el caso alemán de la misma manera que lo hará con los países nórdicos, con el optimismo de sentir que los suyos estaban llegando por fin al poder. Para Escandell, el cambio político experimentado en Alemania tras el fin de la Gran Guerra indicaba que la implantación del socialismo tendría aquí su primera gran experiencia, algo que, a su juicio, se explicaba por el grado de desarrollo alcanzado por el capitalismo industrial en este país.

Alemania siguió ocupando y preocupando a Escandell, que le dedicó nuevos artículos para reseñar situaciones especiales como el plebiscito para solucionar el problema de los bienes de las familias reales que ocuparon los diferentes tronos antes de que el 11 de noviembre de 1918 fuera derrocada la monarquía. También siguió analizando la política desarrollada por los conservadores alemanes para, apenas un año después, escribir «La resurrección del Presidente Ebert. Justicia de los siglos» (11/08/1926), reivindicando su legado político.

En el caso inglés, otro referente político será Ramsay McDonald (1886-1937), el líder del Partido Laborista que llegaría a ocupar la presidencia del gobierno en 1924 y 1929. El triunfo de los laboristas en 1924, analizado por Escandell en «El discurso de Ramsay Mac Donald» (15/02/1924), tenía como trasfondo algunas de las consecuencias de la Gran Guerra. En los inicios de los años 20, la clase obrera británica había experimentado un notable cambio en las relaciones laborales y sindicales, dando lugar al fortalecimiento de las *Trade Union* y de la conciencia de clase, contabilizándose más de un millón de mujeres y siete millones de hombres sindicados (Todd, 2018: p. 51). Por eso, a diferencia del caso alemán, Escandell dedicó numerosos artículos a demostrar la evolución del laborismo británico y las importantes conquistas conseguidas a través de la acción sindical, destacando, eso sí, su contribución a fortalecer la II Internacional en 1920 cuando se produjo la escisión comunista. Para Escandell, el éxito del laborismo británico en las elecciones de 1924 era una prueba más del éxito que tenía la estrategia de la moderación. De aquí que incluso llegase a plantear el accidentalismo en la forma de gobierno, afirmando que el respeto de la monarquía británica al éxito socialista no hacía sino reafirmar el futuro de la institución. Una declaración que, como hemos señalado anteriormente, provocó la crítica del republicano Castrovido y una de las pocas polémicas en las que se vio envuelto Escandell. Una polémica que se extendió a otros diarios madrileños que comparaban la moderación del laborismo británico con el pasado revolucionario del socialismo español.

Escandell no se equivocaba en tildar de moderado al líder laborista McDonald, más liberal que socialista, que inmediatamente se puso en contra a toda la minería inglesa. Su caída, cuando aún no se cumplía el medio año de gobierno, antes que silencio, activó la defensa del laborismo reformista en diversos artículos de Escandell. El primero, titulado «El laborismo como valor ideal contemporáneo» (23/08/1924), reivindicaba la vía reformista para la consecución de las mejoras de la clase obrera, confesando abiertamente su identificación con Inglaterra frente al bolchevismo ruso.

Escandell, ya lo hemos apuntado, será a partir de 1931 un firme seguidor de las tesis de Largo Caballero, el líder de la UGT a quien en algún momento incluso tentaron con crear un partido laborista español uniendo sindicato y partido (Aróstegui, 2021; Gallego, 1977: p. 95). Sin llegar a este extremo, Escandell defenderá una y otra vez el modelo inglés como el más exitoso, a pesar de la temprana caída de McDonald que, en todo caso, atribuyó a la traición de los liberales.

Cuando en las siguientes elecciones, celebradas en junio de 1929, con la participación por primera vez de las mujeres, el líder laborista triunfó y McDonald volvió a ser elegido presidente, Escandell realizó un amplio seguimiento del nuevo gobierno. En el artículo, «La política inglesa», además de analizar los programas y resultados de los distintos partidos, de nuevo volvía a situar la clave del análisis en las particularidades biográficas del líder laborista: obrero que se ganaba la vida en las descargas del puerto para, una vez abrazado el ideal socialista, convertirse en periodista y diputado, demostrando una capacidad «que pasmó a muchos». Una vez más, como se desprende, la identificación personal complementa la opción por este modelo situado entre el liberalismo y el socialismo.

Desconocemos si Escandell mantenía estas tesis en el seno del Partido Socialista o si algún destacado líder le criticaba por los contenidos tan moderados que expresaban sus artículos. En cualquier caso, de lo que no cabe duda es que en esta coyuntura de los años veinte, Escandell se muestra como un socialdemócrata convencido de que la vía parlamentaria es la única para cambiar la suerte de la clase obrera, aunque haya que hacer concesiones a la forma de gobierno, -en este caso, aceptando la monarquía- o llegando a pactos con otras fuerzas políticas.

En «La evolución de míster Henderson» (7/06/1929), Escandell valoraba muy positivamente la incorporación al nuevo gobierno laborista de este político formado en las filas del Partido Liberal inglés. No era una novedad. En «Las esencias liberales son eternas» (20/04/1925) ya defendía que «la evolución natural del liberalismo es el socialismo».

La historia parecía darle la razón al identificarse con el caso inglés, esto es por el gradualismo y el reformismo antes que por la revolución. El 15 de mayo de 1924 publicaba un eufórico artículo, bajo el título de «El triunfo de las izquierdas en Francia», donde hacía un repaso de los éxitos socialistas cosechados hasta ese momento para acabar pronosticando que el triunfo de la democracia en Europa era inevitable. Y el ejemplo de Dinamarca, por cómo se había logrado, indicaba el camino. En «La democracia triunfa en Dinamarca» (12/04/1924), situaba el gran avance del sistema cooperativo y el progreso educativo de la población como clave del logro electoral. Recordemos que a principios del siglo xx, Dinamarca tenía la organización cooperativista más importante del mundo (Cole, 2021). El cambio político danés quedaba perfectamente reflejado en las figuras de su presidente, el socialista Th. Stauning que, de antiguo obrero de la Fábrica de Tabacos, había conseguido llegar a ser ingeniero industrial, así como en la primera mujer que fue nombrada ministra de Educación, la profesora Nina Bangg. A este país, Escandell también le dedicará reiteradas crónicas para destacar, por encima de todo, su apuesta por el pacifismo tras haber acometido la disolución de sus fuerzas armadas.

Lo mismo hará con Finlandia, país que, según reconocía, había descubierto a partir de las obras de Rovira i Virgili y de Fernando de los Ríos, y del que sentía una especial atracción tras haber leído las «Cartas finlandesas» de Ángel Ganivet. El 20 de marzo de 1925, *La Voz Valenciana* publicaba la primera entrevista realizada por Escandell, nada más y nada menos que al ministro plenipotenciario de la República de Finlandia en España, el doctor Gripenberg. Una entrevista con introducción previa en la que describía el aspecto físico del joven ministro y la historia reciente del país desde su independencia en 1918 de Rusia. A partir de ahí, las preguntas iban reconstruyendo las relaciones con la URSS, su Constitución y el papel tan destacado que jugaba la mujer en la vida política, con pleno derecho al sufragio.

Otro país nórdico de referencia para Escandell será Suecia, donde el Partido Socialista conseguía en las elecciones de septiembre de 1924, 104 escaños de los 230 que componían la Cámara. Suecia constituía el gran modelo que luego seguirían el resto de los países nórdicos (Noruega, Finlandia y Dinamarca), y un símbolo de lo que significaba «la revisión acabada de uno de los puntos fundamentales de la doctrina marxista», esto es, las condiciones para el triunfo del socialismo. En «Lo que significan las elecciones suecas» (9/10/1924), Escandell escribía que la experiencia sueca confirmaba que la evolución había sustituido a la revolución... «Suecia, aceptando la evolución ideal como potencia supletoria de las fuerzas revolucionarias, levantó en alto la bandera de la evolución. Organizó las masas populares encuadrándolas en el terreno de la cultura. Se acercó a la patria, sin demérito alguno de su posición universal. Y acabó aceptando la colaboración ministerial con la Monarquía». De lo que se deduce que Escandell planteaba el ejemplo sueco como norte a seguir y el caso soviético como la desviación a evitar.

Del caso soviético escribió muy poco. Más bien lo hará de su literatura por la pasión que le despertaba Tolstoi. En los artículos que le dedicó, la crítica más contumaz, cuando no la condena directa del régimen, dejarán bien a las claras lo mucho que le separaba del comunismo. En «La muerte de Nicolás Lenine» (24/01/1924) contraponía la figura recién llegada al poder de McDonald, al que identifica como «el mayor enemigo del partido que gobierna la Rusia de los soviets», frente a Lenin, «el caudillo extremista», al que acusaba de haber provocado la mayor división del socialismo europeo:

> Lenine era judío, y con su sagacidad y diplomacia, dividió el socialismo francés, alemán, italiano y español, contra la tendencia de intervención integral que en Francia representa Sembat; en Italia, Modigliani; en Alemania, Dittman; en España, Iglesias; en Portugal, Fernández Alves; en Suecia, Branting; en Holanda, Toelstra; en la Argentina, Palacios; y en Norteamérica Eugenio Debs, amigos todos ellos del actual jefe del Gobierno inglés, Lord Mac Donald, el presidente de la II Internacional, en cuyas filas comulgamos.

Poco después, el 22 de febrero de 1924 escribía «Alexis Sirbisk Rykoff, sucesor de Lenine», donde manifestaba su esperanza de que la moderación pusiese fin a la deriva extremista. Sin embargo, esta ilusión la desvanece por completo en «La solidaridad de las tiranías» (26/09/1924), donde critica las relaciones establecidas con Hungria, país bajo el yugo del dictador Horty. En «El descenso del generalísimo Trotzki. Del mundo bolchevique» (26/01/1925) creia ver una señal de cambio, interpretando la caida de Trotsky como un signo de moderación y de acercamiento a las democracias europeas.

Esta visión tan crítica de la experiencia soviética parece más influenciada por el trauma que significó la ruptura de la II Internacional en 1919, que por el conocimiento exacto de la realidad del país en años posteriores. Porque en 1930, con más datos y lecturas y, sobre todo, con la aparición del libro de Rodolfo Llopis, «Cómo se forja un pueblo», al que le dedicará amplios elogios, su opinón sobre este tema no solo se moderará, sino que llegará a calificar de «interesante el campo de experimentación que significa la revolución bolchevique». No olvidemos que apenas faltaban tres años para que uno de sus referentes fuese aclamado en los mítines de la campaña electoral de octubre como «el Lenin español».

La lista de países que Escandell abordó en estos seis años de trabajo incesamente en *La Voz*, es tan amplia que resulta imposible resumir en un trabajo biográfico como este. Escribió, como no podía ser menos, de los Estados Unidos, destacando la figura de su presidente, Woodrow Wilson, y su papel en defensa de la paz y en la construcción de la Sociedad de Naciones. Rindió homenaje a Lincoln, del que volvía a destacar su origen humilde, por poner fin a la esclavitud de los negros. También lo hizo al líder sindical Samuel Gompers, con motivo de su fallecimiento a fines de 1924. Escribió sobre otra potencia emergente, Japón, un país que hasta entonces muchos valencianos tan solo conocían por la visita que Blasco Ibáñez había protagonizado con motivo de su vuelta al mundo. Escandell le dedicó varios artículos para analizar los cambios experimentados desde 1860, su transformación en una potencia militar con la derrota infringida a Rusia en la guerra de 1904-05, sus valores y su forma de vida. Sobre Francia, no solo siguió los vaivenes políticos, en especial el triunfo de las izquierdas en las generales de mayo de 1925, sino que en diversas ocasiones rindió homenaje a Jean Jaurés, mártir del socialismo internacional tras su asesinato nada más iniciarse la I Guerra Mundial por sus posiciones antibelicistas. De Italia, Escandell describió el ascenso del fascismo y su vertiente criminal dedicándole dos artículos al diputado socialista Giacomo Matteotti, asesinado por los camisas negras de Mussolini en junio de 1924. Escribió sobre Albania, Rumanía, Grecia, Portugal, Checoeslovaquia, Turquía, Palestina y, por supuesto, sobre diversos países americanos.

Defensor del americanismo

Escandell no escribió más que dos ensayos en su corta vida, uno ya citado sobre la figura de Julio Senador Gómez, publicado en 1919, y otro titulado «Alma española en América», que nunca llegaría a concluir del todo. De este segundo, tan solo sabemos lo que ya adelantamos: que el 20 de diciembre de 1926, en el salón de actos del Ateneo Mercantil de València y ante una nutrida concurrencia, presentaba alguno de los capítulos que lo conformaban. En la introducción del acto, el presidente del Ateneo calificaba la obra que estaba redactando Escandell diciendo que… «estudia con profundo conocimiento y amplio espíritu humano, las tradiciones, historia y pensamiento de las naciones iberoamericanas, en un estilo ameno y sugestivo, en el que campean generosas ideas y elevados conceptos pletóricos de simpatía hacia aquellas naciones hermanas» *El Socialista* (21/12/1926).

Es evidente que el libro era el resultado de lo que iba estudiando y escribiendo sobre un continente que consideraba fraternalmente unido con España. Pero también, debió de influir su nombramiento como académico de la Real Academia Hispanoamericana de Ciencias y Artes de Cádiz que vimos en el capítulo anterior. Es decir, además de la obligación que le imponía su trabajo en el periódico, también debía sentir otra especie de obligación moral por su pertenencia a dicha Academia. De aquí la amplia lista de artículos y entrevistas que llevaría a cabo sobre América y, sobre todo, sobre el americanismo que debía impregnar el sentimiento español. Un americanismo que debía ser cultural por encima de todo. Por eso celebraba que, después del significado del descubrimiento por Cristóbal Colón, del proceso de evangelización por la Iglesia católica, ahora lo que tocaba era el hermanamiento a través de los libros. Incluso a través del progreso tecnológico, tal y como calificaba el éxito del primer vuelo entre la península y Buenos Aires, que convertirá en una especie de nuevo pionero al aviador Ramón Franco. Esta vía cultural era la que, según Escandell, propugnaba la Academia Hispanoamericana en la que había sido admitido, institución que «defendía el hispanoamericanismo como potencia real en el mundo del espíritu» con acciones como la de crear una colección de obras científicas y literarias bajo el sello de «El Libro Hispanoamericano».

Así, pues, a pesar de compartir Academia con alguno de los defensores del concepto de Hispanidad más reaccionario, como José María Pemán, defensor de «los valores espirituales de Occidente y de una cristiandad amenazada»[49], Escandell se queda en el plano meramente de comunión cultural. Incluso cuestiona que se denomine «Fiesta de la Raza» a la celebración del 12 de octubre, instituida por primera vez en 1918 por el gobierno de Maura y que, con la dictadura, había pasado a convertirse en una demostración de que España no podía ser una potencia de segundo orden. Para Escandell, en un artículo fechado el 11 de octubre de 1927, había que cambiar el nombre de raza, que hacía referencia a un concepto biológico, por el de «Día del Espíritu Hispano», en alusión al verdadero símbolo de unidad. Un año después, en «La fiesta de la raza y València» (11/10/1928) reiteraba la necesidad de este cambio de denominación:

> Fiesta del espíritu, no Fiesta de la Raza solamente, es decir, en su aspecto fisiológico. En una palabra: fiesta antropológica, que albergue cuerpo y espíritu. De otra forma, la alta fuerza simbólica quedaría reducida a una sola expresión animal, raza felina, raza de los cánidos, esto es, no decir nunca de la raza española, sino también del espíritu español.

Escandell dedicó un gran número de artículos a distintos países americanos, tanto para seguir el curso de los acontecimientos como para abordar el papel de sus principales líderes. Le apasionaba México, al que consideraba un contrafuerte de la política expansionista de los Estados Unidos expresada en la doctrina Monroe. Y le dolía de este país sus continuas crisis políticas, saldadas con revueltas y sangre que, además de debilitarlo, hacía imposible el crecimiento de un panamericanismo de habla hispana. Dedicó algunos artículos al presidente Calles, al que consideraba como la esperanza socialista para México

---

49 «La idea de hispanidad era una interpretación de la historia desde el antimodernismo y el tradicionalismo católico, que colocaba providencialmente a España como defensora última (o reserva) de los valores espirituales de Occidente y de una cristiandad amenazada» (Rivera, 2002).

tras su triunfo electoral en junio de 1924, y a la nueva Constitución que plasmaba «grandes avances para los trabajadores».

Más allá del país norteamericano, Escandell dio cuenta del golpe militar que acabó con el gobierno liberal de Alessandri en Chile. Describió la hipoteca que sufría Panamá con los Estados Unidos. Le dedicó una reseña biográfica al general boliviano Campero, símbolo del espíritu liberal. Pero, sobre todo, destacó la personalidad y aportación al socialismo argentino de Juan José Justo, el fundador del Partido Socialista en aquel país.

La culminación de sus crónicas americanas llegará en 1929, cuando inaugure en *La Voz* la serie de artículos bajo el epígrafe de «El alma de España en América», el mismo título del libro que venía escribiendo. La metodología empleada ahora será estrictamente periodística, esto es, basada en la entrevista. Se trata de hablar de cada país a partir de la entrevista que realizará a todos los cónsules de los países americanos radicados en València.

La primera entrevista publicada fue al cónsul de Estados Unidos, Clement Edwards, lo que no deja de resultar significativo. Escandell había escrito de este país con un cierto tono crítico al valorar la política expansionista seguida en el continente. Había denunciado sus injerencias en México, pero también en los países centroamericanos. Tan solo había destacado la figura de Lincoln para valorar el final de la esclavitud o la importancia de sus universidades. En esta entrevista, publicada por *La Voz* el 2 de octubre de 1929, ya se perfila el tono amable de las preguntas y, como colofón, el tratamiento positivo que da al entrevistado. De esta forma, el lector, además de la biografía resumida del cónsul, apenas sacaba más que dos o tres ideas: las excelentes relaciones de ambos países (parece que el 98 ya se había olvidado) y el interés por el estudio del español de los estudiantes norteamericanos.

Tres días después aparecía la segunda entrevista, realizada al cónsul de Colombia, al que llamaba directamente Pepe Candela. La confianza se justifica por la relación que Escandell mantenía con él y con su vicecónsul, ambos valencianos con intereses en aquel país. No será el único. En la siguiente, con el cónsul de Ecuador, Escandell volvía a introducir la entrevista presumiendo de amistad con Juanito Peris Almenar, también valenciano. Se descubre de esta forma que los cónsules son, en su mayoría, valencianos con intereses comerciales en estos países. Unos vínculos económicos que demostraría que el modelo de relación espiritual que defendía Escandell para desarrollar el hispanoamericanismo era puro idealismo.

Las entrevistas fueron, por lo demás, amables y hasta un tanto intimistas. Junto a las respuestas o informaciones que proporcionaba el entrevistado, aparecía otra parte donde el propio Escandell narraba sus impresiones al solicitar la cita, al entrar en el despacho, al ver el mobiliario y la decoración, al saludar al entrevistado, si le deba mano briosamente, si le invitaba a fumar o si lo había despedido hasta la puerta. Este protagonismo del periodista en el resultado de la entrevista todavía se incrementaría con el aporte gráfico, al aparecer Escandell retratado junto con el cónsul de turno en cada publicación.

Con un intervalo entre dos y cuatro días se fueron sucediendo el resto de las entrevistas. El 11 de octubre era el cónsul de Cuba que, como el norteamericano, también era originario de su país. El siguiente, el de Bolivia, era el catalán Francisco Banquells que también actuaba como agente de negocios de las compañías españolas con intereses exportadores. Lo mismo que el cónsul de El Salvador, el valenciano Ramón Benedito. En esta entrevista, Escandell dedicaba más de un tercio del espacio publicado a mostrar su admiración por esta «República hispanoamericana. Pequeña por su área territorial. Grande, muy grande, por los exponentes de su cultura», los cuales, evidentemente describía con adjetivos superlativos. Después de Costa Rica y México, el 24 de octubre aparecía la realizada al cónsul de Paraguay, el valenciano Carlos Dupuy de Lome, que había heredado el cargo de su padre, quien lo ejerció por espacio de 42 años compaginando otros cargos políticos como el de gobernador civil. El 21 de noviembre aparecía la decimonovena y última entrevista, en este caso al cónsul de Honduras, el valenciano Vicente Prats. Dos días después, Escandell hacía un resumen de lo que había significado esta serie de artículos, destacando en primer lugar la importancia de estos consulados para la economía exportadora valenciana. Gracias a ellos, dirá, los productos valencianos se vendían en América.

Pero volviendo a su idea de vínculo espiritual, lo que verdaderamente destacará Escandell de todas estas entrevistas es haber podido constatar los aspectos culturales de cada país y el hecho de compartir, con la excepción de los Estados Unidos, una lengua común. Todo, como se puede comprobar, muy florido y poco crítico. Hasta tal punto quedaron satisfechos los entrevistados que de consuno ofrecieron una comida de reconocimiento al diario que las había publicado y al periodista que las redactó. El 28 de noviembre se celebraba el banquete con la presencia del director del diario, de los cónsules y de un Escandell reiteradamente felicitado por su «brillante pluma». En nombre de los cónsules habló el de Cuba, Alfredo López Trigo, el primero en felicitar a Escandell por haber sabido captar la esencia de cada uno de los países que representaban. Le siguió el director de *La Voz Valenciana*, José Aparicio, quien se mostró muy satisfecho de poder contar con un periodista de la talla intelectual de Escandell. Y concluyó Escandell, rindiendo homenaje a Luis de Santángel, alma financiera del descubrimiento colombino y precedente de la importancia de València para América. Ni asomo, por tanto, del socialista en toda esta experiencia.

La vida de periodista, a tenor del banquete con los representantes de los países americanos, le posibilitó a Escandell descubrir otros mundos y establecer relaciones profesionales y de amistad. A pesar de su militancia y del temor que entre diversos sectores de la sociedad suscitaba la palabra socialismo, Escandell parecía haber conseguido lo que ningún otro correligionario suyo: ser un referente político entre los obreros y un referente periodístico entre los valencianos de clase media que seguían el diario en el que trabajaba.

Dos actividades, dos mundos

Tras el análisis de la abundante obra periodística que llevó a cabo en estos escasos siete años, una conclusión parece evidente: a pesar de quién era, de dónde venía y de cuál había sido su trayectoria política, Escandell había logrado consolidar su reputación como periodista en la València de aquellos años veinte. Es cierto que muchos de sus artículos mostraban una pátina moderada, lo que contrastaba con sus discursos y actividades políticas. Conferencias como las realizadas en los primeros meses de 1928 en torno al concepto del trabajo, su historia y su organización científica, llevaban a Escandell a citar a autores de significación marxista como Sidney Webb o su mujer. Tampoco faltaban las referencias a Marx cuando desarrolló el concepto de alienación. Además, tal y como hemos visto, tras un paréntesis de tres años había vuelto a la primera línea del partido con su nombramiento en enero de 1927 como secretario de la Comisión Ejecutiva de la Agrupación de València.

Por tanto, se podría suponer que el mundo del periodista iba por un lado y el del político por otro. Que el Escandell que aparece entrevistando a destacados representantes de la burguesía local y a los que les dedica encendidos elogios, se había disociado del Escandell que explicaba a los trabajadores conceptos elementales del materialismo histórico. En suma, se podría pensar que el antiguo obrero se había convertido en un intelectual aburguesado, o que sufría un desdoblamiento de personalidad según el lugar y el foro donde se encontrase. Sin embargo y a pesar de todo, el hilo de la coherencia nunca lo perdió, manteniéndose fiel a su vocación de propagandista del socialismo.

La base de esta coherencia se confirma en las noticias de las que fue sujeto activo y, sobre todo, en el conjunto de su obra periodística. A partir de las noticias que protagonizó, sabemos que Escandell incrementó sus charlas a lo largo de 1928, actuando en todo tipo de foros e insistiendo en las consecuencias que se derivaban del nuevo proceso industrial que significaba el taylorismo. También que seguía con el cargo de secretario de la Agrupación de València y que en la asamblea que la agrupación local celebró en los inicios de 1929, fue elegido representante valenciano en el Comité Nacional del partido, esto es, en el máximo órgano entre congresos. En esta misma asamblea, Escandell pasó de secretario a ser elegido vicepresidente de la Agrupación.

Todos estos cargos y todas las conferencias que ininterrumpidamente venía celebrando, explican las palabras tan elogiosas que le dedicó el cronista del periódico *Amanecer* (15/08/1929), cuando reseñó el acto donde se conmemoraban los 25 años de las Juventudes Socialistas de Elx. Tras describir al numeroso público reunido y el lugar destacado que ocupaba Escandell como invitado de honor, añadió que se trataba de una «figura muy relevante en el mundo Socialista Español, orador de altos vuelos, hombre cultísimo, concienzudo y de inteligencia privilegiada».

La otra línea documental para situar al personaje nos la ofrece los numerosos artículos que publicó explicando conceptos básicos del marxismo. Una relación y una selección de conceptos que convierten a Escandell en uno de los principales divulgadores de la ciencia social creada por Karl Marx y Frederic Engels entre los obreros del País Valenciano. Tal y como ya hemos visto, los artículos más comprometidos con el marxismo los publicaría en sus primeros momentos como redactor de *La Voz Valenciana*. En el ejemplar de 17 de enero de 1924 y siguiendo con la sección que denominó «Estudios Sociales», publicaba un primer artículo bajo el título de «Materialismo histórico» en el que, citando a Engels, destacaba el principio determinante de la producción para entender el funcionamiento de la sociedad. Apenas unos días después, el 22 de enero, publicaba «La teoría del valor», un tema mucho más complejo de explicar que el anterior. A partir de la premisa de no confundir precio y valor, Escandell recurrirá a las diferentes teorías económicas para acabar con Marx y situar «la sustancia del valor en el trabajo», todo ello con citas a *El Capital* y reproduciendo algunos de los ejemplos allí descritos. El 23 de enero, el nuevo artículo se titulaba «La concentración capitalista», un trabajo que pretendía cuestionar el «experimento comunista en Rusia» por su escaso desarrollo industrial. La tesis del crecimiento del capitalismo, con la consiguiente concentración en pocas manos de la propiedad y el agravamiento de las contradicciones, desarrollada en la *Crítica de la Economía Política* por

Marx, era explicada por Escandell como una suerte de ley implacable que acabaría, sin solución, con el sistema capitalista.

Tras este arranque, ya fuese por lo comprometido del tema o porque resultaba una materia excesivamente compleja para los lectores, Escandell distanciaría en el tiempo sus nuevos artículos sobre lo que identificó con la etiqueta de «Cuestiones Sociales». El siguiente, aparecido el 2 de junio de 1925 en *La Voz*, se titulaba «Estudios sociales. El socialismo y los intelectuales. ¿Qué es el trabajo?» en el que, tras declarar su admiración por Kausky - «después de Marx es el que más admiramos»-, volvía a insistir en la tesis del valor del trabajo: «El trabajo es una función social que implica a todos por igual y no a una mayoria para mantener a una minoria parasitaria». Siguiendo, precisamente, en la misma línea acerca del trabajo, el 8 de septiembre de 1926 aparecía «El trabajador español en el mundo. Porvenir de España», en el que venía a demostrar cómo el desarrollo de España, desde el industrial al científico, se basaba en el trabajo incansable de obreros y trabajadores de la ciencia como Cajal al que profesaba gran admiración.

Escandell también escribió en numerosas ocasiones sobre el «qué hacer» del socialismo en general. Eso sí, siempre desde la teoría política y muy ocasionalmente en relación a la situación política en España. En una serie de artículos que tituló genéricamente como «Procedimientos tácticos del socialismo», publicados entre enero y febrero de 1924, planteó las diferencias entre Marx y Bakunin y, por lo mismo, entre socialistas y anarquistas, defendiendo la lucha política frente a la acción directa. En el artículo «En torno a una confusión ideológica. Sindicalismo y socialismo» (23/01/1925) señalaba que, mientras el sindicalismo era un procedimiento, un método para conseguir unos objetivos, lo que justificaría la profesionalización de los sindicatos, el socialismo era un ideal, una aspiración de cambio social a través de las instituciones. Además de fijar las diferencias entre ambos conceptos, establecía también otra consideración que identifica su forma de pensar. Planteaba que el desarrollo industrial y cultural de los países nórdicos justificaba que el sindicalismo jugase un papel menos importante que el socialismo, al contrario de lo que ocurría en los países del sur.

Entre 1926 y 1929 apenas si abordó las cuestiones sociales. Tan solo un artículo condenando la costumbre de la propina que, a su juicio, solo confirmaba la baja retribución salarial de los obreros. Y otro sobre la legislación obrera española, destacando la conquista del retiro obrero obligatorio con motivo de su quinto aniversario. Sin embargo, sí que abordó las biografías o las aportaciones de una serie de personajes políticos, sociales, culturales y hasta eclesiásticos que, dada su reconocida visión del mundo, nos permiten seguir acotando los perfiles ideológicos, al menos en aquellos años veinte.

No es una tarea fácil por la cantidad y variedad de nombres y por el tratamiento siempre amable que presiden sus trabajos. Algo así como destacar los aspectos positivos del socialismo soslayando siempre los polémicos o los que provocaban división. Un deseo que difícilmente podía casar con una organización donde los debates se hicieron polémicas y finalmente divisiones entre las tendencias que representaban los tres líderes del momento: Largo Caballero, Prieto y Besteiro. De los tres, Escandell tan solo escribió sobre el último, algo que parece lógico al convertirse, tras la muerte de Pablo Iglesias en el heredero al frente del partido y del sindicato. En «Julián Besteiro, probo catedrático español» (14/09/1929), rinde homenaje a su trayectoria política, destacando las etapas pasadas en prisión y sus éxitos electorales desde 1918, al tiempo que destacaba su formación académica y su magisterio al frente de la cátedra de Lógica.

En otro nivel de liderazgo, Escandell dedicaría diversos artículos a Ovejero y De los Ríos, ambos, podríamos decir, representantes de posiciones moderadas dentro del socialismo. A Andrés Ovejero lo reconocerá directamente como su maestro, con el que afirmaba haber compartido más de 30 mítines. De Fernando de los Ríos será, sin duda, de quien más escriba. Si en 1925 ya lo definía como el ejemplo de intelectual comprometido, en los sucesivos de 1926 y siguientes analizaba su obra y su concepción de lo que debía ser el socialismo, destacando su apuesta por el humanismo «El sentido humanista del socialismo. El cenobita de Granada». 14/08/1926, y su idea del socialismo como culminación del liberalismo, un planteamiento que Escandell ya había repetido en más de un ocasión al estudiar los gobiernos socialistas europeos.

Esta visión del socialismo como humanista y liberal que adopta de Fernando de los Ríos, se complementa con el planteamiento del accidentalismo en cuanto a la forma de gobierno, la toleración religiosa, la defensa del reformismo frente a la revolución o la compatibilidad entre el universalismo que define la esencia del socialismo y la asunción de un cierto nacionalismo unido al concepto de pueblo obrero. La suma de estos vectores conformarían el universo ideológico que se desprende de su obra periodística. Pero, volvemos a insistir, mediatizados por escribir en tiempos de dictadura y en un periódico que no era de su partido. A modo de compendio y dejando el punto relativo a su defensa del reformismo que ya ha quedado meridianamente expuesto, podemos señalar los siguientes planteamientos que sustentan su obra:

1. Sobre la forma de gobierno. Ya hemos adelantado la controversia que en su momento mantuvo con Roberto Castrovido a propósito de la llegada al poder del laborista McDonald en Inglaterra sin cuestionarse la existencia de la monarquía. Un año después, en el artículo, «Las bodas de plata de un rey. Prudencia y ecuanimidad» (9/02/1925), repasaba lo dicho por diversos líderes socialistas en Dinamarca, Inglaterra, Suecia, Noruega…, para recalar en Italia y defender el pragmatismo del rey Víctor Manuel y su sometimiento a la Constitución garibaldina. En definitiva, para defender que no era incompatible un gobierno socialista con un sistema monárquico, siempre y cuando la monarquía aceptase el juego democrático. Al menos esto es lo que escribía, insistimos, entre 1924 y 1929.

2. Sobre la tolerancia religiosa. No tenemos constancia de que en esta etapa de su vida Escandell fuese católico, a pesar de la hipotética influencia que tener un tío cura pudo significar. Pero lo cierto es que Escandell, no solo se declaraba lector apasionado de la Biblia,

sino que no desaprovechaba ocasión para destacar cualquier manifestación de algún miembro de la curia que fuera tolerante o favorable con sus ideas. Sucede con el Cardenal Maffi en su pastoral de enero de 1925 criticando el fascismo. Escandell, que catalogará a Maffi como «el más alto valor intelectual del Vaticano» (28/01/1925), concluirá su artículo diciendo que, «Frente a los activos ejércitos de los camisas negras, se ha levantado una sotana escarlata». Un planteamiento muy similar, en este caso destacando el papel antifascista del cardenal Gasparini, lo publica en «La Secretaría de Estado del Vaticano» (31/08/1928). Fuera del Vaticano, también reconoció la postura del obispo de Londres, admitiendo la colaboración con el gobierno de McDonald (25/06/1929). Es evidente que los ejemplos citados nunca se darían en España, sobre todo cuando en 1931 se proclame la República, lo que explicaría que Escandell ya no volviese a tratar el tema.

3. La compatibilidad con el nacionalismo. En «Los grandes problemas ideales. Patriotismo y socialismo» (13/11/1925), a partir del libro del italiano Adolfo Zerboglio, «El socialismo y las objeciones más comunes», denfenderá «la conciliación ideal entre patriotismo y socialismo», haciendo suyo el principio desarrollado en el capítulo VIII que señala: «Los socialistas no combaten el amor al pueblo donde se ha nacido, pero quieren que este sentimiento no sea exclusivista y se traduzca en odio y en antagonismo hacia cuántos han nacido en otro lugar, hablan en otra lengua y se rigen por otras leyes». En esta clave podemos situar los escasos artículos que publicó sobre la realidad valenciana. El primero, titulado «Los placeres sentimentales. València, Alicante y Castellón» (20/05/1926), lo escribió pocos días después de celebrarse la Fiesta Regional que desde el año anterior venía organizando el Ayuntamiento presidido por el general Avilés. Al más puro estilo de Teodoro Llorente (al que vimos, admiraba), Escandell proclama su adhesión a esta «fiesta de exaltación del alma valenciana» que ponía en valor, tanto la riqueza material como cultural, en especial el idioma en común, «Por ello -concluia Escandell- declaramos nuestra simpatía a esa

fiesta de amor y de trabajo». Una simpatía que se tornó en envidia con motivo de las exposiciones universales de Barcelona y Sevilla en 1929, lo que le llevó, en junio de ese mismo año, a proponer desde las páginas de su periódico celebrar en València una Exposición del Mediterráneo que, como es obvio, no tuvo ningún eco. El socialismo y el nacionalismo eran compatibles, en consecuencia, en el ámbito de las emociones -el sentimiento de pertenencia a una cultura- y de las identidades, en este caso la identificación con su ciudad de nacimiento, València.

Es evidente que toda esta formulación teórica a través de sus artículos no pasó la prueba de fuego que significó la nueva realidad que se inauguraría a partir de abril de 1931. Empezando por la primera, la compatibilidad sobre la forma de gobierno, siguiendo con el posicionamiento antidemocrático de la Iglesia y acabando con el nacionalismo que se desató a partir del debate en torno a los proyectos de autonomía para distintas regiones. Quizás fue esta última consideración la que menos cambios experimentó en la ideología socialista que profesaba Escandell. El nacionalismo cultural expresado en los papeles del diario devino un nacionalismo español en coherencia con el significado del primer artículo de la Constitución de 1931, esto es, una identificacion de España como nación de trabajadores (Martí Bataller, 2020: p. 240).

Esta era, en suma y a través de sus escritos periodísticos, la mentalidad del joven que alcanzaba los 35 años el 8 de febrero de 1930. Unas ideas y una forma de ver el mundo que muy pronto se vería impactada por el cambio trascendental que para su vida y la propia Historia de España significó la llegada de la II República.

EN NOMBRE DE LOS TRABAJADORES, DEL PAÍS VALENCIANO Y DEL PARTIDO

Lo tengo junto a mí, muy cerca en los momentos de labor periodística. Diariamente hablamos de todo, menos de política, qué es precisamente la debilidad de él. Ese él, es Isidro Escandell y Úbeda, mi compañero de redacción. No he de hacer la presentación de este camarada a los lectores de *La Voz*. Hace años labora en esta casa con indiscutible éxito. El lector lo conoce y además Escandell sabe de política internacional, da conferencias, escribe con acierto y es hombre de grandes y nobles anhelos democráticos(...) Escandell es un compañero de los que honran y a quien hay necesidad de admirar y querer por su talento y por su carácter efusivo y alentador[50].

En nombre de los trabajadores, Escandell fue elegido diputado en las elecciones generales de junio de 1931, el mayor cargo que logrará alcanzar. Testigo directo de lo que será la obra constitucional, estos dos años del primer bienio republicano serían, sin duda, los más importantes en su carrera política. No solo se movió y relacionó en el centro

---

50 BOHORQUES, Enrique: «Los nuevos diputados» *La Voz Valenciana* (9/07/1931).

del poder político, sino también del partidista, eso sí, intentando seguir ejerciendo el papel de intelectual *au-dessus de la mêlée*, de la misma manera que intentará compatibilizar su trabajo en un diario monárquico -cada vez más crítico con el nuevo régimen- y su labor parlamentaria. Sin embargo, pronto se demostraría que estas ambigüedades eran incompatibles en un tiempo donde el compromiso con el líder, con el partido y con la República marcaban la pauta de todo político. Y Escandell lo era por partida doble, tanto en el partido como en el sindicato. De aquí que, a partir de 1933, no tenga más remedio que decidir con quién está, si con el periódico donde trabajaba o con el partido donde militaba, si con Besteiro o con Largo, si con el reformismo o con la revolución. El primer dilema lo resolverá en agosto de 1933. Los otros no los clarificó hasta 1936.

Al margen de los dilemas y contradicciones, Escandell seguirá haciendo lo que mejor sabe: escribir y hablar. Y lo hará en todas las tribunas y foros que se lo permitan, con una energía que se impondrá a cualquier dificultad. De aquí que el periodista de antes pase a ser el diputado de ahora y el activista de siempre. Al menos hasta el *impasse* que para su vida pública significó el bienio conservador en que, perdido el escaño parlamentario y el trabajo en *La Voz*, tenga obligatoriamente que replantearse su vida. Algo que el golpe de Estado de julio de 1936 hará por él.

Posicionándose ante el cambio

Comenzó la nueva década de los treinta con signos de cambio. El 28 de enero dimitía Primo de Rivera confirmando que, a pesar de ser sustituido por un nuevo militar, el general Dámaso Berenguer, su dictadura tenía fecha de caducidad. Así lo entendió la prensa que, desafiando la censura, intentó recobrar el periodismo de opinión política, eso sí, con funesto resultado. Las multas y suspensiones se sucedieron en aquel año con más intensidad si cabe que en los siete anteriores de régimen dictatorial (Laguna, 1999: p. 297).

En aquel inicio de 1930, los socialistas valencianos protagonizaban un congreso extraordinario de la Federación Socialista de Levante, tan intrascendente que apenas tuvo repercusión en la prensa local, pues, tan solo *El Socialista* (10/01/1930), le dedicó media columna. Celebrado en Alacant, el 5 de enero, se debatieron diversos temas de carácter organizativo, siendo el más destacado el de la elección de la ciudad donde se debía ubicar la sede. Al margen del debate, un aspecto que sobresalió fue la consolidación del joven Manuel Molina Conejero que, tras ser elegido presidente de la mesa del Congreso iba a marcar con su discurso el tono y la línea del cónclave. Desde entonces, Molina no dejará de ocupar cargos de dirección prácticamente hasta su asesinato[51].

Nuestro protagonista, sin embargo, no participó en este congreso. Seguía con su intenso trabajo periodístico en *La Voz Valenciana*, publicando la serie nueva, «El mundo salido de Versalles», con entrevistas ahora a distintos cónsules de países europeos en València, además del suplemento, la «Página Social», estructurada en tres secciones que cubrían informativamente el mundo obrero valenciano, el español y el mundial. Escandell, como tantos otros políticos periodistas, vivía una situación en la que podía ser arte y parte de la información periodística, esto es, redactor a la vez que promotor de la noticia. Esta dualidad la podemos confirmar cuando *La Voz Valenciana* (15/01/1930),

---

51 Manuel Molina Conejero (València, 1900-Paterna, 1939). «Diputado a Cortes. Dirigente socialista. Aserrador mecánico. Comienza a participar en las actividades socialistas en la segunda década del siglo. Colabora en el semanario República Social en 1918. Secretario provincial de la UGT en la Segunda República. Presidente de la FSV en 1933. La represión que sigue a la huelga revolucionaria de 1934 le obliga a huir a Francia. Representante socialista en el comité de enlace con el PCE. Diputado a Cortes de nuevo en 1936 en la candidatura del Frente Popular por la ciudad de València. Adscrito a la corriente "prietista" en el partido. Secretario de la Agrupación Socialista Valenciana y miembro del comité nacional del partido. Con motivo de la crisis socialista del verano de 1937 fue designado presidente de la FSV por la ejecutiva nacional del PSOE. Con la salida de Largo Caballero del gobierno, fue designado gobernador civil de València en sustitución de Ricardo Zabalza, cargo que desempeñó hasta el final de la guerra. Se opuso con la FSV al golpe de estado de Casado y a la destitución de la ejecutiva nacional del PSOE. Fue detenido en 1939, condenado a muerte y ejecutado». (Paniagua y Piqueras, 2006: p. 376).

como el resto de los diarios de la ciudad, empezó a introducir contenidos que se preguntaban por el futuro político del país. Bajo el título de «¿Cómo cree Ud. que deben organizarse los partidos políticos del porvenir?», el primero en ser entrevistado, con foto incluida, fue el propio Escandell. Presentado como exdiputado provincial y miembro del Comité Nacional del PSOE, Escandell respondió a la pregunta de una manera un tanto ambigua. Exponía que los partidos tenían un doble objetivo, conquistar la opinión y la organización. Tras dar numerosos ejemplos de distintos partidos europeos respecto de estos dos parámetros, concluía que, «si con la opinión se conquistaba, con la organización se consolidaba lo conquistado». Tan solo al final declaraba su posición afirmando que el único partido que reunía ambas premisas era, sin duda, el socialista.

Más preciso fue el siguiente entrevistado en la sección, el viejo líder socialista Francisco Sanchis. No solo reivindicó la república como única forma de gobierno posible para garantizar la libertad de partidos, sino que estableció que el único partido que defendía a los trabajadores era el suyo, «En cuyas filas es lógico que militen todos los trabajadores que aspiran a la emancipación de su clase» *La Voz Valenciana* (21/01/1930).

El tercer entrevistado, Manuel Molina Conejero, sostenía que el progreso social que debían asumir los partidos de la burguesía se basaba en aceptar «una evolución gradual que empuja a la sociedad hacia formas superiores de convivencia social». Como referente, citaba el caso de Inglaterra, «frente a las convulsiones violentas que abocan a los pueblos en el caos de lo imprevisto», esto es, frente a lo sucedido en Rusia. Dicho lo cual, declaraba que el Partido Socialista sería el único guardián de una futura república en el caso de que esta se proclamase *La Voz Valenciana* (23/01/1930).

Molina Conejero fue presentado en este artículo como presidente de las Juventudes Socialistas. Sin embargo, apenas unos días después dejaría de serlo. El 28 de enero de 1930, en la asamblea celebrada en la sede del partido, en la calle Calatrava, 2, Escandell dejaba la vicepresidencia de la Agrupación de València para ser elegido por aclamación de nuevo presidente de las Juventudes Socialistas, en un Comité Ejecutivo integrado por Vicente Martínez Porcellá, vicepresidente; Evaristo Jorge Moreno, secretario; Vicente Bort Cano, vicesecretario; Demófilo Camarasa, tesorero-contador; Maximino Navarrete y Simón Aparicio como vocales; Juan Llorens como cobrador; y Gonzalo Hernando, bibliotecario. Aparentemente se trata de un cambio un tanto sorprendente, no solo por estar a punto de cumplir los 35 -fecha límite para poder seguir en las Juventudes, según establecían los Estatutos-, sino por lo que podía significar de pérdida de influencia. Sin embargo, todo apunta a que el nombramiento estaba relacionado con la influencia que Escandell podía ejercer sobre los jóvenes universitarios valencianos y, en consecuencia, en su capacidad para dar nuevos impulsos a la organización. Desde luego, las iniciativas que desde un primer momento pondría en marcha, avalarían esta hipótesis.

Nada más estrenar el nuevo cargo, Escandell programó una «gira cultural por la ciudad», llevándose cada domingo por la mañana a los jóvenes de excursión. La primera fue el domingo, 2 de febrero, al Museo de Pintura de la ciudad. Le siguió la visita al Observatorio Astronómico, después al Museo de Historia Natural de la Universitat de València, al estudio del pintor José Benlliure… Algunas de estas excursiones fueron reseñadas por la prensa con fotografía incluida donde se podía observar algo más de una treintena de jóvenes que por sus vestimentas, ataviados con traje y corbata, parecían más estudiantes que obreros[52].

Esta labor de proselitismo se vería beneficiada por el amplio campo de relaciones que mantenía Escandell, sobre todo, desde su consolidación como periodista de referencia. Y su estrategia de estrechar lazos con actividades como las visitas culturales, sin duda que debió de influir para atraer a nuevos militantes, como el estudiante de medicina, B. González Ramos, que el 1 de abril de 1930 publicaba un

---

52 La primera foto se publicó en *La Voz Valenciana* (11/03/1930), con los jóvenes en el patio de la Universidad junto a la estatua de Luis Vives.

pequeño artículo en la «Página Social» de *La Voz Valenciana* animando a los jóvenes a seguir su ejemplo y militar en el socialismo.

El 26 de abril de 1930 tenía lugar la asamblea general de la Juventud Socialista valenciana, «con una concurrencia verdaderamente considerable». Además de aprobarse la memoria de gestión que leyó en su calidad de presidente Escandell, se acordaba para el nuevo trimestre llevar a cabo un ciclo de conferencias los sábados por la tarde, protagonizadas por los mismos afiliados. Es decir, otra actividad más que confirmaba la concepción que tenía de las Juventudes como etapa especialmente proclive para la formación.

El personaje, como se deduce, era ya bastante popular en aquella València de 1930. Además de su trabajo en la prensa, de sus actividades y cargos en la política, de haber conseguido, junto con Ricardo Samper, la dirección del Ateneo Mercantil, estaban también sus compromisos con diversos colectivos. Un caso destacable nos la ofrece el hecho de que los operadores de cine decidiesen organizarse en la Sociedad de Cine de València, con domicilio en la propia sede de la Agrupación socialista, tras «el concurso y orientaciones del compañero Escandell». Si esto ocurría en febrero de 1930, apenas un año después, el concurso de Escandell resultó decisivo para la creación de la sociedad, Amigos del Ciego, cuya finalidad era dar protección social a este colectivo. Incluso en otros ámbitos también era requerido para que presidiese o hablase. Sucedió en el homenaje que el pueblo de Anna tributó al popular ventrílocuo, Paco Sanz. Incluso fue protagonista en la demostración de duelo por la muerte, el 30 de marzo, del socialista de la Vall d'Uixó, Alfonso Ganau Mondragón, fundador del partido en la localidad. En la extensa comitiva que acompañó al féretro, en la que no faltó ni la banda de música, Escandell ocupó la presidencia oficial pronunciando una oración fúnebre en el cementerio civil, mostrando su desolación por la pérdida en tan poco tiempo de su tío y ahora de su amigo y camarada. La prueba de esta popularidad la confirma, finalmente, el hecho de que la muerte de su tío, Isidro Escandell Tomás, canónigo de la Catedral de Xàtiva, fuese noticia en *El Socialista* del 23 de marzo de 1930. Eso sí, para resaltar que, «No obstante las discrepancias ideales que separaron a ambos, tío y sobrino se profesaban gran cariño y consideración».

Si en València era ya popular, en Madrid tampoco era ningún desconocido. Además de los encargos que la UGT le había venido realizando por toda la geografía española o de las colaboraciones puntuales en *El Socialista*, Escandell también seguía siendo el representante valenciano en el Comité Nacional, un órgano clave en aquellos momentos de transición. El reunido en Madrid el 22 de febrero, tenía la importancia de evaluar la situación tras la dimisión de Primo y acordar los pasos a seguir. Bajo la presidencia de Besteiro, en la reunión participaron los miembros de la Ejecutiva (Largo Caballero, Lucio Martínez, Ovejero, Saborit, Wenceslao Carrillo, Aníbal Sánchez y Trifón Gómez), más diez delegados -incluido Escandell- representando a sus respectivas Federaciones. Tras el debate, el Comité acordaba «protestar contra la forma en que el Gobierno de don Dámaso Berenguer ha dispuesto que se constituyan los nuevos ayuntamientos y las nuevas diputaciones provinciales», ya que significaba «la consagración de los vicios tradicionales» y no un cambio radical que es lo que reclamaba el país. Escandell debió de sentir de forma especial esta resolución, teniendo en cuenta que la dictadura le había quitado su condición de diputado provincial. ¿La volvería a recuperar si se hundía definitivamente el régimen militar?

En segundo lugar, el Comité Nacional resolvía, en materia de pactos o alianzas electorales, prohibir a cualquier sección que adoptase iniciativas particulares, delegando en la Ejecutiva la estrategia a seguir. Una estrategia que, en ningún caso, podía pasar por acuerdos con antiguos partidos monárquicos. De nuevo Escandell debió de pensar en su situación, trabajando en un diario adscrito al antiguo Partido Liberal que seguía rindiendo culto a Canalejas y Alba cada dos por tres. ¿Podría mantener este trabajo si como socialista se tenía que enfrentar electoralmente a los monárquicos, esto es, a lo que representaba y defendía su amigo, el director de *La Voz Valenciana*?

Faltaba un año para la campaña electoral de verdad y aunque los socialistas valencianos no lo sabían, sí que intuían que había que redoblar esfuerzos en el capítulo de la propaganda. La Agrupación Socialista Valenciana, en la asamblea del 24 de marzo abordaba el tema tomando la precaución de nombrar un comité electoral integrado, además de Escandell, por Filiberto Cebriá, José Alarcón, Joaquín Moya y Aniceto Iranzo, el laborioso corresponsal valenciano de *El Socialista*[53].

Este comité, en coordinación con el Centro de Información y Propaganda de la provincia de València que presidía Francisco Sanchis, pero que en la práctica dirigía Molina Conejero, apostó por incrementar la propaganda a través de los medios y vías conocidos: la prensa y los mítines.

Por lo que hace la prensa, el partido volvía a plantearse reeditar *República Social*, si el agujero negro en que se había convertido la construcción de la nueva sede de la Casa del Pueblo de València se lo permitía. Además, había que ayudar periódicamente a sostener *El Socialista* donde, con relativa frecuencia, aparecía información del movimiento socialista de «Levante» y, en menor medida, de València. Todo ello sin olvidar la «Página Social» que dirigía Escandell en *La Voz*, hasta entonces la tribuna más destacada, en la que cada martes seguía informando de los actos de propaganda del partido y de la UGT bajo el epígrafe de «Movimiento Social Valenciano». Incluso incorporaba imágenes de los líderes que intervenían en dichos actos,

---

53 Iranzo Pérez, Aniceto (Requena 1889- México DF 1955): «Tipógrafo y periodista. Trabajó en València en la Tipografía Moderna, las editoriales Sempere y Prometeo y en La Voz Valenciana. Miembro de la Federación Gráfica de la UGT desde 1903, de la que fue secretario. Ingresó en la AS de València el 1 de mayo de 1915. Durante la Dictadura de Primo de Rivera fue corresponsal de El Socialista en València y en la Segunda República dirigió República Social, órgano de la Federación Socialista de València. Durante la guerra civil fue tesorero y secretario de la AS de València, secretario de la FS Valenciana, director de Adelante, jurado del Tribunal de Espionaje y Alta Traición y delegado del Ministerio de la Gobernación en Telefónica. Estuvo exiliado en Francia y en Orán (Argelia) llegando a México en junio de 1942 a bordo del Guinea. Falleció en México el 22 de octubre de 1955». Fundación Pablo Iglesias, https://fpabloiglesias.es/entrada-db/10931_iranzo-perez-aniceto/, consultado el 27/06/2024.

como el de Molina Conejero, o de los que eran homenajeados, como Pablo Iglesias.

En esta misma «Página Social», Escandell estaba dando cabida a los artículos de opinión, tanto de reconocidos políticos como Eduard Martínez Ferrando, impulsor del valencianismo político, como de correligionarios suyos. Entre estos últimos, destacamos el firmado por Aniceto Iranzo en el ejemplar de 29 de abril de 1930, titulado «Sobre la psicología valenciana». Se trata de un intento de explicar, en clave de señas de identidad, la debilidad del socialismo valenciano y, por extensión, las dificultades para consolidar un periódico propio. Para Iranzo, no era el republicanismo blasquista, ni siquiera la competencia sindical de la CNT, sino «la psicología del alma valenciana» la que explicaba que... «siendo un pueblo profundamente liberal y republicano, el Partido Socialista no cuente "oficialmente" con el número proporcional de afiliados que debiera tener, no obstante ser muy numerosos los simpatizantes pasivos». La incoherencia, la rebeldía mal entendida y la falta de compromiso que, según él, definían a los valencianos, también era un escollo importante para el sostenimiento de un periódico... «La adquisición y lectura de la prensa o de los folletos socialistas es para ellos un sacrificio. No digamos si por añadidura han de satisfacer de vez en cuando unas pesetas para cubrir las atenciones de la organización, y lo que es más grave sujetarse voluntariamente a la democrática disciplina de nuestro partido». La conclusión, a pesar de todo, dejaba en manos de la propaganda «intensa y constante», el remedio a este problema.

De esta forma, prácticamente desde el mes de abril de 1930, los socialistas valencianos iniciaban lo que sería una larga y amplia campaña electoral. Escandell aportó todo lo que pudo y más. El 1 de abril, mientras Molina Conejero intervenía en Aldaia, él lo hizo en Quart de Poblet. El 18 de abril lo haría en la Vall d'Uixó, hablando sobre la evolución de las ideas económicas.

La campaña subió de intensidad con motivo de la celebración del 1º de mayo. Para ello, programaron diversos actos que iban desde la velada artística en la víspera, el mitin al día siguiente en el Centro

Obrero de la calle del Pilar protagonizado por los líderes de diversas secciones sindicales de la UGT, a la realización de actos similares en cada pueblo de la provincia. Escandell, por su parte, publicaría ese mismo día sendos artículos, uno en *El Socialista* con el título de «Lluvia de Abril», en el que comparaba la lluvia benéfica y el socialismo; y otro en el semanario gandiense, *El Popular*, titulado «El concepto del hombre socialista», donde apuntaba las características y valores que debían poseer los que se llamasen socialistas. Cuatro días después pronunciaba una nueva conferencia en el Ateneo Científico sobre el tema, «Racionalización del proceso industrial», saliendo al día siguiente para Albacete donde había sido invitado por el Ateneo de la localidad para otra intervención. A continuación, mitin en Alzira, luego en Almansa y antes de finalizar el mes de junio, en Gandia. En esta última, el alcalde ordenó la suspensión del acto por no reunir el local las condiciones para albergar al numeroso público congregado a las puertas del Centro Obrero. Al final se consiguió trasladarlo al día siguiente por la mañana al Teatro Royalty donde intervino según lo previsto, eso sí, con despliegue de la Guardia Civil incluido.

Escandell siguió protagonizando nuevas intervenciones, ya fuese solo o acompañado por Molina Conejero. En Cheste y Macastre, en el mitin celebrado a mitad de agosto, también participó otro socialista y ugetista que había adquirido gran renombre tras sus enfrentamientos con la CNT, Pascual Tomás. En septiembre, en el mitin dado en Alzira, estuvo acompañado de Juan Sapiña y Pedro Vargas.

La dinámica de cada acto de este tipo parecía ser la misma, siendo las intervenciones de los oradores su sentido último. Sin embargo, significaba mucho más. Desde la convocatoria, la difusión de los carteles, la preocupación por la asistencia hasta el desarrollo del mitin, todo en su conjunto implicaba una inyección de estímulo político para todos los participantes. Esta inyección con Escandell, por su capacidad de comunicación y por el prestigio que le precedía, parecía multiplicar sus efectos. Por ejemplo, la Agrupación y Juventud Socialista de Cocentaina, con motivo de inaugurar la biblioteca que habían conseguido crear, invitaron a Escandell a pronunciar una conferencia, en esta ocasión sobre el tema «Cultura, Paz y Libertad». La animación ante esta convocatoria, según reseña *El Socialista* (1/10/1930), no dejó de crecer, lo que explicaría que fueran más de mil trabajadores de toda la comarca los que intentaron entrar en el auditorio donde se había previsto la intervención. Así, pues, con un auditorio repleto Escandell habló por espacio de hora y media, «arrancando en numerosas ocasiones estruendosos aplausos».

Estaba claro que la propaganda basada en concentraciones y discursos, a falta de otros medios, ocupaba a la plana mayor del socialismo valenciano en aquel 1930. Pero lo consideraban insuficiente si lo comparaban con la capacidad de difusión que podía tener un periódico portavoz. A mediados de junio, la Agrupación Socialista de València dirigía una circular a todas las agrupaciones y sociedades obreras de la capital y provincia, «y a todos los individuos de ideas avanzadas», informándoles de su intención de editar nuevamente *República Social*, «para que sirva de arma de persuasión entre los trabajadores y de ataque contra los enemigos de las ideas emancipadoras» (*El Socialista*, 18/06/1930). Un mes después, en una nueva asamblea de la agrupación valenciana, se acordaba nombrar una comisión con el objeto de que intentasen conseguir donativos y suscripciones que garantizasen la viabilidad económica del periódico.

El proyecto se hizo realidad poco después de conseguir la correspondiente autorización gubernativa. El viernes, 22 de agosto de 1930, salía por tercera vez *República Social* como portavoz de la Agrupación Socialista de València y de la UGT. Francisco Sanchis, el veterano líder que ya dirigiera el periódico en su anterior etapa, volvía a figurar como director, aunque lo haría por poco tiempo. Con periodicidad semanal y un precio de venta directa de 10 céntimos el ejemplar y de 1,50 ptas. la suscripción trimestral, destacará por los artículos de opinión que firmaban los referentes locales del partido (Molina Conejero, Iranzo, De Gracia, Lacambra, Pascual Tomás, Alarcón, María Cambrils…), además de por la información orgánica y política.

Escandell, que saludará desde su «Página Social» la salida del portavoz socialista, se abstendrá de colaborar en esta primera etapa. Parecía lo lógico para un periodista en activo de un diario competidor. También podía ponerse en cuestión el sentido de mantener la página de información mayoritariamente obrera que dirigía en *La Voz*, ante la necesidad de que fuese *República Social* quien asumiese esa información en exclusiva. De momento, la «Página Social», seguirá saliendo en su línea de dar cuenta del mundo obrero en general, pero con la novedad de reseñar algunos de los contenidos que consideraba más destacados de *República Social*, como el artículo de María Cambrils dedicado a Ricardo Samper en términos muy elogiosos.

Más que competencia entre medios, parecía que había complementariedad. Escandell no participaba en *República Social*, pero desde su «Página» seguía informando de las actividades del partido y del sindicato de forma regular. Así daba cuenta de la importante asamblea, celebrada el sábado 4 de octubre, por la Agrupación Socialista de València, la del distrito del Puerto, el Círculo Socialista del distrito del Hospital y la Juventud Socialista para acordar la estrategia a seguir ante unas hipotéticas futuras elecciones generales que el gobierno militar pensaba convocar para retornar al sistema de la Restauración. Los socialistas valencianos, a pesar de las dudas que le ofrecía esta convocatoria, concluyeron su asamblea aprobando concurrir si, en efecto se convocaban, buscando la unión con otras fuerzas antimonárquicas, tal y como había aprobado anteriormente el propio Comité Nacional. Pero todo estaba por confirmar.

El último trimestre de 1930 o, lo que es lo mismo, el último coletazo de la dictadura fue especialmente duro para la prensa, con denuncias, secuestros de ediciones y multas generalizadas. *República Social* no fue una excepción, siendo objeto de denuncia, multa y suspensión de un mes por un artículo firmado por Fernando de Atiénzar, un oficial de prisiones en Chinchilla que sería procesado y separado de su empleo como autor responsable del texto. La ola de solidaridad que se levantó dentro del partido por esta injusticia convertirá a Atiénzar en el nuevo director del *República Social* cuando reaparezca tras cumplir el mes de suspensión. A pesar del corto espacio de vida del semanario, pues apenas había estado en la calle durante el mes de septiembre, en la asamblea celebrada a principios de noviembre por la Agrupación Socialista de València, el balance que hacía Antonio de Gracia de *República Social* era muy positivo, afirmando que la suscripción no había parado de crecer desde su aparición.

También en este último trimestre de 1930, la Comisión Ejecutiva acordaba intensificar los actos de propaganda por todo el territorio. A Escandell se le encomendó un periplo de mítines por diversos pueblos de la Ribera Alta, con un calendario maratoniano: 24 de octubre, Sumacàrcer; 25, Càrcer; 26, Gavarda; 27, Alberic; 28, Guadassuar; 29, Corbera; 30, Riola; 31, Polinyà de Xúquer; 2 de noviembre, en la Montañeta de Polinyà; 3, Carcaixent; 4, Alzira; 5, Simat de la Valldigna. *El Socialista*, a través de las reseñas que le remitía el corresponsal, el tipógrafo Aniceto Iranzo, fue dando cuenta de cada uno de estos actos reiterando el éxito de convocatoria en todos ellos. Obviamente, no cabía otra interpretación.

Pero si algo caracterizó el final de 1930 fue la creciente tensión social. El republicanismo blasquista, a través de su diario portavoz, *El Pueblo*, y la CNT a través de su destacada implantación en los sectores metalúrgicos y de la madera, serían sus principales protagonistas. El 4 de diciembre, mientras en Madrid el general Berenguer sufría un atentado por un redactor del diario *El Sol* sin más consecuencias, en València estallaba el escándalo: los obreros metalúrgicos denunciaban a través de *El Pueblo* la organización de una banda de pistoleros por parte de la patronal. El recuerdo de lo sucedido en Barcelona en aquellos años previos a la dictadura o el temor a una revitalización de los somatenes o bandas parapoliciales convirtieron la denuncia en noticia de ámbito nacional. Sin solución de continuidad y como medida de protesta, se declaraba la huelga en los ramos de la madera, astilleros y productos químicos, interviniendo la Guardia Civil con gran dureza lo que dejó por el camino un joven muerto y varios heridos. El Gobernador respondió ordenando el cierre del diario *El Pueblo* y la detención de los líderes obreros de los sectores en huelga. También se ordenaba el cierre de la Casa del Pueblo que, además de ser la sede socialista, lo era también del Sindicato Único de la Madera. Dos días después, el 9 de diciembre, se declaraba una huelga general en toda València de 48 horas con una serie de objetivos fundamentalmente políticos: la dimisión del Gobernador y la libertad de los presos.

En plena resaca por la huelga y la represión de las manifestaciones, acontecía la insurrección militar fallida de Jaca. El intento de proclamar la República, además de frustrar otros planes o generar los primeros mártires, también agudizó la represión. Como consecuencia, el 16 de diciembre se declaraba el estado de guerra en todo el país al tiempo que una compañía de la legión se desplegaba en Alacant y otra en València.

En este contexto, los socialistas valencianos, desbordados por unos y por otros, decidían suspender temporalmente la salida de *República Social*. A ello habría que añadir que pocos días antes, en concreto el día 2 de diciembre, *La Voz* publicaba por última vez «Página Social». A las puertas del decisivo 1931, la información obrera solo podía ser transmitida por el boca a boca.

De diputado provincial a nacional

El año del cambio no podía empezar con mejor augurio para nuestro protagonista. El 25 de enero de 1931, la Junta General del Ateneo Mercantil de València volvía a reelegir prácticamente por aclamación la Junta directiva que tenía a Samper y Escandell como presidente y secretario respectivamente. El proyecto de construcción del nuevo edificio en la plaza de Emilio Castelar había provocado un gran entusiasmo entre los socios. La memoria de los escasos nueve meses de gestión, elaborada y defendida por Escandell, también fue aprobada sin ningún voto en contra, un éxito muy destacado por sus compañeros periodistas de *La Voz* (26/01/1931):

> Nuestro querido camarada don Isidro Escandell leyó una documentada Memoria, en la que se evidenciaban las cosas que antes pasaban en el Ateneo y la austera labor de la Junta actual. Dicha Memoria será impresa

y repartida entre los socios, por acuerdo unánime entre ovaciones de la Junta general. No nos sorprende este éxito de Escandell. Nosotros, que le conocemos bien, sabemos lo que vale y hasta dónde llega. Por eso le alentamos cuando fue elegido secretario del Ateneo y le felicitamos hoy de corazón.

El mismo día que se celebraba la junta del Ateneo, por las calles de la ciudad aparecieron carteles que anunciaban el fin del estado de guerra declarado en el mes anterior. Unos días después, el gabinete que presidía el general Dámaso Berenguer ponía fin a la censura previa de la prensa, dentro de su estrategia -a la postre frustrada- de convocar elecciones generales para fines de marzo. Sin salida alguna al trasnochado intento de volver a restaurar la Restauración, Berenguer presentaba su dimisión el 14 de febrero, siendo sustituido por el almirante Aznar. Era el paso previo a la convocatoria de elecciones municipales para el mes de abril, en otro frustrado intento de retornar al viejo sistema de control electoral por parte de los caciques locales.

La sucesión de estos acontecimientos llevó a los socialistas valencianos a convocar una asamblea del partido para el 25 de febrero. Bajo la presidencia de Molina Conejero y actuando como secretario Aniceto Iranzo, además de mostrar su pésame por la muerte del líder asturiano, Manuel Llaneza, y la solidaridad con todos los camaradas que seguían presos por los sucesos de diciembre, acordaban volver a sacar a la calle *República Social*. También procedían a renovar los cargos de la Comisión Ejecutiva en la que Francisco Sanchis seguiría como presidente y Molina Conejero como vicepresidente. Escandell, recién cumplidos los 36, había tenido que dejar la militancia en las Juventudes.

Tras la convocatoria de elecciones municipales para el 12 de abril, la Agrupación Socialista de València volvía a reunirse para confirmar, siguiendo lo acordado por el Comité Nacional, participar en las mismas en coalición con los republicanos. El ambiente no podía ser más favorable para una campaña exitosa. El 25 de marzo, más de 50.000 personas se manifestaban por la ciudad de València exigiendo la amnistía para los presos políticos. Dos días después reaparecía *República Social*, constituyendo todo un éxito al agotarse la edición. Y el día 29 tenía lugar la asamblea a la que habían sido convocados todos los militantes de la Agrupación de València, del Grao y de las Juventudes. Con una asistencia multitudinaria, procedieron a elegir los tres candidatos socialistas que, según el acuerdo con los republicanos, les correspondían para las elecciones municipales de abril. Tras las votaciones, resultaron elegidos: para el distrito de Ruzafa, Francisco Sanchis; para el del Hospital, Antonio de Gracia; y para el de la Misericordia, Vicente Navarro.

La campaña, por lo mucho que había en juego, movilizó todos los recursos del partido. Por lo que respecta a Escandell, intervendría en diversos mítines. El primero fue en el Gran Teatro de Alzira, el 1 de abril, y el último lo pronunció el 10 en la plaza de toros de Monòver, todos ellos en compañía de oradores que representaban a la coalición republicana.

Finalmente, el 12 de abril tenían lugar las elecciones que darían un claro triunfo a las candidaturas de la Alianza de Izquierdas. Unos resultados que, además de ayuntamientos, dio lugar a la proclamación de la II República española. Fue el 14 de abril, un día en el que unos despertaron bruscamente del sueño del poder y otros, los más, por fin creían ver cumplido su sueño de alcanzar el poder. El tiempo del cambio había empezado, y así lo narró el propio Escandell: «Aquella muletilla histórica que descansaba en el menosprecio al pueblo español por su falta de capacidad política ha quedado arrumbada con el ejemplo del 14 de abril. El paso de una monarquía absoluta a una República ungida por la democracia ha sido de verdadero magisterio»[54].

Los valencianos, como el resto de los españoles, celebraron efusivamente la proclamación republicana. Y los socialistas, si cabe, con mayor motivo, pues habían conseguido las tres actas municipales a las que concurrían. También Escandell tuvo motivos personales para la celebración. Además de compartir con sus camaradas la alegría por el triunfo, él, como antiguo diputado provincial, recuperaba momentáneamente el acta que la dictadura le arrebató. En la tarde del 15 de

---

54 ESCANDELL, Isidro: «El ejemplo de España», *El Popular* (28/04/1931).

abril se reunían los antiguos diputados provinciales electos en 1923 para constituir una Corporación provisional. Inmediatamente se retiró el retrato del rey para colocar en su lugar los de Blasco Ibáñez, Galán y García Hernández, los mártires de la nueva República. Ricardo Samper, como presidente de la Junta republicana de Administración y Gobierno de la Diputación provincial, proponía al republicano Braulio Algarra Ibáñez como presidente de la institución en esta nueva etapa de transición y a Isidro Escandell como vicepresidente[55]. Había sido un breve diputado provincial en 1923 y aun sería más breve vicepresidente de la Diputación.

En efecto, trece días después de su constitución, la Junta Gestora sería disuelta por orden del Gobierno provisional de 22 de abril, dando paso a los nuevos diputados según los resultados de las pasadas municipales. En tan breve espacio de una semana y a pesar de su provisionalidad, Escandell aún tuvo tiempo de poner en marcha las obras de adecuación del Hospital provincial para acoger a los enfermos infecciosos, al tiempo que empezar a dar empleo a los trabajadores en paro, una de las reivindicaciones que marcarán todo el periodo republicano.

La segunda jornada multitudinaria, después de la vivida tras la proclamación del 14 de abril, sería la del primero de mayo. Escandell lo celebraría en Tortosa, donde había sido invitado por la UGT local. En un periplo de dos días que él mismo se encargó de narrar en el periódico[56], no solo intervendría en el mitin, «uno de los más concurridos en la historia de Tortosa», y posterior manifestación que recorrió parte de la población, sino que también lo hizo en otras poblaciones cercanas donde volvió a pronunciar nuevos discursos entre los vítores de los tortosinos, los sones de La Marsellesa -hasta 18 veces dice que fue interpretada- y alguna anécdota simpática, como la ocurrida en el pueblo de Aldover: mientras hablaba desde el balcón, un asno soltó

55 Arxiu Diputació de València. Memoria 1931, pp. 9-12.

56 ESCANDELL, Isidro: «Crónica. Una visita a la ciudad de Tortosa», *La Voz Valenciana* (8/05/1931).

un par de potentes rebuznos a lo que Escandell, con buenos reflejos, apostilló que algún cacique mostraba su desacuerdo, «lo que provocó risotadas y aplausos».

El siguiente reto serían las elecciones a Cortes Constituyentes, convocadas para el 28 de junio. Los socialistas volverán a concurrir en la coalición de fuerzas que agrupaba a distintos partidos republicanos, pudiendo presentar una candidatura para la provincia y otra para la ciudad de València. Esta novedad se debía a la normativa reguladora, aprobada por decreto en el mes de mayo, que sustituía los distritos uninominales que tan fácilmente habían sido controlados por los caciques a lo largo de la Restauración. Ahora, la nueva norma, además de reducir la edad mínima de los hombres para votar, de 25 a 23 años, establecía la concurrencia por listas provinciales, con el añadido de que en aquellas ciudades con más de 100.000 habitantes -como era el caso de València-, dividía la provincia y la ciudad en dos distritos electorales.

En 1931, el Partido Socialista valenciano tenía ya una larga nómina de posibles candidatos a unas Cortes que se presumían cruciales para conseguir el cambio democrático. A nadie pudo extrañar que el candidato por la ciudad de València fuese el mismo presidente del partido, el histórico Francisco Sanchis. Quedaba, por tanto, la otra posibilidad, el puesto por la provincia. Que Escandell fuese finalmente el candidato socialista por la provincia solo se explica por el amplio apoyo que recibió de las agrupaciones de la Ribera, la Safor y la Costera, comarcas donde había sido un habitual en mítines, manifestaciones y todo tipo de actos que ahora daban su fruto.

Los resultados de las votaciones no pudieron ser más positivos. En la capital consiguieron las cinco actas los candidatos de la coalición republicano-socialista, obteniendo Sanchis un total de 45.289 votos. En la provincia, Escandell conseguía el segundo mayor volumen de votos (76.686), tan solo por detrás de su amigo, el candidato republicano blasquista, Ricardo Samper (78.622).

Es evidente que este éxito del socialismo valenciano era inseparable del hecho de haberse presentado en una lista de unidad de las fuerzas de izquierda. Cuando esto no suceda -tal y como ocurrirá en la siguientes de 1933-, el resultado ya no será igual. Las siglas del PSOE también debieron de tener un peso importante en los resultados al identificarlas una mayoría con la reivindicación obrera, lo que justificaría los 115 escaños que lograron en un Parlamento de 470. Esto es, en aquel Parlamento constituyente, el PSOE era la minoría mayoritaria. Y aunque no es posible medir ninguna aportación personal a estos resultados, no podemos dejar de valorar el papel de Escandell, un hombre que había consagrado su vida a propagar el cambio que ahora se respiraba. Para buena parte de los valencianos, el nombre de Escandell debía ser más familiar que el de otros políticos que habían figurado en las listas electorales, lo que explicaría el haber sido el segundo candidato de la lista de unidad más votado. Un antiguo camarada de las juventudes, Emilio Juan Favieres, en un artículo aparecido en *El Popular* del 11 de agosto de 1931, además de recordar algunos episodios de cuando compartían militancia, afirmaba que «La provincia valenciana ha hecho justicia al nombrarle su representante», ya que consideraba a Escandell, como un «hombre de conciencia y de corazón, enamorado de Valencia y de España».

La popularidad de Escandell seguirá creciendo, entre otros motivos, porque ya no era solo el periodista o el compañero, ahora era el diputado en nombre del pueblo trabajador. Este nuevo estatus se iba a traducir en una mayor presencia en los medios de comunicación, tanto locales como madrileños. El 3 de julio, el diario conservador *Las Provincias* publicaba, por primera vez, su biografía junto con la del resto de diputados electos. El diario destacaba cómo el joven radical, «que llegó a ser considerado como un propagandista peligroso», ahora no solo había «templado» sus ideas, sino que, dentro del socialismo, afirmaba el diario que no figuraba en las posiciones de izquierda. La breve reseña biográfica, por lo demás, aportaba dos datos erróneos que se perpetuarán en la biografía del personaje. El primero es su lugar de nacimiento, que lo sitúa en Xàtiva cuando es valenciano de la capital; y el segundo que era maestro, algo que, como advertimos en el primer capítulo, no se ha podido verificar[57].

La Voz Valenciana también le dedicó, el 9 de julio, una entrevista en términos muy cariñosos firmada por su compañero de mesa, Enrique Bohorques. Y la revista madrileña, *Mundo Gráfico*, publicaba su retrato dentro de la serie iniciada para dar a conocer a los nuevos parlamentarios.

En la entrevista de su colega Bohorques, más allá de las felicitaciones que había recibido por el éxito electoral y de todas las emociones vividas en tan escaso periodo de tiempo, Escandell no escondía su preocupación por el problema catalán y cómo el socialismo gestionaría esta cuestión, un temor que muy posiblemente se debía a que ya le habían anunciado que iría a la comisión parlamentaria encargada de elaborar el Estatut catalán. Tampoco disimulaba su admiración por la figura de Julián Besteiro, al que calificaba como el más preparado para presidir la Cámara, lo que, en efecto, sucedería tras la sesión de apertura de las Cortes el 14 de julio. Y la pregunta final era reveladora de lo poco que imaginaba Escandell acerca de todo lo que se le venía encima. Bohorques le preguntaba si dejaría el periodismo para cumplir con sus nuevas obligaciones y Escandell, sin dudarlo, respondía: «¡Claro que no me dejo el periodismo, ni tan siquiera la redacción de *La Voz Valenciana*!» Y añadía:

> Aquí se forjó mi modesta pluma y cualquiera que sea el horizonte que la vida nos siga deparando, nunca dejaré de escribir en este diario, donde la libertad que tuve para divulgar el socialismo, nunca encontró oposición alguna, algunos de cuyos artículos han sido copiados por *El Socialista*, órgano central del partido. Tanto es así que enviaré con la máxima asiduidad crónicas que reflejen las emociones de la vida parlamentaria

---

57 Al ser la de *Las Provincias* la única reseña biográfica que se hizo en vida de Escandell, las posteriores, desde la que existe en los archivos de la Fundación Pablo Iglesias hasta las más recientes, como la publicada por el diario *Levante-EMV*, el 28 de junio de 2024, siguen cometiendo estos mismos errores respecto de su nacimiento y su formación.

trasladadas al papel, no por referencias, sino por la impresión mía dentro de las Cortes.

En el nombre del pueblo, pero también de *La Voz valenciana*, tal era la intención de Escandell en esta nueva etapa. Todo parecía compatible, hasta celebrar con sus compañeros republicanos el éxito electoral. Era su momento, un momento de vinos y rosas que ya no se repetirá.

El 27 de mayo, como ya apuntamos en el capítulo anterior, era objeto de un banquete de homenaje organizado por el colectivo de jóvenes artistas a los que había promocionado desde el Ateneo Mercantil. Alrededor de 80 personas se dieron cita en el hotel Palace de la ciudad, entre otros, el propio presidente del Ateneo, Ricardo Samper, el recién nombrado Capitán General de València, José Riquelme, el alcalde de la ciudad, Agustín Trigo y su jefe en *La Voz*, José Aparicio. El pintor valenciano, Vicente Barreira Polo, abrió el turno de los discursos dedicando «frases de encomio para el activo e inteligente secretario del Ateneo Mercantil». La imagen de Escandell ocupando el centro de la mesa presidencial y con una importante cohorte de personas posando a sus espaldas simboliza el nivel de popularidad y reconocimiento que tenía Escandell.

La misma escena se repetiría el 9 de julio de 1931, en esta ocasión, en el restaurante de los Jardines del Real. Un grupo de socios del Ateneo, para celebrar el triunfo como diputados de Escandell y Samper, organizaban otro banquete con las máximas autoridades del momento, los amigos y miembros del Ateneo, pero sin los correligionarios que lo propusieron para ser diputado. «Una concurrencia tan numerosa como selecta», diría la crónica que publicó *La Voz Valenciana* el 10 de julio.

Es evidente que este Escandell, tan bien visto y valorado por personas ajenas al Partido Socialista, tenía los días contados. Desde el preciso instante en que tomó posesión del cargo de diputado, en la sesión parlamentaria del 27 de julio, iniciaba un nuevo camino que no solo lo distanciaría, por ejemplo, de su amigo Samper, sino de las instituciones como el Ateneo, que tuvo que dejar por incompatibilidad con su labor en Madrid. Una labor que, además del Parlamento, se extendía a las sedes del partido y del sindicato. De hecho, nada más llegar a Madrid, Escandell fue invitado por Trifón Gómez a participar en el «Importante acto de afirmación sindical» que tuvo lugar en la Casa del Pueblo el 24 de julio, junto con los diputados Enrique de Francisco, Ramón González y José Sanchis Banús. Un día después, en el cine Europa, tenía lugar el Congreso extraordinario del Partido Socialista para determinar las directrices que debía seguir, tanto el grupo parlamentario ante el reto de la nueva Constitución, como el partido frente al desafío de participar en el nuevo Gobierno.

Diputado y cronista parlamentario

De acuerdo con el número de comisiones en las que participó, las preguntas que formuló y las veces que intervino se puede colegir que Escandell tuvo un papel bastante destacado en la transcendental legislatura constituyente que se inauguró el 14 de julio de 1931 y que concluyó el 10 de octubre de 1933.

Escandell participaría en una comisión relativamente cómoda como era la de Estado, junto a José Ortega y Gasset, que la presidía, y el ministro de Estado, Alejandro Lerroux. Ocupada de la política exterior, Escandell pudo exponer sus ideas acerca de la Sociedad de Naciones y el papel que España debía jugar, así como reclamar mayor atención a los países hispanoamericanos, en especial a Cuba donde afirmaba que seguía manteniéndose una esclavitud encubierta. También pudo preguntar sobre un asunto que le implicaba personalmente, en este caso, sobre el futuro que le aguardaba a la Academia Hispanoamericana de Artes y Ciencias de Cádiz a la que pertenecía. En una pregunta reclamaba del Gobierno saber qué previsión tenían para una institución, monárquica en sus orígenes, pero que -según afirmaba- había sido clave en las relaciones con los países americanos. Le contestaría el ministro de Estado, informándole que se había nombrado una comisión especial para reformar los estatutos de la Academia, adaptándolos al nuevo orden republicano e incluyendo el cambio de sede a Madrid. Escandell se dio por satisfecho con la respuesta.

La otra comisión en la que participó, sin embargo, fue con mucho una de las más problemáticas. Se trata de la comisión especial de 15 diputados creada para dictaminar sobre el Estatut de Catalunya y en la que Escandell se limitaría a seguir la disciplina de su grupo. El planteamiento de los socialistas respecto de la cuestión nacional era evidente que había evolucionado desde aquella premisa marxista de que «los obreros no tienen patria», sobre todo, después de lo sucedido tras la I Guerra Mundial. Y a pesar de que seguía dominando entre buena parte de los socialistas la interpretación del nacionalismo como una expresión ideológica de la burguesía, tal y como ha señalado Daniel Guerra, el socialismo español caminaba en un mar de dudas entre aceptar un modelo de Estado descentralizado y otro federal (Guerra, 2007: p. 183 y ss.).

Escandell, a pesar de no intervenir directamente en el debate parlamentario del Estatuto catalán, sí que manifestará por otras vías su visión sobre el tema. Entre otras razones, por lo que implicaba para el caso valenciano. En síntesis, lo que vendrá a decir es que, aceptando las particularidades locales o regionales, la única nación que reconocía era la que constituía el pueblo español[58].

Esa aceptación del regionalismo valenciano venía condicionada por diversos factores. Desde el punto de vista táctico, el socialismo valenciano y Escandell no podían obviar que uno de los principales impulsores del Estatut en esos momentos, el PURA, era un partido con el que habían mantenido una coalición electoral. Por eso, aunque sin base legal pero sí simbólica, Escandell también se apuntó desde su misma constitución a la Asamblea de Parlamentarios Valencianos -según afirmó- por «el amor a València». Con la presencia de todos los diputados republicanos y socialistas, se formalizó la constitución

---

58 «La identidad entre pueblo-nación e instituciones políticas convertía a la Segunda República en legítima encarnación de España, y a los socialistas, en patriotas» (Martí Bataller, 2020: p. 234).

de la Asamblea y se creó una comisión permanente, integrada por el presidente de la Diputación, Juan Calot, por Francisco Sanchis, que haría de vicepresidente, y por Miguel San Andrés e Isidro Escandell que actuarían de secretarios. Su finalidad sería reunirse de forma periódica para defender todo lo que fuese de interés para la provincia, trasladándolo luego al Congreso.

Como se deduce, el motivo del socialista para estar en la Asamblea se resumía en una cuestión de amor a València. Escandell parecía estar convencido de que, por encima de las diferencias de clase, podría aceptarse un nexo común, en este caso, el sentimiento de pertenencia a una misma provincia. De hecho, en *La Voz* publicaba un artículo el 15 de agosto en el que decía confiar mucho en esta comisión, concluyendo que «En ella y solo por Valencia, nos hemos de unir todos los que nos vimos honrados con el sufragio»[59].

Esta hermandad provincial, posiblemente lógica dentro de la emoción que significaba sentirse diputados constituyentes, apenas si resistió una sola acción conjunta. En concreto, la realizada a mediados de agosto de 1931 ante la Dirección de Aeronáutica reclamando la pronta finalización de las obras del aeropuerto en la vecina localidad de Manises.

Pocos días después, el alcalde de València, el republicano blasquista Agustín Trigo, reformulaba el planteamiento de la Asamblea, convocando en el mismo ayuntamiento una reunión de todos los diputados de las tres provincias. No lo consiguió y tan solo asistieron algunos de los representantes de València, incluido Escandell. El objeto de aquella reunión, según manifestó el propio alcalde, era evitar los agravios que sufría la región, especialmente comparándose con Cataluña. Para ello, citaba el caso de que, mientras la solicitud para que la Albufera fuese donada al municipio de València había sido denegada, a Barcelona se le había concedido la propiedad de Montjuic. Tras

---

59 No compartimos, por tanto, la afirmación de Palau en el sentido de que Escandell, «pivotaba entre la negación del sentimiento regionalista en València y las adhesiones a un hipotético proceso autonomista» (Palau, 2004).

exponer el alcalde todas sus reclamaciones, intervino el presidente de la Diputación con el mismo tono y planteamiento, reclamando diversas infraestructuras. En nombre de los socialistas, Sanchis argumentaría que no se podía solucionar en meses lo que había sucedido durante décadas bajo gobiernos monárquicos. Fue la señal para que estallase la discordia. Primero Samper y luego el propio jefe de la Unión Republicana, Sigfrido Blasco, intervinieron para criticar la visión que el gobierno y, en especial, el ministro de Hacienda, Indalecio Prieto, tenían de València, una postura que no dudaron en calificar de claramente antivalenciana. La reunión acabó en enfrentamiento, demostrando que por encima del lugar de nacimiento se imponía la filiación política.

La acusación de antivalenciano que Blasco había hecho contra Prieto no tardó ni una semana en descubrirse de donde partía. A primeros de septiembre, *República Social* hacía pública una carta de Sigfrido Blasco a Prieto en la que, con fecha de 30 de abril de 1931 y registro de entrada, le pedía que fuese nombrado, delegado en València del monopolio de Petróleos, su suegro Luis Tortosa Rosell. Una petición que concluía diciendo que contaba con otro aval... «sé que -la petición- también se la hará a usted personalmente nuestro común amigo el ministro de Estado don Alejandro Lerroux». A partir de aquí, la polémica entre *República Social* y *El Pueblo* estaba servida. El día 6 de septiembre, el diario de Sigfrido Blasco respondía a Prieto calificándolo de «funesto ministro de Hacienda y enemigo de València», pero sin acabar de negar del todo el puesto solicitado.

La polémica rompió los puentes con los blasquistas y la brevísima unidad de la Asamblea de Parlamentarios. En el futuro, además de la tensión por las movilizaciones anarquistas, los enfrentamientos de los socialistas con los políticos de la Unión Republicana de Blasco irán en aumento, obligando a Escandell a olvidarse de sentimientos de pertenencia y posicionarse con los suyos. No extraña, por tanto, que en la siguiente entrevista que *La Voz Valenciana* le hizo el 16 de octubre de 1931, a la pregunta sobre la Asamblea de Parlamentarios Regionales respondiese con la evasiva de que... «para mí, la obligación

es con la provincia de Valencia, que es la que me hizo diputado»[60].
Con estos mimbres, el Estatuto valenciano estaba condenado.

Escandell no realizó ninguna intervención como diputado mientras duró el debate de la Constitución. Sin embargo, sustituyó este silencio por una serie de artículos sobre la vida parlamentaria que paulatinamente fueron apareciendo en *La Voz Valenciana* hasta fines de 1931. Se confirmaba así su deseo manifiesto de seguir siendo periodista, a pesar de sus nuevas responsabilidades y de que, económicamente, había pasado a tener un sueldo como parlamentario de 12.000 pesetas, eso sí, menos el 10% que debía entregar a las arcas del partido para, según lo establecido en el Congreso de 1915, sostener *El Socialista*.

Bajo el epígrafe de «Desde el Parlamento», desde el 17 de julio hasta el 31 de octubre publicó un total de 25 artículos que combinaban la crónica de lo que sucedía con los comentarios y las anécdotas del Parlamento. Era, quizás, la mejor forma de seguir evitando la contradicción de ser socialista y escribir en un medio cuyo director había declarado, en un artículo publicado en el mismo diario el 24 de abril de 1931, que seguía siendo monárquico. Así, su primera crónica, titulada «Diputados con barba», y donde intentaba retratar en clave de humor las caras de sus señorías, marcó la línea a seguir. Lo mismo hizo en el siguiente, titulado «El diputado más gordo y el más delgado». De lo anecdótico pasó a escribir sobre los diputados que más le habían llamado la atención. En primer lugar, lo hizo sobre Azaña, al que retrató en «El ministro civil de la Guerra» como uno de los hombres más preparados del nuevo gobierno. Siguió con José Ortega y Gasset, catalogándolo, en «Un discurso grande e injusto», como uno de los mejores oradores de la Cámara, una fascinación por el filósofo que repetiría en sendos artículos más. También destacó la oratoria de Santiago Alba, el antiguo jefe político del director de *La Voz Valenciana*. Se felicitó por la presencia de siete curas diputados, un signo que consideraba de normalidad democrática. El artículo salió publicado

---

60 *La Voz Valenciana* (16/10/1931).

el 24 de agosto, esto es, cuando apenas habían transcurrido tres meses de la quema de conventos en València.

De toda la serie de crónica parlamentaria que reseñamos, los artículos más destacados los publicó en función de los grandes hitos que vivió en el debate constitucional. En «República de Trabajadores» destacaba el gran avance que significaba esta forma de encabezar la nueva Constitución, eso sí, aclarando que por trabajadores no aludía a la clase obrera solo, sino al trabajo como una actividad al servicio de la colectividad. Y con respecto al artículo 26 del nuevo Código, en «Con la Iglesia hemos topado», y luego en el siguiente, «Concordatos y concordatos», Escandell volvía a mostrarse como un político moderado que no se dejaba arrastrar por el anticlericalismo de sus colegas radicales, al tiempo que defendía la separación de la Iglesia del Estado, la expulsión de las órdenes religiosas o que firmar un Concordato con el Vaticano era imposible. Para ello repasaba el último concordato firmado por la Santa Sede -en concreto, el de Lituania-, imponiendo la «supremacía vaticanista» y la injerencia en las instituciones, algo que en España -concluía Escandell- solo defenderían los vasco-navarros.

Sobre el artículo 43, el que regulaba la familia, su posición era más contundente. En la crónica que tituló, «El divorcio», defendía la competencia del Estado para dirimir las diferencias que pudiesen surgir en el contrato civil que suponía todo matrimonio. Apostaba a que sus efectos no serían ni de lejos los que auguraban los más reacios. Quien esto decía, como sabemos, estaba soltero, condición que debió de provocar algún comentario malicioso. Hasta su propio diario, en el día de los Santos Inocentes, publicó en primera una noticia para asombro inicial de sus allegados con el titular de «Escandell se casa». Y añadía la contundente frase de: «Tardó, pero llegó», toda una declaración de la mentalidad dominante que consideraba una anomalía que un hombre de 36 años siguiese soltero. La inocentada se completaba dando el nombre de la novia, «Lolita Pérez del Pulgar Rodríguez de León González de Córdoba, de linajuda familia», con la que contraería matrimonio en el Juzgado de San Vicente, oficiando de testigos los ministros Largo Caballero, Prieto y De los Ríos. Imaginamos que a Escandell no le debió de hacer mucha gracia la broma. De hecho, su participación en el diario de Aparicio Albiñaña se irá haciendo cada vez más limitada a medida que avance el año 32, rompiéndose definitivamente al año siguiente, tal y como veremos.

En aquellos seis meses finales de 1931, además de diputado y cronista, Escandell también mantuvo una cierta actividad política en la provincia valenciana. Lo hizo en el mes de agosto nada más regresar de su toma de posesión como diputado, con el encargo de la Federación Nacional de Trabajadores de la Tierra de llevar a cabo una campaña de difusión entre los vecinos de la Ribera Baixa. El mitin que celebró en la plaza de toros de Alzira, el 25 de agosto de 1931, fue el más concurrido de todos. También participaría en la constitución formal de la nueva Agrupación Socialista de Mislata y en el homenaje al fundador de la Agrupación de Xàtiva, Carlos Díaz, recién fallecido. A primeros de septiembre, intervenía en Benifairó de les Valls con motivo de las nuevas rotulaciones de las calles dedicadas a Blasco Ibáñez, Pablo Iglesias, Galán y García Hernández. En octubre pronunciaba en València una conferencia dentro de la Semana Juvenil Socialista. Y en noviembre lo hacía en Burjassot, en el homenaje a Pablo Iglesias.

Antes de finalizar 1931, los socialistas valencianos acometían la reestructuración definitiva de la Federación Regional Socialista de Levante para pasar a una estructura provincial, tal y como se había planteado con urgencia en el anterior congreso de Villena (Valero, 2015). Bajo la presidencia de Molina Conejero, en su calidad también de presidente de la Agrupación Socialista de València, y con la asistencia de más de cien delegados de 64 agrupaciones constituidas en la provincia con un total de 2.062 afiliados, el domingo 6 de diciembre se inauguraba el cónclave en la sede del Círculo Socialista Valenciano. Tras los debates de ponencias y enmiendas, se acordaba que València fuese la sede de la nueva Federación Provincial, que el 1 de enero de 1932 fuese la fecha oficial de inicio de la nueva organización, que *República Social* se considerase su portavoz oficial y que su Comité

Ejecutivo quedase integrado por Manuel Ricart Alonso, como presidente; Vicente Median Sanchis, vicepresidente; Manuel Molina Conejero, secretario; Antonio Rico Ruiz, vicesecretario; Arturo Bellido Carreras, tesorero; y como vocales, Rafael Vilar Fiol e Isidro Escandell Úbeda *El Popular* (30/12/1931). Era, por tanto, el único de los tres diputados valencianos en ocupar un cargo en el nuevo órgano de dirección. Eso sí, con el menor número de votos. Frente a los 883 obtenidos por el otro vocal, o los 1.200 del presidente, Escandell se había quedado en 537[61].

Ruegos y preguntas

Con este nuevo cargo de vocal en el seno de la organización, Escandell empezará 1932 debutando en el Congreso con distintas iniciativas de las muchas que, como representante de los valencianos, recibía a su atención. De hecho, en más de una ocasión reclamó públicamente a todos los que le solicitaban alguna cosa que, junto con la carta, le remitieran los sellos para la respuesta, pues «su monedero andaba escaso». La mayoría de sus intervenciones las formularía en el apartado de ruegos y preguntas, esto es, fuera del orden del día y cuando la sesión estaba a punto de concluir, lo que predisponía negativamente a sus señorías. A modo de ejemplo: en la sesión del 23 de agosto de 1932, cuando ya todos daban por finalizada la sesión, Escandell pedía la palabra para un ruego y comenzaba así su intervención... «Me doy perfecta cuenta de que las miradas de todos los Sres. Diputados no convergen en mí, sino en la esfericidad del reloj, y si así no fuera me bastaría el gesto del señor Presidente para convencerme de que me asiste la razón para ser lo más breve posible al exponer el ruego que he de formular relativo a un pueblo de la provincia de Valencia».

La primera intervención de Escandell registrada en los diarios de sesiones se producía en la sesión del 22 de enero de 1932. El tema,

61 Votaciones, resultados y otros detalles del Congreso en AH-2-8 Fundación Pablo Iglesias.

digamos que no era de primer nivel, pero sí tenía una cierta dimensión social. Con motivo de la prohibición del Ministerio de la Guerra de los llamados «palomos buchos», por considerar que entorpecían las comunicaciones a través de palomas mensajeras, Escandell mostrará su oposición planteando la tradición de cría de estas aves en València y la cantidad de gente que participaba «en este deporte». En concreto, citaba la existencia de 140 sociedades colombófilas registradas en Gobierno Civil, con más de 15.000 asociados. *La Voz Valenciana,* no solo reprodujo en su ejemplar del 28 de enero la intervención entera de Escandell, sino que adjuntó alguno de los telegramas de felicitación remitidos por los aficionados a este «deporte». Escandell defendía una tradición valenciana, pero, sobre todo, defendía una reivindicación popular.

Concluido su bautismo parlamentario, regresaba a València para asistir el 24 de enero a la inauguración de la Casa del Pueblo de Albaida, pronunciando una conferencia en el Teatro Moderno de la localidad. A continuación, junto con otros diputados y en representación del Parlamento, se desplazaba hasta la localidad francesa de Mentón para rendir homenaje a Vicente Blasco Ibáñez, fallecido el 28 de enero de 1928 en aquella localidad, un homenaje que también serviría para anunciar la repatriación del «héroe» a su ciudad natal.

Y de nuevo en Madrid para formular su siguiente ruego, en este caso al ministro de Obras Públicas, Indalecio Prieto, para que se autorizase la instalación de un motor elevador de agua en el pueblo de Navarrés y de esta forma poder salvar la situación crítica por la que atravesaba su agricultura provocada por la sequía. Más allá de la solicitud, hay que destacar la forma en que Escandell inició su intervención: «Voy a dirigir un atento ruego al estupendo Sr. ministro de Obras públicas (Risas) y querido compañero mío de minoría, y me permitirá que le llame estupendo, aunque conozco muy bien su sensibilidad para los adjetivos». Prieto, molesto con este «peloteo», le contestaría que no podía prometer nada, porque, de hacerlo, la Cámara podría pensar que «yo cedía ante el halago»[62].

---

62 *Diario de Sesiones* (19/02/1932). 119, p. 3897.

Y de Navarrés a Xàtiva. El 24 de febrero le planteaba al ministro de Instrucción Pública, Fernando de los Ríos, la necesidad de que esta población contase con un Instituto de enseñanza secundaria. Además, proponía que se utilizasen las instalaciones que habían dejado vacías el Regimiento de Infantería para agilizar su puesta en funcionamiento. Pero no sería así. En mayo, el director del periódico socialista *El Popular*, el setabense José Bernabéu, acompañado de Escandell volvía a insistir ante el ministro en la urgencia del Instituto. Y en septiembre, Escandell solicitaba por escrito la cesión del cuartel de Infantería al municipio de Xàtiva para convertirlo en futura sede del centro educativo. Por cierto, en todas estas actuaciones, el nombre de Játiva aparecía en el *Diario de Sesiones* escrito con la b en lugar de con la v. En noviembre de 1932, Escandell explicaba el porqué de esta confusión, señalando que, en 1812, cuando la ciudad dejó de ser San Felipe Neri para volver a recobrar su antiguo nombre, se cometió el error de ponerlo con la b, muy posiblemente por influjo de su originario *Saetabis*. Por ello, solicitaba al ministro de la Gobernación que subsanase este equívoco de forma oficial. La ciudad, por lo tanto, recuperó oficialmente la lera uve gracias a esta mediación.

El diputado Escandell tuvo una especial preocupación por la educación, especialmente la secundaria. En el caso de Xàtiva, lo que conseguiría es un colegio de segunda enseñanza, subvencionado por el Estado y bautizado con el nombre del Dr. Simarro. Un año después, en solicitud presentada por escrito, ante el éxito de alumnos del colegio, volvía a reclamar su conversión en Instituto[63]. También realizó idénticas solicitudes para Alzira y Gandia, siendo el resultado el mismo: la concesión en 1932 de colegios de segunda enseñanza que actuaban como delegaciones del Instituto de secundaria de València.

A lo largo de la legislatura, Escandell siguió reivindicando en el Parlamento todas aquellas causas que consideraba justas, como la que le hicieron los guardias municipales de la ciudad de València,

---

63 Ruego presentado por escrito y leído en *Diario de Sesiones* (06/06/1933). 350, p. 13.348.

reclamando su equiparación salarial con los militares regulares. Cualquier tema que le hacían llegar, por muy local y concreto que fuese, lo convertía en ruego o pregunta parlamentaria. Lo hizo con Teresa de Cofrentes, al denunciar el injusto reparto del impuesto de utilizades que efectúo su Ayuntamiento; lo hizo con Vilallonga, planteando cómo persistían las prácticas caciquiles de antaño que justificaban que su Ayuntamiento estuviese en manos de antiguos monárquicos; lo hizo en l'Olleria, reclamando la permanencia de la estafeta de correos; lo hizo con Cheste y Chiva defendiendo el uso comunal del agua de riego que explotaba ahora un particular; lo hizo en la Pobla Llarga y Bocairent, denunciando la participación municipal en actos religiosos o la presencia todavía de símbolos monárquicos.

Escandell también dio su apoyo a todas aquellas reivindicaciones «valencianas» que se fueron planteando incluso por otros diputados de formaciones políticas distintas, cumpliendo con aquello que prometió de defender los intereses de la provincia en la Asamblea de Parlamentarios. Fue el caso del aeropuerto de Manises, de la Academia de Bellas Artes de San Carlos o de la Escuela de Artesanos de València. Sin embargo, esta forma de actuar provocó más de un roce con algunos diputados republicanos valencianos e incluso con el propio presidente de la Cámara, ya que entendían que Escandell solo buscaba cobrar protagonismo. Por ejemplo, en la defensa de la Escuela de Artesanos, intervenía después de que lo hubiesen hecho en los mismos términos diputados republicanos como San Andrés o Samper, lo que le valió la reprimenda del presidente. En el debate sobre la Academia de Bellas Artes, Escandell empezaba su intervención así: «Sin querer hacerme pesado a fuerza de repetir argumentos, siempre que tengo ocasión de hablar con mi querido amigo el Sr. Ministro de Instrucción Pública he de aludir a la necesidad que envuelve el ruego que ha sido substancia del discurso que acaba de pronunciar mi querido colega de representación parlamentaria por Valencia, el Sr, San Andrés» [64].

---

64 *Diario de Sesiones* (24/02/1932). 122, p. 3.983.

Otras veces se adelantaba a los otros y se permitía el prurito de afirmar que hablaba en nombre de todos los diputados valencianos, como en la solicitud de un pantano en Beniarrés para regar la huerta de Gandia.

El debate en el que fue más protagonista fue el realizado el 3 de agosto de 1932 acerca de la situación por la que atravesaba la naranja valenciana. Iniciado por una interpelación de José Manteca -diputado por el Partido Republicano Liberal Demócrata de Melquíades Álvarez-, Escandell no dudaba en pedir la palabra para, además de proponer soluciones concretas a la producción y exportación, denunciar la campaña de propaganda contra la República, como la orquestada por «una revista inodora e incolora, que no tiene más misión en València que servir de alimento espiritual a las gentes reaccionarias, órgano de la frailocracia valenciana, *Paz y Bien*, saltando sobre sus postulados esencialmente religiosos, ha llegado a tocar los linderos de la economía, sobre todo de la exportación, señalando que el Gobierno de la República era el culpable del desastre naranjero». El recurso no era original, ya que atribuirle la falta de trabajo a la República había sido la cantinela de los terratenientes afectados por las reformas de la propiedad agraria, repitiendo la frase de «Eso es cosa de la Republica; la República que te dé el pan» (González Calleja, 2011).

Bajo el nombre de «Verborrea», Escandell escribió un artículo criticando a todos aquellos diputados que intervenían sin mucho que decir, movidos tan solo por el afán «de singularizarse y de que su nombre apareciese en el *Diario de Sesiones*». Evidentemente, pensaba en los demás. Sin embargo, algunas de sus intervenciones no solo perseguían satisfacer reivindicaciones o reparar injusticias, sino que indirectamente implicaban también ganar notoriedad. En primer lugar, en la propia Cámara y ante el propio grupo parlamentario; y, a continuación, hacerlo en la prensa valenciana en los resúmenes y valoraciones que hacían de las sesiones parlamentarias. Es evidente que no tenía nada que hacer con *El Pueblo*, el diario blasquista de Sigfrido Blasco que, cuando lo citaba, era para criticarlo por lo que decía o votaba, casi siempre calificándolo de «contrario a los intereses

valencianos», o de anteponer los intereses del partido a los de València. Pero lo que éste le negaba, los periódicos socialistas lo compen-
saban con creces: desde *República Social* a *El Socialista* harán amplias
reseñas de sus discursos y, en el caso de *El Popular* de Gandia, le
dedicará grandes titulares antes de reproducir también íntegros sus
discursos o resumir su actividad parlamentaria. Este tratamiento del
periódico socialista gandiense, además de por compartir militancia,
se justificará también por la amistad que su director le profesaba a
Escandell. Aunque también pudo tener algo que ver el hecho de que
éste contribuyese con 5 pesetas mensuales al mantenimiento del periódico. Todos los diputados socialistas tenían la obligación de aportar
25 pesetas al sostenimiento de *República Social*, pero Escandell, además, aportaba 5 pesetas a *El Popular* de Gandía y otras 5 a *El Trabajo*
de Xàtiva.

Donde, sin duda, seguía teniendo un destacado tratamiento era
en *La Voz Valenciana*. Este no solo informaba de sus actuaciones
parlamentarias, sino que incluso le dedicó una sección específica bajo
el nombre de «Escandell en el Parlamento» en la que se reproducían
de forma íntegra todas sus intervenciones.

No había duda, por tanto, de que, en aquellos primeros compases
de la República, Escandell iba a convertirse en el diputado socialista
valenciano con mayor presencia en los medios. En algunos casos, para
mal. *La Correspondencia de Valencia*, un diario vespertino que se
declaraba «independiente y liberal», dirigido por Casto Llopis que,
entre otros cargos, había sido secretario de S. Moret, la tomó con
Escandell. Así, en el discurso sobre cambiar la letra al nombre de
Xàtiva, se escandalizaba de que en un ruego fuese capaz de meter la
historia de la ciudad, la de sus hombres ilustres y, en especial, la de
llamar la atención de los taquígrafos al mencionar la biografía de
Francisco P. Martí. Una llamada de atención que, según el diario
provocó el siguiente corte del presidente del Congreso (11/11/1932):
«No haga advertencias su señoría a los taquígrafos, que bastante tienen
con escucharle». Sin embargo, lo que en realidad figura en el *Diario
de Sesiones* es una transcripción diferente. En concreto aparece: «No

haga advertencias su señoría a los taquígrafos, que ya tienen bastante con copiar el discurso de S.S.» Poco antes, en otro breve dedicado a Escandell con el título de «¡No hay derecho, amigos!», La Correspondencia poco menos que lo acusaba de hablar sin decir nada (7/11/1932):

> Cada vez que se levanta a hablar en la Cámara el diputado a Cortes por esta provincia don Isidro Escandell, los periódicos madrileños le dedican, regocijados, unos comentarios en broma sobre su pintoresca y frondosa manera de decir. No tiene esto nada de particular, porque quien envolvió hace unos días en una montaña de piropos al señor Ministro de Obras Públicas para formularle un ruego, y después para otro(…) habla de la ley mosaica, la ley cristiana y las gestas necrológicas, merece que lo tiren hacia la realidad y le pidan, como le pide *El Liberal*, "que hable en cristiano".

Escandell, para quien no lo conociese, debió de provocar un registro mental rápido entre los dirigentes socialistas, por lo que decía y, por supuesto, por cómo lo decía: todos eran sus «queridos amigos»; todos eran ilustres; y alguno, como Prieto, incluso «estupendo», tal y como vimos. Eran formas parlamentarias del siglo XIX que rápidamente desaparecerían a medida que se polarizó la vida política. Por eso no sabemos cuántos lo catalogarían de erudito o si hubo alguno que lo hizo de pedante. Lo que sí tenemos es la caricatura que le dedicó el diario madrileño *La Libertad*, dibujando su cabeza en forma de una gran piedra, acaso como queriendo decir, ¿cuán pesado era? Aunque no fue la única. También el diario madrileño *El Liberal*, a raíz de la entrevista que le realizó en febrero de 1933, publicó otra caricatura menos crítica y más figurativa.

Y por fin llegó el dilema

La actuación parlamentaria de Escandell se movió en torno a dos polos básicos: tanto la defensa de los intereses generales de la provincia como los concretos de los trabajadores. Seguía, en consecuencia, fiel a sus dos referentes fundamentales, esto es, el partido que lo había propuesto y la provincia que lo había votado. Estaba firmemente convencido de que era lo correcto. Por ejemplo, el 25 de marzo de 1932 pedía la palabra para volver a insistir en la importancia de construir el pantano en Beniarrés, pues, de lo contrario -decía- se perdería la riqueza agrícola de toda la comarca. Para convencer de la bondad de su solicitud, señalaba que, si bien la propuesta la realizaba él, un diputado socialista, contaba «con el aval de otros sectores de la Cámara, que anteponen, en esta ocasión, los altos intereses de la región valenciana a los menudos y particulares de los grupos políticos». Aún no había acabado de exponer este tema cuando, «aprovechando la circunstancia de hallarse en el banco azul el Sr. ministro de Estado», exponía otro tema totalmente diferente. Se trata del drama sufrido en 1928 en Chicago por el obrero valenciano, Luis Soler, que murió en un accidente mientras trabajaba. Por ello, Escandell reclamaba al ministro que gestionase con el cónsul español en aquella ciudad, «la devolución de la caja de herramientas, ropas y objetos que llevaba encima el obrero siniestrado; segundo, la indemnización correspondiente por el accidente del trabajo; tercero, estudio del seguro de vida contratado, que importa 8.000 dólares». En suma, en una misma sesión parlamentaria había reclamado acciones de los dos tipos.

Escandell, como el resto de socialistas con responsabilidades políticas, no podía ser ajeno a cómo el desempleo estaba minando la ilusión depositada desde un principio en la República por el proletariado. De aquí que fuese tan recurrente en toda la legislatura el reclamar inversiones públicas en infraestructuras para paliar la situación. Escandell lo hará en el caso de los obreros de los Altos Hornos de Sagunto, gestionados por la Compañía Siderúrgica del Mediterráneo. Los trabajadores de esta industria básica, que apenas llevaba cinco años de actividad, estaban muy indignados ante la decisión de la compañía de potenciar su acería de Vizcaya en detrimento de la valenciana, lo que se había traducido en una reducción de la plantilla de 5.000 empleados a solo 1.600. Tras reclamar ayudas e inversiones, Escandell decidió trasladarse a Sagunto para tratar de insuflar ánimos con las nuevas promesas de recuperación industrial. El 18 de agosto, esto es, diez días después del primer intento de golpe de Estado que urdieron, tal y como ha señalado Eduardo González Calleja, desde políticos de distinto signo hasta militares como el general Sanjurjo (2011: 58-61), Escandell se desplazaba al Port de Sagunt para pronunciar un mitin junto con otros compañeros de la UGT. Sin embargo, un grupo de anarquistas no solo boicotearon el acto, sino que intentaron agredirle lanzándole piedras a la salida del local, aunque, por suerte, solo causaron desperfectos en el coche que lo transportaba. Sin embargo, a pesar de reconocer a *El Socialista* (23/08/1932) que «ese poblado era terreno vedado para todas aquellas ideas que no sean las del conglomerado CNT, FAI, CL, etc.», Escandell volvía el 22 de agosto al mismo sitio. En esta ocasión, gracias al servicio de orden que impuso la Agrupación Socialista local y la Sección de la Federación Siderometalúrgica, Escandell pudo intervenir ante los obreros sobre «Aparición del capitalismo y origen de la lucha de clases», un tema genérico que debió de sonar a lengua extraña para los que esperaban medidas concretas para resolver el problema que padecían.

Concreta fue la reclamación que formuló en la sesión del 26 de octubre de 1932. Informado del despido de la empresa Volta de 35 obreros afiliados a la UGT, pidió la palabra para demostrar las causas de la crisis de esta empresa que suministraba el servicio público del alumbrado a la ciudad de València. En su discurso, Escandell recordaba cómo en diciembre de 1925, la empresa fue multada con 155.459 pesetas, una sanción que tres años después se declaraba improcedente con la obligación de devolver la cantidad abonada. Sin embargo, como la devolución no se había producido todavía a esas alturas de 1932, la empresa se había visto obligada a despedir a los obreros de Gandia y amenazaba con hacer lo mismo con los de València, ya que también gestionaba el agua, el gas y la electricidad de la capital. El despido, por tanto, se podía evitar haciendo simplemente justicia con la empresa.

De igual forma, en la sesión del 23 de agosto de 1933, intervenía en nombre de los trabajadores de la mina de mármol del pueblo de Vilallonga que, ante el anuncio del cierre de la empresa, solicitaban un empréstito del gobierno de 100.000 ptas para sacar adelante la producción.

Más allá del Parlamento y aprovechando su condición de diputado, Escandell protagonizaría importantes actos políticos en este primer bienio republicano. Entre otros, destacaría su participación en el gran mitin autonomista de Alzira en nombre del socialismo valenciano. Mientras la Derecha Regional celebraba su III Asamblea Regional bajo la dirección de Luis Lucia y la participación de Gil Robles, un conjunto de partidos republicanos y también el socialista se daban cita para abordar el Estatuto de Autonomía para el País Valenciano. No estaba el Partido de la Unión Republicana Autonomista de Sigfrido Blasco ni la Derecha Regional Valenciana, que harían su propia demanda del Estatut en otro mitin posterior. El 27 de noviembre de 1932, en la plaza de toros de Alzira, más de 10.000 personas según *Las Provincias* (28/11/1932) se reunieron para escuchar distintas voces reclamar un mismo objetivo. Escandell habló en valenciano para despejar cualquier duda acerca de la posición del partido al que representaba. Y lo hizo de tal manera que hasta el diario conservador valenciano le dedicó estas palabras:

> El señor Escandell demostró cumplida y abundantemente que el socialismo no puede ser enemigo de las formas federales ni del regionalismo(…)Sus palabras encomiásticas a la producción valenciana, en cuya creación, decía el orador, interviene el esfuerzo del obrero y el espíritu creador del patrono que paga, no igualado por ninguna otra región. A nuestros lectores no sorprenderá que señalemos como excepcional el caso de un socialista que reconoce la aportación del patrono a la riqueza común.

Que Escandell fuese elogiado por el diario conservador nos confirma los vaivenes en los que se movía a la hora de posicionarse en torno al nacionalismo en general y al proyecto autonómico en particular. Vaivenes que, más allá de su persona, también se reproducían en buena parte de la dirección del partido en València. El Partido Socialista, más allá de participar en el gran mitin de Alzira, no considerará la defensa del estatuto de autonomía como una de sus prioridades. Y luego, con la pérdida de las elecciones en noviembre de 1933 y la vorágine reaccionaria que se impuso con los gobiernos conservadores, menos todavía. El acto de Alzira fue un hito sin continuidad.

La primera legislatura entró en su recta final a medida que pasaban los días del 1933. Escandell, que venía de haber acompañado al ministro de Instrucción Pública, Fernando de los Ríos, por toda la comarca de la Ribera en el mes de diciembre, empezará el nuevo año publicando por todos los medios a su alcance el resumen de sus trabajos parlamentarios. *República Social* o *El Popular* recogieron un resumen, dividido por carteras ministeriales, que demostraba el ingente trabajo llevado a cabo tan solo en el año recién terminado. Poco después, en el mes de febrero, Escandell era entrevistado por *El Liberal* de Madrid con preguntas acerca de su idea de España, sobre el momento político, sobre la deriva izquierdista del gobierno o sobre el papel de las Cortes. En sus respuestas, Escandell pintará un país poco real, sin amenazas, sin crisis y satisfecho de su gobierno y de sus Cortes republicanas. Incluso destacaría el acierto de haber indultado a Sanjurjo, lo que había evitado que se convirtiera en un mártir. Por tanto, concluía mostrando su optimismo sobre el futuro de la República y su política de izquierdas[65].

La perspicacia de nuestro protagonista, como se deduce, no era una de sus mejores cualidades, tal y como se demostraría al final de sus días. En todo caso, se podría encuadrar sus declaraciones, incluso aquellos balances tan positivos de su trabajo parlamentario, como una preparación de cara a las próximas elecciones generales. Una posibilidad, esa sí, que no debía de escapársele dada la sucesión de graves acontecimientos que venían produciéndose desde los mismos inicios del año 33. Para empezar, el día 9 de enero, alentada por la CNT, estallaba la insurrección en València y su provincia, con numerosos enfrentamientos armados. Fue el precedente valenciano de los sucesos de Casas Viejas, iniciados un día después y que acabaría con

---

65 La entrevista, con dibujo de Escandell incluido, en *El Liberal* (9/02/1933). También fue reproducida en *El Popular* (22/02/1933).

la dramática cifra de 26 muertos y, como señalan diversos autores, provocando una aguda crisis en el gobierno radical-socialista presidido por Azaña (Casanova, 1997: p. 108).

La huelga revolucionaria de València tuvo otro suceso que afectó directamente a Escandell. Entre las numerosas bombas que estallaron, una lo hizo en la redacción de *La Voz Valenciana*, ubicada en la plaza del Mercado. El artefacto estalló a las 17:00h del día 10, justo cuando toda la redacción se hallaba finalizando la edición de su número. No estaba Escandell, que seguía en Madrid, pero si sus compañeros y en la puerta, a la espera de la salida de los ejemplares empaquetados, los repartidores. Uno de ellos, Ricardo de Gracia, perdió la vida, mientras el resto sufría heridas leves por la rotura de cristales o la inhalación del humo. Para la prensa en general, pero muy especialmente para todos aquellos periódicos que identificaban República con anarquía, la muerte de este joven repartidor, de condición social muy humilde, se convirtió en la excusa perfecta para una campaña que, con la excusa de recabar fondos para la viuda, reclamaba la vuelta al orden y la disciplina. La muerte del joven en su puesto de trabajo era el mejor símbolo para los que se afanaban en desmontar la fe obrera en la República. Por eso, la prensa -como *Las Provincias* o el *Diario de Valencia*- intentó alargar el eco de esta desgracia todo lo que pudo y más. Primero fue el entierro, toda una demostración masiva de duelo que se celebraría el 13 a primera hora de la tarde, con Escandell presente. Luego fueron cuestaciones, sorteos, espectáculos y hasta bailes para seguir recabando dinero, en primera instancia y, en segunda, seguir recordando su muerte.

Este atentado al diario donde Escandell figuraba como redactor desde diciembre de 1923, nos informa de la inquina que el movimiento libertario le tenía a este periódico en concreto, pues fue el elegido de todos los que se ofertaban en la ciudad[66]. También nos permite entender,

---

66 En 1933 circulaban en València seis diarios: dos republicanos (*El Mercantil Valenciano* y *El Pueblo*); uno portavoz de la Derecha Regional Valenciana, (el *Diario de Valencia*); y tres más claramente conservadores (*La Correspondencia de Valencia*, *Las Provincias* y el citado *La Voz Valenciana*) (Laguna, 1990: p. 231).

como un efecto más, la posterior radicalización de su línea editorial contra la República en general y contra el gobierno en esos momentos en particular. El propio director y propietario, José Aparicio, participaría en el contramitin de las derechas -también participaba a estas alturas el blasquismo-, celebrado el 12 de febrero de 1933 en la plaza de Toros de Xàtiva para revindicar también un estatuto de autonomía pero, sobre todo, para contraprogramar el mitin de Alzira del pasado noviembre.

De esta forma, cada vez resultaba más incompatible ser socialista y redactor de un periódico antagónico con este partido. Se puso de manifiesto una vez más con motivo del debate y aprobación en el mes de mayo de la ley de Confesiones y Congregaciones Religiosas en la que Escandell, como el resto de los diputados socialistas, votó a favor. La prensa católica, con *El Debate* a la cabeza, consideró esta ley como una declaración de guerra a los derechos imprescriptibles de la Iglesia, arrastrando en el *delirium tremens* a toda la prensa conservadora, incluida la valenciana.

Había, por tanto, que optar. Sobre todo, porque su aspiración seguía siendo la de continuar representando al socialismo valenciano en el Parlamento. Y así lo hizo. El 31 de julio de 1933, en una carta dirigida al director que el mismo diario hizo pública, Escandell presentaba por escrito su renuncia a seguir trabajando en el diario:

Mi querido Pepe. La actual ideología de *La Voz valenciana*, con los repetidos ataques al socialismo, me plantean a mí una cuestión de delicadeza de solución inaplazable. Mi gran afectó personal a ti me ha hecho esperar confiado en que la cuestión terminaría orientando a *La Voz* a otras posiciones ideales que me libraría antes de este problema.

No ha ocurrido así y con el sentimiento que es de suponer después de 10 años de convivencia contigo y el gran afecto personal que siempre te demostré, mi arraigo en el Partido Socialista, que me ha hecho depositario de su confianza, me manda solucionar la cuestión poniendo en tus manos el cargo de redactor del diario, con el sentimiento que los motivos que lo impulsan te harán comprender.

Obviamente, al ser pública la carta, Aparicio Albiñana no dudó en contestar a Escandell recordándole algunas cosas que también publicó el diario (1/08/1933):

> Respetamos las razones que aduce Don Isidro Escandell para separarse de esta casa, pero estimamos necesario hacer una aclaración a un concepto de la citada carta. *La Voz Valenciana*, desde que se encargó de dirigirla quien la dirige hoy, fue siempre afecta a la persona y la política del Santiago Alba. Albista era hace 10 años cuando el Sr. Escandell entró a formar parte de su redacción; Albista fue en el transcurso de dicho tiempo, Albista es en la actualidad. Conste pues que en la actualidad la ideología de *La Voz Valenciana* es la misma de siempre.

Fin de etapa, de relación y de trabajo. Y también final de legislatura. Sin duda, lo debió de pasar mal por todo. Aunque lo peor no había hecho más que empezar.

DE REFORMISTA A REVOLUCIONARIO

La chusma parasitaria nacional, los vagos de la aristocracia, los comerciantes que tienen metros de 9 decímetros y kilos de 900 gramos, la gentualla clerical, los ociosos, la gente que vive del trabajo ajeno, la podredumbre nacional, en una palabra, alienta al gobierno que preside el señor Lerroux, ese camelo de la democracia republicana, a que disuelva el Partido Socialista Español. Y que luego lo declare fuera de la ley (...) Se van a frustrar estos deseos de ilegalidad socialista. Y mientras el pueblo, supremo árbitro en la contienda, se prepara para vapulear mascarones, puede esta chusma esperar la persecución contra los socialistas, y los sacerdotes de Mercurio -no todos- que piden a grito pelado que se degüelle a los socialistas, pueden seguir robando hasta que desaparezca la actual constitución social y con ella, la gente que vive sin trabajar[67].

Una parte de lo que Escandell había sido hasta aquel mes de noviembre de 1933 en que se celebraron de nuevo elecciones generales, cambió

---

67 ESCANDELL, Isidro: «¿Ilegalidad del Partido Socialista?», *El Popular* (1/03/1934).

radicalmente. Dejó de ser diputado tras la derrota; dejó de ser periodista de *La Voz Valenciana* tras las insalvables discrepancias; y dejó de ser reformista tras el fracaso del movimiento huelguístico liderado por su partido en octubre del 34. La pérdida del acta de diputado y la del trabajo, debió provocarle una merma considerable en sus ingresos, lo que le obligará a buscar alternativas laborales lo más pronto posible. Para Escandell, como para otros muchos, debió de ser un tiempo muy complicado. Además, la situación del partido tras el fracaso de la revolución de octubre se volvió insufrible, sometido a una represión feroz que anulará su actividad durante más de medio año. No tenemos constancia de que tuviera participación, ni por activa ni por pasiva en el levantamiento de octubre, a pesar de que un periódico falangista lo situase como el máximo dirigente de la «revolución roja» en Levante, según se desprendía de un documento hallado el 5 de julio de 1936 en un autobús de la Sierra[68]. De haber tenido semejante papel, es evidente que algún tipo de consecuencia judicial habría padecido, cosa que no ocurrió.

Será a partir de la segunda mitad de 1935 cuando Escandell consiga de nuevo relanzar su carrera política y profesional: en lo periodístico, pasando a trabajar en el diario de referencia de la izquierda en València, *El Mercantil Valenciano*; y en lo político, identificándose sin ambages a favor del liderazgo del madrileño Francisco Largo Caballero. Un alineamiento que le facilitará volver a presidir la Federación Provincial, en claro combate político con sus camaradas prietistas y bajo un clima de tensión promovido por todos aquellos que no aceptaban un régimen democrático ni que las izquierdas pudiesen volver al poder. Será precisamente en esta coyuntura, en las nuevas elecciones de febrero de 1936, cuando vuelva a ser elegido diputado por segunda vez para unas Cortes en las que apenas pudo participar.

---

68 El supuesto Informe, localizado en 1936, señalaba a Largo Caballero como máximo dirigente de la revolución, lo que justificaría que colocasen a Escandell, que en esas fechas era el líder del socialismo valenciano y declarado caballerista, como su enlace para la «región de Levante». En todo caso, el informe estaría en la línea de justificar el golpe militar de julio del 36 como respuesta obligada ante la amenaza marxista y comunista. El informe aparece en el artículo «La Revolución Roja», en *Guion* (16/09/1936).

Periodista, diputado y líder de la Federación Socialista Provincial y, sin embargo, su reloj vital, como la de medio país, había empezado ya la cuenta atrás.

Una etapa de transición

1933 fue, sin duda, un año de transición en la joven República española. El bienio transformador encabezado por republicanos de izquierda y socialistas se agotaba en la misma medida que crecían los grupos y organizaciones creados para acabar con la democracia. Desde Renovación Española de Calvo Sotelo, pasando por el Partido Nacionalista Español del doctor Albiñana, Falange Española de José Antonio Primo hasta las Juntas de Ofensiva Nacional Sindicalista de Ledesma, con el riego abundante de dinero proveniente de burgueses con título o con apodo -como «el pirata del Mediterráneo» (Cabrera, 2011; González Calleja, 2013)- y con la cacofonía de medios de propaganda que iban desde el diario hasta el púlpito, conformaron una evidente amenaza antirrepublicana que se manifestaba en las calles de las grandes ciudades con acciones violentas, protagonizadas por jóvenes embebidos de su misión salvífica. Una amenaza que se había convertido en una realidad desde principios de ese año en otro nuevo y decisivo país, Alemania, lo que provocó una onda de gran impacto en el socialismo español. A partir de ese momento, las referencias a las amenazas del fascismo se generalizaron en todos los mítines del partido (Aróstegui, 2021).

En este contexto, donde la posibilidad de que el fascismo acabase por imponerse en España, Escandell empezará su particular paso del Rubicón. Un proceso que, como tantos otros miembros del Partido Socialista, le llevará a abrazar posiciones más radicales convencido de que no había alternativa si se quería parar la amenaza involucionista.

Antes de llegar a las elecciones generales de noviembre de 1933, Escandell ya había despejado su primer dilema abandonando la redacción de *La Voz Valenciana*. Era la primera decisión de otras que tendrá que ir tomando a medida que los acontecimientos obliguen a todos a fijar su posición sin medias tintas, especialmente cuando en octubre de 1934 el partido y el sindicato, bajo el liderazgo de Largo Caballero, adoptase la vía de la huelga revolucionaria tras la llegada de la CEDA al poder.

Él, que había escrito numerosos artículos defendiendo la vía parlamentaria para cambiar la sociedad; que a lo largo de su carrera periodística había cultivado amistades en todos los sectores sociales; que incluso había sido amigo y colaborador del que ejercerá la presidencia del gobierno entre mayo y octubre de 1934, el valenciano Ricardo Samper; que había sido felicitado y homenajeado por destacados representantes de la burguesía valenciana en sus conferencias del Ateneo... Él, que nunca había dicho una palabra más alta que otra contra nadie, ahora tendría que decidir si dejar de ser definitivamente el intelectual reconocido por todos para ser el líder reconocido tan solo por los suyos. Y como veremos, tampoco dudará.

En esta etapa de fin de legislatura, lo que nadie le cuestionará es su entrega y dedicación como parlamentario. En el II Congreso de la Federación Socialista Valenciana, celebrado en València los días 29 y 30 de octubre de 1933 con una asistencia de 161 delegados en nombre de 67 secciones y 2.186 afiliados, entre otros muchos acuerdos se ratificó el trabajo parlamentario de los diputados, incluido el de Francisco Sanchis Pascual, el padre del socialismo valenciano con signos ya de su enfermedad que le llevarían a la tumba el 17 de noviembre de 1934. Además de aprobar su labor parlamentaria, Escandell también volvía a ser elegido vocal en la nueva Comisión Ejecutiva[69]. Finalmente, ante la inminencia de las elecciones, se votó la lista de posibles candidatos del partido por la ciudad y provincia, siendo elegido de nuevo Escandell

---

69 Conformada con: presidente: Ángel Ricart; vicepresidente: Peregrín Gurrea; secretario: Antonio de Gracia; vicesecretario: José Devis; tesorero-contador: Cecilio Iñiguez; y vocales: Isidro Escandell y R. Vilar Fiol. Se trata de una Ejecutiva que sufrirá numerosos cambios por diversos motivos, así Manuel Molina Conejero, que ya había sido elegido representante de la Federación en el Comité Nacional, sustituiría a De Gracia como secretario. También dimitió el vicesecretario y el tesorero. Archivo Fundación Pablo Iglesias, AH-2-6.

con el segundo mayor número de votos, por detrás de Manuel Molina Conejero, el gran triunfador de este Congreso y próximo líder del socialismo en la ciudad de València.

Disueltas las Cortes por decreto de Martínez Barrios de 9 de octubre, se convocaban unas nuevas elecciones para el 19 de noviembre de 1933. Estas segundas elecciones en la breve historia republicana iban a ser muy distintas a las de junio de 1931 por diversas razones. Además de posibilitar el voto por primera vez de la mujer, las alianzas y relaciones entre republicanos y socialistas habían evolucionado de mal a peor. No solo se habían enfrentado en los ayuntamientos, donde las mayorías blasquistas habían provocado las constantes críticas de los concejales socialistas, sino también en el ámbito sindical donde diversas voces de la UGT y de la prensa socialista acusaban a los miembros del PURA de haberse aprovechado de su posición de poder local y provincial para fomentar el crecimiento de la CNT. Tan solo se dio una tregua con motivo de la repatriación de los restos mortales de Blasco Ibáñez el 30 de octubre de 1933, un hecho que movilizó a miles de valencianos y que constituyó uno de los actos masivos más importantes de la II República en València. La vuelta de Blasco unas semanas antes de las elecciones, no solo resumió la campaña electoral del Partido de la Unión Republicana Autonomista y de su líder, Sigfrido Blasco, sino que debió ser un estímulos para sus votantes.

Frente a tan poderoso símbolo, el socialismo valenciano buscó la alianza con los Radicales Socialistas de Fernando Valera y también con el partido de otro gran símbolo republicano en esos momentos, Acción Republicana de Azaña. La propaganda, más que en mítines, se basó en una intensa pegada de carteles no exenta de incidentes. Se podría afirmar que estas elecciones fueron las más avanzadas hasta entonces por lo que se refiere a la puesta en práctica de técnicas de diseño gráfico. No se desaprovechó ninguna vía para expandir el mensaje. Y algunos, como fue el caso de la Derecha Regional, contaba con la Iglesia y sus poderosos aparatos de propaganda como principal aliado. El domingo 19 de noviembre fueron las votaciones. No hubo sorpresa. El resultado final, por lo que hace a la circunscripción de la provincia por donde concurría Escandell, fue un auténtico fracaso. Y aunque desde *República Social* se insistió en denunciar irregularidades y hasta se habló de haberles hurtado una cifra cercana a los 20.000 sufragios, lo cierto es que frente a los más de 100.000 votos conseguidos por los diputados de la derecha y republicanos blasquistas, Escandell, Molina Conejero o Pedro García apenas superaban los 60.000. De esta forma, el socialismo valenciano se quedaba sin representación en el Congreso.

Quien también iba a sufrir importantes cambios a raíz de estos resultados era *La Voz Valenciana*. Su director y propietario, José Aparicio, militante declarado del Partido Republicano Radical de Lerroux, era nombrado por el gobierno de Martínez Barrio Gobernador de Jaén. Este nombramiento se producía en medio de una oscura negociación para la compra de su periódico. Inicialmente, fue el redactor jefe, Enrique Bohorques, militante del Partido Radical Socialista y estrecho amigo de Escandell, el que se interesó por su compra. Sin embargo, por mediación de Sigfrido Blasco, posiblemente para evitar la competencia de otro diario republicano en València, al final será un partido golpista, Renovación Española de José Calvo Sotelo, quien se haga con su propiedad a partir del 1 de enero de 1934, colocando al abogado y miembro del Tribunal del Garantías, Eduardo Martínez Sabater, al frente del mismo[70].

Sin trabajo estable, sin escaño parlamentario y con una retahíla de declaraciones del estado de guerra por parte del Gobierno que impedirá una buena parte de los mítines y actos de propaganda del Partido Socialista, Escandell iba a vivir el Bienio Negro casi como un bienio en blanco. Al menos si comparamos la actividad desplegada en los dos años anteriores con lo realizado a partir de 1934. La figura del momento será Molina Conejero, elegido secretario general de la UGT valenciana en enero de 1934 y, como tal, principal nombre en la

---

70 La operación se saldó con un pago al contado de 25.000 pesetas y otras 100.000 en letras. *Vid El Luchador* (28/12/1933).

Alianza Obrera Antifascista que, siguiendo el ejemplo de Barcelona, se formará en València en la primavera de mismo año.

Escandell viviría en un segundo plano el desarrollo de la huelga general de octubre de 1934 y sus duras consecuencias. Entre otras, serán cerradas las casas del pueblo, suspendidos sus periódicos y los actos públicos y alguno de sus líderes más destacados, como Largo Caballero, encarcelado bajo la acusación de ser el promotor de la acción revolucionaria. En València, desde octubre de 1934 hasta mayo de 1935 permanecieron cerradas todas las agrupaciones socialistas y sus concejales abandonaron buena parte de los ayuntamientos para los que habían sido elegidos. Tan solo a partir de ese mes de mayo, con la crisis de gobierno y la salida de Gil Robles los socialistas pudieron retomar la actividad pública con una incierta normalidad provocada por las amenazadas de los grupos de extrema derecha.

En todos los meses que duró la represión, lo más destacado de Escandell fueron sus visitas al Gobernador Civil para reclamarle la reapertura de las sedes socialistas. Lo hacía el 7 de febrero de 1935, acompañado de Antonio de Gracia, y lo repetía a fines de mayo para denunciar que el levantamiento de las suspensiones no había sido general. También lideró la protesta por el asesinato del periodista valenciano Luis de Sirval, ejecutado por los legionarios de Franco mientras informaba para *El Mercantil Valenciano* de los acontecimientos de Asturias de octubre de 1934.

En efecto, cuando las circunstancias lo permitieron, esto es, a mitad del mes de junio de 1935, Escandell participaría en la creación del «Comité Luis de Sirval», junto a seis periodistas más de distinta filiación[71]. Este comité, que nacía básicamente con el objetivo de denunciar la impunidad con la que actuaban los asesinos del periodista valenciano, acabó convirtiéndose en un instrumento más de denuncia contra la represión que se vivía. Para ello promovieron la creación de Comités

---

71 El comité lo integraban, además de Escandell, Eduardo de Sirval-Higón, que ejercía de enlace; Vicente Marco Miranda, presidente; Alberto A. Carbó, como secretario; y los periodistas Julio Just, Federico Miñana, Angelino Castañer Font y Julián G. Gorkin. *Diario de Almería* (26/06/1935).

Sirval en toda España, programaron mítines y actos de homenaje y, finalmente, la elaboración de un folleto sobre la vida y muerte de Sirval. Escandell participaría como orador en el mitin de Tortosa en el mes de agosto y como organizador en el más masivo de València, celebrado en la plaza de toros el 1 de diciembre de 1935. En cuanto al folleto, de nuevo Escandell asumió parte de las tareas de coordinación para conseguir colaboradores del mayor nivel. El resultado fue un librito de 64 páginas, titulado, ¡Acusamos! La muerte alevosa de Luis de Sirval, en la que se comparaba el caso del periodista asesinado por los legionarios con el de Dreyfus o el de Mateotti. Ofrecido a un precio popular de 20 céntimos, incluía diversas ilustraciones del periodista y los artículos de Alomar, Azaña, Araquistáin, Javier Bueno, Castrovido, Espina, García Morales, Pestaña, Prieto, Samblancat, Sender, Fabian Vidal y, sobre todo, Ovidio Gondi, que, al compartir celda con él y ser el último que lo vio con vida, escribió el capítulo: «Cómo asesinaron a Luis de Sirval», de gran impacto. De hecho, la primera edición, de 10.000 ejemplares se agotó en apenas una semana El Luchador (3/09/1935). Sin duda, la acción del comité daba lugar a la creación de un nuevo mártir de la causa republicana. Un mártir que se diluyó con los miles de asesinatos que se sucederán en breve tiempo.

En esta situación de cierto impasse político, la vuelta a la agenda del debate en torno al estatuto valenciano motivará que algunos medios nacionalistas recién salidos a la palestra se planteen recabar las opiniones de los principales líderes políticos. Lo hizo el semanario El País Valencià, en una entrevista que efectuará a Escandell en su ejemplar del 5 de mayo de 1935. Dentro de la serie, «Els nostres polítics i el valencianisme», Escandell, en un perfecto valenciano, empezaba la entrevista recordando la identificación del valencianismo con los sectores conservadores de la sociedad, lo que, «al meu entendre» -diría Escandell- explicaba su debilidad y falta de apoyo de las masas obreras. A partir de aquí, volvía a reivindicar indirectamente sus actuaciones en el Parlamento defendiendo los intereses generales de los valencianos como el mejor ejemplo de «nacionalisme dinàmic». Finalmente, cuando el interlocutor le pregunta sobre la situación política en esos momentos,

Escandell respondía de forma contundente sobre cuál debía ser la prioridad en esos momentos:

> La lluita actual en Espanya es distingix per una enorme gesta dels elements obrers i liberals contra l'acció feixista de l'Espanya oficial i governativa. El caràcter integral d'aquesta lluita fa que de moment el problema autonomista de les regions ocupe un pla subaltern per a anar en línia directa contra la reacció, ja que és aquesta precisament la destructora dels delers autonómics dels pobles peninsulars.

En resumen, a pesar de seguir aceptando eso que llamaba «nacionalismo dinámico», para Escandell no se podían confundir las prioridades. Y lo que estaba en juego en esos momentos, más que el problema autonomista, era la amenaza totalitaria para la incipiente democracia que se intentaba construir.

Colaborador de *El Mercantil Valenciano*

Había que vivir y, muy posiblemente, ayudar a la familia con la que compartía vivienda. Y él solo sabía escribir artículos para periódicos. Durante un año largo, desde su abandono de su antiguo diario hasta encontrar acomodo en otro nuevo, Escandell se dedicó a vender artículos similares a los que había venido publicando en *La Voz* -cuando no los mismos- a cualquier periódico dispuesto a comprárselos, además de publicar en el principal periódico socialista de la provincia, *El Popular* de Gandia, dirigido por su amigo José Bernabéu.

En cualquier caso, no debió de ser un año fácil económicamente hablando, lo que debió de repercutir sin duda en el nivel de vida que había tenido hasta entonces. En el padrón municipal de 1935, Escandell aparece en un domicilio diferente del registrado cinco años antes, ya que pasaría de la calle Cervantes, nº 22, a vivir con su madre y hermanos en la calle Puerto Rico, 47, mucho más alejada del centro[72].

---

72 Arxiu Municipal de València, padrón municipal de 1935. En la misma dirección, junto con Isidro, conviven Patrocinio Úbeda Blasco, su madre con 63 años, y sus hermanos Enrique, Concha y Patrocinio.

Será a partir de junio de 1935 cuando consiga entrar como colaborador en el diario de mayor prestigio de la ciudad, *El Mercantil Valenciano* de Vicente Fe Castell, algo que no resultaba nada fácil. Y no porque Escandell fuera un socialista significado, mientras que *El Mercantil* era un firme baluarte de Izquierda Republicana en València con Azaña como líder y Marcelino Domingo como faro editorial. El problema era que *El Mercantil* ya contaba con una nómina de colaboradores tan extensa como relevante, donde se daban cita periodistas republicanos, pero también socialistas destacados como Ramos Oliveira o Eduardo Buil. También figuraban el escritor Ramón J. Sender, el prestigioso historiador José Deleito Piñuela, los periodistas más destacados de la prensa madrileña como Ángel Samblancat, Luis Bello, Fabián Vidal o Antonio Zozaya, además de contar con los periodistas valencianos Luis Ciges Aparicio y el ya citado Luis de Sirval. De tal suerte que la primera página de este diario, del total de 8 que conformaban cada número, era un espacio realmente disputado y en el que tan solo cabían entre tres o cuatro firmas, siendo la de Marcelino Domingo, primer ministro de Instrucción Pública que tuvo la República, la más habitual.

Escribir en *El Mercantil*, por tanto, no solo era un reto de altura sino un objetivo complicado por la numerosa relación de firmas que abordaban la especialidad de Escandell, la política internacional. Incluso contaba con una sección en la tercera página que firmaban directamente destacados dirigentes internacionales. Y la palabra crónica, con la que iniciaba sus artículos en *La Voz*, ahora tenía más de un propietario: nada más y nada menos que era utilizada por el prestigioso periodista andaluz Fabián Vidal (seudónimo de Enrique Fajardo Fernández), que venía de haber participado en 1931 en la Agrupación al Servicio de la República, así como por el periodista madrileño Antonio Zozaya, uno de los mejores cronistas de su tiempo y destacado intelectual del republicanismo de izquierdas. Por eso, su primer artículo, aparecido el 23 de junio de 1935 con el título de «Alrededor de la crisis mejicana», llevaba el antetítulo de «Política Exterior». No convenció esta identificación, posiblemente por la confusión que provocaba con la sección informativa, lo que dio lugar a que el siguiente artículo, publicado cuatro días después, apareciese con este cambio: «Actualidad Universal. Chiappe, el nuevo alcalde de París». Este nuevo encuadre sí que fue aceptado y lo mantendría hasta 1936 en que de nuevo lo varió por el de «Actualidad Universal».

El Mercantil de estos dos años previos a la guerra fue el diario más representativo de la alianza de izquierdas que desembocó en el Frente Popular. También sería el diario de referencia del valencianismo político de izquierdas, con artículos de opinión reiterados sobre esta cuestión y, a partir de diciembre de 1935, con la publicación del suplemento, «País Valencià», una página escrita en valenciano normativo que combinaba los artículos de historia o literatura con los análisis políticos acerca del derecho a la autonomía. Su director y propietario, Vicente Fe, que había heredado el diario de su padre Francisco, era un firme defensor del agricultor valenciano, al que consideraba como la mayor expresión del humanismo republicano, atribuyéndole la capacidad de mejorar el mundo mediante el trabajo y, en síntesis, convirtiéndolo en quintaesencia de lo que significaba ser valenciano (Bordería et al, 1992). En las elecciones de febrero de 1936, Vicente Fe fue candidato de Izquierda Republicana por la ciudad de Castelló, dentro de la coalición de izquierdas, saliendo elegido diputado. Y, como veremos, a partir del inicio de la guerra, tras incautarse de todos los medios de comunicación el Comité Unificado de UGT-CNT, El Mercantil será el único que vuelva a salir con la plantilla, colaboradores y propietarios de antes del 18 de julio. Es decir, el único periódico de la ciudad que no sería incautado por un partido o un sindicato[73].

Enfrente, su rival histórico, El Pueblo se había hundido como consecuencia de la deriva derechista del partido al que defendía y, muy

---

73 Este valor de El Mercantil Valenciano como el diario de referencia de la izquierda valenciana de la II República hace todavía más incomprensible que, a estas alturas de la digitalización y consulta on line de la prensa, el diario solo se pueda consultar a través de la pantalla de uno de los tres ordenadores que existen en la sala de lectura de la Hemeroteca Municipal de València. Máxime cuando toda la colección esta digitalizada y archivada en formato PDF para su consulta. Recuperar la memoria es también -y sobre todo- recuperar archivos y hemerotecas.

especialmente, cuando en octubre de 1935 Sigfrido Blasco y otros líderes del Partido Republicano Radical entre los que se encontraba Lerroux padre e hijo, fuesen declarados en las Cortes culpables del caso Straperlo, un sistema de corrupción en los juegos de casino (Laguna, 1999).

El Mercantil, en suma, representaba en aquellos años fidedignamente el viejo modelo de prensa de partido que cifraba su éxito en la calidad de sus análisis y en el prestigio de las firmas que colaboraban. Sin embargo, el mercado de la prensa se había hecho tan competitivo que no podía abstraerse de incluir otras secciones menos políticas y más recreativas. De aquí que en sus 8 páginas habituales y en función del día de la semana, se podía encontrar una página de festejos, especialmente los taurinos, de información deportiva con el fútbol como protagonista, de cinematografía con un buen despliegue de fotografías de las estrellas del momento, un suplemento infantil de dibujos llamado «Los Chicos», una página dedicada a la mujer y, cuando la actualidad lo precisaba, extensas crónicas de sucesos.

En este medio Escandell volvió por sus fueros periodísticos con unos artículos sobre la actualidad internacional que, en más de una ocasión, conseguirá reproducirlos en otros periódicos de ámbito local como *La Voz de Menorca* o el *Diario de Almería*. La novedad sería que los artículos serían más breves, casi con toda seguridad debido a la falta de espacio por la cantidad de colaboraciones que tenía el diario, y también que mantendrán un vínculo con la actualidad informativa, otro elemento lógico si tenemos en cuenta la trascendencia para el futuro de España de todo lo que sucede en medio mundo. Así, firmará artículos sobre las elecciones municipales en Francia, analizando la figura del nuevo alcalde de París (27/06/1935); las características del nuevo gobierno holandés surgido de las elecciones (02.08.1935); las elecciones en Canadá (19/10/1935), en Argentina (7/11/1935), en Estados Unidos (13/11/1935) o en Gran Bretaña (19/11/1935). Dedicará reseñas biográficas a distintos líderes, ya fuese provocadas por algún obituario o como celebración de algún aniversario. Por supuesto, no dejará de analizar procesos de cambio como «La revolución en

Albania» (18/08/1935), el declive de la Sociedad de Naciones o la amenaza que suponía un Japón militarizado.

Tal y como se puede observar en el apéndice donde listamos todos estos trabajos, la relación no solo es extensa, sino que también nos permite observar otras dos constantes. En primer lugar, la querencia que Escandell sigue teniendo por los temas americanos, abordando la situación de Cuba (7/07/1935) o la significación hispanoamericana de la fiesta de la raza (13/10/1935). Y, en segundo, la escasa carga política que tienen sus textos, demostrando un posicionamiento tan aséptico como objetivo, algo que hoy en día sería calificado como «un periodista profesional». Se podría afirmar que el socialista de día apenas si se muestra en el periodista de noche, no pudiendo entrever en absoluto el giro radical que está experimentando en esos meses finales de 1935. De hecho, son muy escasos los artículos firmados antes de 1936 que tengan que ver con algún asunto doméstico. Por ejemplo, el titulado «La mujer española en el extranjero» (11/07/1935), lo redacta con motivo de que una española fuese coronada por primera vez como Miss Europa. Eso sí, más allá del concurso de belleza, aprovechará el texto para destacar el predicamento de diversas escritoras e intelectuales españolas en el extranjero, desde Concepción Arenal a Pardo Bazán. Lo mismo hará con el célebre doctor valenciano Vicente Peset, cuya obra sobre la cultura española había tenido honda repercusión en América del Norte (3/08/1935). En «Casanova y el 11 de septiembre» (12/09/1935) se permitía focalizar mucho más sobre un tema siempre polémico como era la cuestión catalana. Sin embargo, se limitaba a describir cómo se construía la imagen de héroe, tan necesaria en Cataluña como en otros países para sus movimientos nacionalistas.

Esta disociación entre el político y el periodista todavía sorprende más a partir de 1936, cuando Escandell es ya el líder provincial del partido y la tensión política no hacía sino crecer. Sus colaboraciones, eso sí, se distanciarán algo más en relación con la frecuencia de meses anteriores, pero la temática internacional seguirá marcando su agenda. Tan solo a partir del golpe de Estado y durante los meses que siguió colaborando, sus artículos descendieron a la situación del país. Para entonces, la defensa de la República lo ocuparía todo.

El abrazo al caballerismo

A partir de 1934, su nombre desaparece de los medios sin permitirnos conocer, más allá de la publicación de algún artículo en *El Popular* de Gandia, su actividad política y profesional. La muerte tan vil de su compañero en la prensa, Luis de Sirval, debió marcar a un Escandell que apenas si había participado en algún mitin de la Alianza Obrera Antifascista tras la llegada de la derecha al poder. Todo sumaba y la represión que se sucedió desde octubre de 1934, con obreros asesinados o líderes socialistas encarcelados, aceleró el cambio: el reformista se nos estaba convirtiendo en revolucionario, lo que traducido en términos socialistas del momento significaba identificarse con la figura de Francisco Largo Caballero, el obrero estuquista que había liderado el sindicato, el partido y la Revolución de Octubre, pagando con la cárcel su compromiso.

El proceso llevó su tiempo. Más o menos, el mismo que tardó el partido en el que militaba en agrietar su unidad discutiendo en torno a alianzas y liderazgos. El primer fogonazo de esta división afloraba a raíz de la denuncia de Margarita Nelken contra Molina Conejero tras la celebración de uno de los mítines de la Alianza donde intervinieron ambos. El asunto promovió una asamblea extraordinaria de la Agrupación de València, celebrada en la tarde del 25 de agosto de 1935 con la participación de unos 180 afiliados y siendo Escandell el elegido para presidirla. Más allá de los detalles y de si la Nelken se sentía calumniada con razón o sin ella, lo que traducía este episodio era la profunda discrepancia en torno a la estrategia a seguir por los socialistas ante una República que para unos había que consolidar y para otros había que superar mirando de nuevo al Partido Comunista como fiel aliado. De hecho, una de las acusaciones que se le hicieron a Nelken durante la asamblea fue la de estar laborando más por los comunistas que por su propio partido. Esta acusación encrespó los ánimos dando lugar al enfrentamiento físico entre los asistentes en la asamblea, lo que obligaría a Escandell a suspenderla y aplazar el debate hasta la celebración del siguiente congreso *Heraldo de Madrid* (26/08/1935).

El otro dilema de fondo tenía que ver con la política de alianzas ante unas futuras elecciones. La crisis de la coalición que gobernaba el país bajo la presidencia de Lerroux y el soporte parlamentario de la CEDA, desatada en septiembre de 1935, apuntaba a una nueva convocatoria de elecciones como única salida. Y presentarse a las elecciones divididos era lo mismo que repetir la experiencia de noviembre de 1933. No había alternativa, máxime cuando del éxito electoral dependía poder sacar de la cárcel a los miles de correligionarios condenados desde octubre. La única vía posible y, finalmente firmada en enero de 1936, se llamaría Frente Popular.

Pero hasta llegar a ese acuerdo, muchas e importantes fueron las cosas que sucedieron, tanto para el partido como para el propio Escandell. En apenas dos meses, diversos acontecimientos se saldaron con efectos de hondo calado. Para empezar, la reunión del Comité Nacional del POSE en diciembre de 1935 que se saldaría con la dimisión de Largo Caballero; a continuación, la celebración del III Congreso de la Federación Socialista Valenciana, en enero de 1936, del que saldría elegido Escandell como presidente de la Ejecutiva; y como remate, la conflictiva elección de los candidatos socialistas para las listas del Frente Popular.

El 16 de diciembre de 1935 se daba cita el Comité Nacional del PSOE, dando lugar a una de las reuniones más «tensas en la historia del Partido» (Aróstegui, 2021). Su objeto era abordar la estrategia electoral a seguir: si con los republicanos de izquierda que bajo el liderazgo de Azaña habían fusionado en 1934 sus siglas, tal y como propugnaba Prieto; o con los comunistas y, a ser posible, con los anarquistas que defendía Largo Caballero desde la prisión. No hubo consenso y fue una votación la que tuvo que decantar el resultado. Perdió Largo Caballero y en el acto presentó su dimisión como presidente del Partido Socialista. En esta reunión del máximo órgano del PSOE, representando a la Federación Valenciana, se hallaba Molina Conejero.

Votó a favor de Prieto y, aunque declaró que este hecho no significaba estar en contra de Largo, con ello selló su posicionamiento futuro dentro de la organización.

En aquel importante mes de diciembre de 1935 -por lo que hemos visto que sucedió en Madrid- la Federación Socialista Valenciana ponía en marcha la convocatoria de su III Congreso con el encargo de elaborar la ponencia marco que regularía el debate y definiría los siguientes retos. La ponencia resultante fue un texto que recopilaba todos los trabajos realizados desde 1931, todos los recursos y medios disponibles y todas las organizaciones que figuraban en el censo[74]. Cumplido este trámite, el 11 de enero de 1936 se iniciaba el Congreso que estaría presidido por la misma tensión que se respiraba a escala nacional, con la diferencia de que el sector caballerista resultaba mayoritario entre las agrupaciones valencianas[75]. En efecto, la mayoría de los socialistas valencianos se mostraban claramente identificados con la figura del líder encarcelado por su compromiso con el proletariado y su marchamo de revolucionario. De aquí que los delegados presentes en el Congreso, que afirmaban representar a 1.899 afiliados de 65 agrupaciones, eligieran una nueva Comisión Ejecutiva para la Federación Socialista Valenciana integrada exclusivamente por personas afines a la figura de Largo Caballero[76]. Y para presidirla

---

74 El texto íntegro de esta ponencia marco en Archivo Fundación Pablo Iglesias, AH-2-6.

75 «El Congreso fue uno de los más tensos que vivió la organización provincial. De hecho, comenzó con la censura por parte de algunos delegados hacia el Comité Ejecutivo Provincial por su escasa dedicación a la propaganda: los delegados que representaban a 1.393 afiliados votaron contra la dirección, frente al apoyo de 314 afiliados, con la abstención de 178». (Valero, 2015).

76 La nueva Comisión Ejecutiva provincial, salida el III Congreso celebrado los días 11, 12 y 13 de enero, estaba integrada por Isidro Escandell, como presidente; Alejandro Peris, como secretario político; José González Canet, como secretario de organización; José Izquierdo Barrachina, como secretario de propaganda; Juan Tejón Baquero, secretario de actas y varios; Justo Martínez Amutio, secretario de prensa; Ernesto Pérez Carretero, secretario administrativo; y Máximo Oviedo Borregón, como secretario sindical y agrario. Archivo Fundación Pablo Iglesias, AH-2-6 y *El Mercantil Valenciano* (18/01/1936).

eligieron a Isidro Escandell, la figura más relevante del sector caballerista por su condición de exdiputado. Será su último cargo orgánico, por otro lado, el más importante de todos los que hasta la fecha había desempeñado.

Escandell, de esta forma, se convertía en el líder del partido en toda la provincia de València. Pero ¿lo reconocerían así también los que no le habían votado? ¿Lo haría la ciudad de València que tenía a Molina Conejero como su líder más reconocido?

Gestionar la división interna y afrontar las próximas elecciones generales de febrero serían, sin duda, los primeros temas sobre la mesa del nuevo presidente provincial del socialismo valenciano. Sin embargo, apenas había tiempo para arreglos o negociaciones. El 9 de enero se hacía público a través de las páginas de *El Mercantil Valenciano* el manifiesto programa del Frente Popular, lo que significaba que había que convocar las asambleas y elegir los nombres de los candidatos. Empezaba así lo que el profesor Sergio Valero ha calificado como «batalla de circulares», una disputa por orientar y, por lo mismo marcar, el voto a los afiliados a la hora de elegir los nombres que integrarían la candidatura en nombre de los socialistas.

La primera circular llevaba fecha del 17 de enero y la firma de la Ejecutiva que presidía Escandell. Fue distribuida a todas las agrupaciones de la provincia y hasta se publicó en *El Mercantil*. En ella, además de indicar la forma y modo en que se iban a organizar los actos de la campaña electoral, se incluía una advertencia en tono amenazante por si alguna agrupación decidía actuar a espaldas de la nueva dirección. En concreto se indicaba que: «Todas las Agrupaciones se dirigirán precisamente y solo a esta Comisión ejecutiva y a su secretaría de Propaganda prescindiendo del antiguo y manoseado procedimiento caciquil de dirigirse personalmente a nadie». Como se deduce, la tensión por lo sucedido en el pasado Congreso seguía en cotas muy altas. Además, no era el mejor comienzo para una nueva Ejecutiva que, en vez de iniciar su gestión presentándose a la militancia, lo hacía advirtiendo que era obligatorio acatar las decisiones de la dirección.

La segunda circular salió un día después de la anterior, de nuevo con la firma de Escandell como máximo responsable. También se utilizó *El Mercantil* del día 18 como medio más oportuno para su difusión, frente al teórico portavoz como era *República Social*. El texto, con una redacción más afable, pues se dirigía directamente a los camaradas, informaba de los nombres que integraban la nueva Ejecutiva para, en el siguiente párrafo, exponer las nuevas pautas de actuación: indicaba que todas las comunicaciones debían dirigirse a la sede de la Federación, sita en la calle Pascual y Genís, 22; y que, a partir de esos momentos, sería *El Mercantil Valenciano* el medio elegido para publicar todas las instrucciones de urgencia que aprobase la Ejecutiva.

El 23 de enero aparecía la tercera circular de Escandell y su Ejecutiva. Planteada como una hoja informativa acerca de los requisitos para desarrollar el proceso de elecciones de los candidatos, su objetivo real era señalar los nombres que se debían votar. Para ello, volvía a recordar que los acuerdos adoptados por el partido, «acusaban una orientación netamente revolucionaria», por lo que planteaba que no se podía votar por «afinidad o amistad», sino únicamente a aquellos que garantizasen la línea marcada por el partido. Esto es, a Isidro Escandell Úbeda, Pedro García García, Justo Martínez Amutio y Enrique Cerezo Senís para la provincia, y Salvador Sánchez Hernández para la capital. Todo ello rubricado al final con todos los nombres de la Ejecutiva provincial y una contundente frase de «Vuestros y del socialismo marxista… », toda una señal de qué bando decían representar [77].

Este arriesgado paso de orientar públicamente el voto de los militantes era algo que ya habían hecho las Juventudes Socialistas en el mismo Congreso de diciembre de 1935, cuando por escrito reclamaron que los candidatos que se eligiesen fuesen «decididos partidarios de la tendencia auténticamente marxista», es decir, de la caballerista.

No tardó mucho la Agrupación de la ciudad de València en elevar a Madrid la correspondiente denuncia por lo que consideraba una

---

77 Archivo Fundación Pablo Iglesias, AH-2-5.

maniobra intolerable. Clamaban contra la Ejecutiva provincial porque, nada más y nada menos, les imponían un nombre en su distrito cuando ellos, en su asamblea local, ya habían elegido a otro, en este caso, a Molina Conejero.

La respuesta de la dirección nacional -recordemos que ahora con los seguidores de Indalecio Prieto en mayoría tras la dimisión de Largo Caballero- tampoco se hizo de esperar. No solo recriminaba la conducta de Escandell y su Ejecutiva en unos términos que iban desde aclarar la incorrección del procedimiento hasta hablar directamente de coacción a la militancia, sino que calificaba el escrito como una forma de proceder que no tenía precedentes en la historia del partido.

La Ejecutiva nacional, de esta forma, no solo descalificaba la actuación de la Federación provincial, sino que se posicionaba con la local abiertamente. La división estaba servida: València-ciudad contra València-provincia o, lo que era lo mismo, Molina Conejero contra Escandell, versión valenciana de la pugna Prieto *versus* Caballero.

Con este apoyo tan decisivo, la Agrupación de la ciudad de València pasó al contraataque para impedir que le impusieran al candidato. Un día después de la carta de la Ejecutiva nacional que acabamos de reseñar, publicaban una hoja de propaganda en la que denunciaban el fraude que se había cometido por la Federación provincial, que había decidido proponer a Salvador Sánchez por la capital en lugar de Molina Conejero que había sido el elegido. La hoja denunciaba la maniobra, pedía a los camaradas que reaccionaran para evitar la marginación de un compañero «que había demostrado a lo largo de más de veinte años de limpia actuación sindical y política» su servicio al proletariado, y concluía pidiendo el voto para Molina por ser «una garantía para todos los obreros valencianos, sin distinción de tendencias»[78].

Replicó la Federación con el mismo método, es decir, mediante otra octavilla dirigida a los militantes de la ciudad, aunque solo la firmaba el interpelado, Salvador Sánchez. En un tono muy agresivo, decía salir al paso de «maniobras indignas de socialistas, de puro estilo caciquil»,

---

78 Archivo Fundación Pablo Iglesias, AH-2-2.

sin aclarar nada más. A continuación, repitiendo la palabra «¡Atención!» hasta tres veces, se postulaba como candidato afirmando que «¡Ahora más que nunca, con Caballero o contra Caballero! ¡Con Octubre o contra Octubre!» Esta era, pues, la principal clave que llevaba a posicionarse en un bando u otro a los militantes. Y en la provincia de València, la mayoría estaba con octubre y el líder obrero.

En consecuencia, no hubo sorpresa. En la elección de los candidatos que debían competir en el distrito de la provincia, las votaciones refrendaron a los señalados por la Ejecutiva que lideraba Escandell. El resultado, tras los tres días de votaciones (28, 29 y 30 de enero) situaban al líder de la UGT, Pedro García, con 1349; seguido de Escandell, con 1.268; Enrique Cerezo, 1.029; y Justo Martínez, 767. Sin embargo, en la capital todo fue distinto. El prestigio de Molina Conejero, posiblemente más allá del sector del partido que representaba, fue suficiente para darle una holgada victoria sobre su rival, consiguiendo 347 votos por 170 de Sánchez[79]. La primera partida, por tanto, había quedado en tablas.

Superado el problema de las candidaturas y sin apenas tiempo para la reflexión, el partido se volvió a unir momentáneamente para intentar ganar unas elecciones que volvían a tener una dimensión política que iba más allá de la renovación del Parlamento. A nadie se le escapaba lo mucho que estaba en juego: desde conseguir la amnistía para los miles de presos encarcelados desde octubre del año anterior, hasta proseguir con las reformas del primer bienio profundizando en la democratización del régimen republicano. Y a nadie se le ocultaba la peligrosidad de aquellos momentos ante la aplicación real de lo que José Antonio Primo de Rivera, en el mitin pronunciado en el Teatro de la Comedia el 29 octubre 1933, había llamado «la dialéctica de los puños y las pistolas».

Con este panorama empezó la campaña electoral en València, en un clima de tensión similar al que los grupos paramilitares de derechas

---

79 Votaron un total de 517 militantes. Archivo Fundación Pablo Iglesias, AH-1-70 y AH-2-2.

estaban provocando en todo el país. Un clima de violencia que no solo alteraba la paz en las calles, también la vida de las personas significadas. Ante las amenazas de matones organizados bajo banderas de requetés, de falangistas, de jonsistas, etc., y en su calidad de líder socialista, Escandell pasará a tener un guardaespaldas que lo acompañará hasta su caída de la dirección[80].

El clima de tensión no solo se agudizó por la acción directa de unos y el culto a la violencia de otros. Hacía ya tiempo que se había inaugurado un nuevo espacio de polarización, especialmente gracias al empuje de las derechas en lo que unos llamaban la lucha de ideas y otros más actuales la batalla simbólica. La campaña electoral de febrero de 1936 marcó el punto a partir del cual los planteamientos dicotómicos y simplificados y las reclamaciones de propiedad identitaria, pasaron a convertirse en factores muy relevantes de la batalla política -y muy pronto bélica- que se iba a librar. Todo giraba en torno a disyuntivas maximalistas del tipo de: con España o contra España, con la democracia o con el fascismo, con la derecha o con la revolución. *La Voz Valenciana*, por ejemplo, titulaba su primera del 14 de febrero con el expresivo «Por la salvación de España». *El Mercantil*, por su parte, publicó algunos artículos, firmados por analistas como Ciges Aparicio, Samblancat, Vidal y otros que valoraban la apropiación que la derecha había hecho del término España oponiéndolo al de República. El trasfondo de la estrategia cursada por la derecha era, simple y llanamente, transmitir la existencia de una supuesta «revolución comunista, anticristiana, antioccidental, separatista, tras la cual estaba naturalmente la URSS, sus enviados y agentes...» además de Largo Caballero, «que habría de presidir el soviet nacional» (Aróstegui, 2013).

De esta forma, mientras la derecha puso en marcha una intensa campaña centrada en los valores simbólicos, lo que se traduciría en

---

80 Se trata de Vicente Verdeguer Hipa (València, 1914-Bétera, 2008), un compañero al que todos llamaban *ferramenta* por ir siempre armado y que se había afiliado a las Juventudes en 1930 de la mano del propio Escandell. Fundación Pablo Iglesias, biografías.

el uso masivo del cartel como uno de los principales recursos, la izquierda del Frente Popular siguió con el tradicional mitin. La directiva provincial del partido insistirá a las agrupaciones para que organizasen este tipo de actos en sus respectivos pueblos. Escandell, por ejemplo, intervendrá en Manises y Ribarroja, entre otros pueblos cercanos a la capital dada su alta responsabilidad en la dirección de la campaña.

El mitin central de los socialistas se celebró el domingo, 2 de febrero, en el teatro Apolo de la ciudad, siendo retransmitido en directo por radio a los cines Coliseum, Cervantes, Popular y Patronato Musical del Grao. La negativa del Gobernador a autorizar grandes concentraciones de masas impidió celebrarlo en la plaza de toros o en el campo de fútbol del València. Con un lleno absoluto de todos los locales y la presencia de numerosos representantes de las fuerzas coaligadas, así como la mayoría de los miembros que integraban la candidatura del Frente, el mitin fue toda una demostración del grado de adhesión que levantaba la figura de Caballero. *El Mercantil Valenciano* (04/02/1936) lo describía así:

> Mucho entusiasmo, muchos vivas y aplausos en todas las salas ocupadas. En Apolo, la nota emocional la pusieron con su presencia los huerfanitos de Asturias (…) Al aparecer en el escenario el señor Largo Caballero, estalló en su honor una ovación. Después fue saludado con los puños en alto. Se cantó la Internacional y el himno de las Juventudes Socialistas. Y comenzó el acto.

Isidro Escandell, en su calidad de presidente de la Federación Socialista Valenciana, realizó una breve presentación del líder socialista calificándolo como «el padre espiritual del proletariado español», aunque ya todos lo reconocían como «el Lenin español».

Dos semanas después, todo este entusiasmo se tradujo en una mayoría de papeletas para el Frente Popular. En València ciudad, la candidatura de la izquierda conseguía superar los 80.000 votos, mientras la de la derecha apenas llegaba a los 70.000. Molina Conejero, por tanto, conseguía ser elegido diputado. Por la provincia, el resultado estuvo más apretado, consiguiendo ganar la izquierda por medio millar de votos, suficientes para que Escandell consiguiese salir elegido. En el resto del país, «la coalición de izquierdas sumó 267 diputados frente a 206 de centro y derechas» (Pérez Garzón, 2022). La República volvía a ser de izquierdas.

A partir de estos resultados, se inauguraba una nueva legislatura en la que Escandell tendría que combinar su actividad parlamentaria con su responsabilidad política. Todo ello en medio de una tensión interna en el Partido Socialista que se verá aminorada, además de por los resultados positivos de las urnas, por la cada vez más real amenaza de un enemigo común. En efecto, la no asunción por parte de los partidos de derechas de los resultados, unido a los rumores de insurrección en los cuarteles, daría lugar a numerosas manifestaciones en todo el país, tanto para reivindicar el éxito electoral como para intimidar a los golpistas. En València, el 22 de febrero unas 5.000 personas se concentraron a primeras horas de la tarde en la plaza de Emilio Castelar, frente a la sede de Izquierda Republicana, dirigiéndose posteriormente a la sede del Gobierno Civil bajo la custodia de guardias de asalto. Al frente de los manifestantes figuraban tanto Escandell como Molina Conejero, reflejando una unidad impensable hacía tan solo un mes antes. Para evitar cualquier enfrentamiento, Escandell, junto con Molina y Escrich, el secretario del PCE en València, consiguieron que el Gobernador retirara a los guardias haciéndose ellos responsables de mantener el orden. Después de los parlamentos de los tres diputados y de la consigna de que se disolvieran sin provocar ningún altercado, los manifestantes se dirigieron a la plaza de Castelar para poner punto final a la concentración frente a la fachada del Ayuntamiento. Antes de llegar a la plaza, se detuvieron frente a la sede de *El Mercantil Valenciano* para gritar vivas a la República en una clara demostración de simpatía hacia el rotativo de Izquierda Republicana.

A esta primera manifestación le siguió otra apenas dos horas después que tenía una mayor planificación. A las 10 de la noche se habían puesto de acuerdo para organizar el entierro simulado de Gil Robles y el encarcelamiento de Lerroux, también simulado mediante un ninot. Fue una manifestación realmente singular. Abrían la marcha unas 600 mujeres con cirios en la mano, como si fuesen de procesión; en el centro de la marcha, unos cuantos jóvenes iban disfrazados de candidatos de la derecha a modo de coro de lamentaciones; tras estos, otro grupo de jóvenes, disfrazados de curas, iban tocando el tambor y cencerros. La manifestación, de aproximadamente 3.000 personas, se detuvo nuevamente delante de la sede de *El Mercantil* para rezar un responso. Luego pasó por delante de la sede la Derecha Regional Valenciana, donde se había desplegado la fuerza pública. Finalmente, regresaron a la plaza de Castelar donde se disolvieron pacíficamente. Al día siguiente, los periódicos republicanos comentaban la demostración pública entre frases irónicas y lecturas políticas.

Escandell como el resto de los diputados electos, fueron confirmados por la Junta Provincial del Censo el 26 de febrero. Pero sucedió un hecho curioso. Unos días después de ser confirmado, en vez de remitir su acta de diputado a los servicios correspondientes del Congreso, se la enviaba directamente al propio Largo Caballero, en un gesto que se podía entender de adhesión o de sumisión. Largo lo interpretó más bien en clave de desconocimiento del protocolo a seguir, tal y como reflejaba la carta de contestación que le remitió a Escandell el 6 de marzo. Largo Caballero le escribía diciendo que no entendía lo que había hecho, pero que si al final lo único que perseguía es que hiciera de intermediario con el oficial mayor de las Cortes para entregarle su acta, «tengo que manifestarle que no me parece el procedimiento más adecuado». No obstante, Largo remitió el acta a las Cortes y, junto con la respuesta, le adjuntó el recibo con otra nueva advertencia: «Convendría que el caso no volviese a repetirse»[81]. El abrazo de Escandell al caballerismo no parecía empezar con buen pie porque, más que abrazo, parecía una genuflexión.

---

81 Archivo Histórico Nacional. FC-Causa General 900, Exp.1, N.11.

Frentes y más frentes

El triunfo del Frente Popular fue el detonante. Para todos aquellos que desde la misma proclamación de la República habían estado conspirando para derogarla, o que se habían ido sumando a la conspiración a medida que las leyes democráticas abrogaban sus privilegios, la vuelta de las izquierdas al poder resultaba intolerable. Si la República de abril de 1931 tardó año y medio en recibir el primer intento de golpe de Estado, la de febrero de 1936 tan solo tardó cinco meses, el tiempo necesario para organizar el levantamiento, crear un clima irrespirable en las calles y recibir las ingentes cantidades de armamento del máximo nivel desde Italia (Viñas, 2013).

En estos cinco meses previos al 18 de julio, Escandell siguió desarrollando una intensa actividad en distintos frentes. En primer lugar, siguió su labor profesional como periodista en *El Mercantil*, con artículos en la misma línea y temática que lo habían definido desde su etapa en *La Voz*. Evocó la figura del historiador alicantino Rafael de Altamira, destacando su prestigio internacional tal y como certificaban los títulos y doctorados otorgados por universidades americanas (28/02/1936); volvió a escribir sobre Japón para analizar el intento de golpe de Estado de un sector del ejército (29/02/1936) y las consecuencias de su fracaso (06/03/1936); se permitió abordar la abdicación de Eduardo VIII para demostrar el anquilosamiento de la institución monárquica (04/03/1936).

Después de esta primera serie y tras un paréntesis que se alargó hasta finales de marzo, volvió a retomar la pluma para publicar una media de cinco artículos por mes hasta agosto de 1936. El último, aparecido el 23 de septiembre de 1936 con el título de «Marruecos», describía el grave problema que significaba la intervención extranjera para la República. Una injerencia que pocos días antes, en el artículo «España en el extranjero» (08/08/1936) consideraba que no se podría dar por ser contraria al derecho internacional. De nuevo, la perspicacia de Escandell distaba mucho de estar afinada o, sencillamente, confundía deseo con realidad.

Junto con la de periodista, en 1936 también había recobrado la condición de diputado, si bien, en esta ocasión, se podría afirmar que sería un diputado sin Cortes. Desde julio de 1936, la Cámara suspendía sus sesiones delegando en la comisión permanente su funcionamiento. Además, Escandell tardó en incorporarse al Parlamento al tener que resolverse una cuestión de compatibilidades. Resulta que, nada más producirse el cambio de gobierno tras el triunfo del Frente Popular, Escandell fue nombrado consejero de la Caja Social de Previsión de València, una institución en la que, como tuvimos ocasión ver, ya había participado unos años atrás difundiendo la importancia del retiro obrero. Escandell pidió a la presidencia de la Cámara que le informaran de si era o no compatible ser diputado y consejero a la vez. Finalmente, el 29 de marzo recibía la confirmación de la compatibilidad.

A partir de aquí Escandell se volvió a apuntar a la Comisión de Estado y de Presidencia, interviniendo tan solo en dos debates en la sesión del 3 de junio. En primer lugar, pidió la palabra en relación con la huelga que mantenían los obreros del Ferrocarril Central y que afectaba a más de 2.000 trabajadores y las provincias de València, Castelló, Teruel y Zaragoza. Poco después y en la misma sesión, también aprovechó para solicitar inversiones que diesen trabajo a los obreros de Altos Hornos de Sagunto que, según aseguraba, estaban atravesando por una situación muy complicada. A estas intervenciones se le sumarían los ruegos que por escrito presentó relacionados con la situación precaria de los jornaleros: por un lado, para remediar la situación de los trabajadores del campo en Alzira; y, por otro, de los de Simat de la Valldigna que, a través de su alcalde, solicitaban la aplicación parcelaria que preveía la reforma agraria a la finca de 600 hectáreas de los herederos de César Sanromá.

En el plano político, la ocupación y preocupación de Escandell en este primer semestre de 1936 estuvo directamente ligada a la situación interna del partido. Como máximo responsable de la Ejecutiva provincial y, por lo mismo, referente valenciano del caballerismo, conseguir el total control de la organización parecía plenamente justificado tras las abrumadoras muestras de adhesión que los socialistas valencianos habían manifestado reiteradamente a Largo Caballero. De esta forma, en cuanto finalizó el proceso electoral de febrero, Escandell puso a trabajar a su Ejecutiva en la actualización de los censos de afiliados y verificar el estado del pago de las cuotas, un asunto aparentemente administrativo pero que devendrá capital cuando de votaciones se trate.

Y la primera votación de calado tenía lugar en el mes de junio con motivo de sustituir a Molina Conejero, representante valenciano en el Comité Nacional, que había dimitido tras la dramática sesión del 16 de diciembre de 1935. La elección del nuevo representante ante el máximo órgano entre congresos tenía que pasar por las votaciones de los afiliados de cada agrupación de la provincia. De aquí la importancia de revisar los censos y listados de cuotas, esto es, los listados de los afiliados en cada agrupación con derecho al voto.

La Agrupación Socialista de València, cuya fuerza se había confirmado con el resultado de las votaciones para elegir al candidato por la ciudad, prosiguió su enfrentamiento con la dirección provincial de Escandell. Una pugna en la que seguían contando con el mejor aliado, la dirección orgánica de Madrid. Fueron numerosas las cartas remitidas a Madrid por la Ejecutiva de esta Agrupación local en los primeros días de 1936 para solicitar apoyo político frente a sus rivales o apoyo económico para la campaña del candidato Molina en València[82].

Finalizado el proceso de revisión de censos[83], la Ejecutiva Provincial convocaba con tan solo veinticuatro horas de plazo, (del día 19 de mayo para el día siguiente) una asamblea extraordinaria para elegir al nuevo representante del socialismo valenciano ante el Comité Nacional, además de otros cargos en la ciudad. En un ambiente de máxima tensión y con el salón «lleno de jóvenes pertenecientes a las Juventudes Unificadas», la votación «a puño alzado» la ganó el sector caballerista, siendo elegido Justo Martínez Amutio como

---

82 Archivo Fundación Pablo Iglesias, AH-1-70.

83 Ver el resultado en Archivo Fundación Pablo Iglesias, AH-2-34.

nuevo representante. Sin embargo, apenas veinticuatro horas después y por vía de urgencia, dirigentes de la ciudad remitían una carta a la Comisión Ejecutiva del PSOE en Madrid, avalada con numerosas firmas, denunciando el resultado de la asamblea, entre otras razones, por habérsele impedido ejercer el voto a un importante número de afiliados de la ciudad. Además, rechazaban de plano que se hubiese nombrado para el cargo de gestor municipal de la ciudad de València a un miembro de las Juventudes sin haber informado o participado a la agrupación de la ciudad previamente de este propósito. Por todo ello, reclamaban de Madrid la convocatoria de un congreso extraordinario para el 27 de julio[84].

Escandell tampoco tardó demasiado en remitir a Madrid el acuerdo de la asamblea con la elección de Justo Martínez Amutio como nuevo representante valenciano en el Comité Nacional. Con fecha de 24 de mayo, escrita a máquina pero con su firma a mano, Escandell comunicaba a Madrid el resultado al tiempo que requería una confirmación del nombramiento, lo que puede indicar las dudas que albergaba de que fuese aceptado sin más. Y así fue, el 29 le contestaban directamente a Escandell desestimando el nombramiento de Amutio por no tener los avales de las agrupaciones de València, Alacant, Castelló, Murcia y Albacete.

Lo paradójico de esta situación que vivía el socialismo era que ambas tendencias, tanto la izquierdista de Largo Caballero como la centrista de Prieto, venía a coincidir en reclamar la unidad de acción de todos los partidos de izquierda contra el enemigo que ya no disimulaba sus intenciones golpistas. Es decir, reclamaban una unidad con otros partidos que en el suyo eran incapaces de fraguar.

Precisamente, frente a esa amenaza del fascismo, Escandell presidía el mitin multitudinario que se llevó a cabo el domingo, 6 de abril, en la Plaza de Toros de València, convocado por la Alianza Antifascista con el fin de promover la unidad obrera. Con el aforo

---

84 Archivo Fundación Pablo Iglesias, AH-1-70 y AH-2-2.

del coso lleno ante la presencia de la misma Pasionaria, Escandell intervino en primer lugar para defender la unidad del Frente Popular, asegurando que no serían los socialistas quienes lo cuestionaran y pronunciado una frase muy propia de su estilo que destacó *El Mercantil Valenciano* (7/04/1936): «Somos el centinela alerta que impedirá el debilitamiento de las voluntades». A continuación, calificaba la revolución de octubre como «la aurora de una nueva sociedad», que había preparado el triunfo en las elecciones de febrero. En ese preciso instante, un hombre del público empezó a gritar contra el marxismo y contra los oradores, lo que provocó que los asistentes de su alrededor le dieran «una paliza regular». Tras el incidente, Escandell retomó la palabra diciendo que «si habiendo un Gobierno de izquierdas y ante veinte mil marxistas se atreven a denunciarnos, ¿qué sería si hubiesen triunfado? (ovación)». Siguió estableciendo la importancia de democratizar la justicia y evitar lo sucedido en el bienio anterior, así como el papel que a su juicio debían jugar las nuevas Cortes. En este punto, de nuevo sería interrumpido por un fuerte rumor entre el público que alertaba sobre un importante grupo de elementos reaccionarios, apostados en las afueras de la plaza de toros. Tras esta nueva pausa que describe claramente la tensión del momento, Escandell pudo concluir su intervención destacando la importancia que para los obreros tenía el triunfo del Frente Popular, tanto en España como en Francia.

Después de Escandell habló el albañil y militante socialista, Luis Romero Solano, otro ferviente seguidor de Largo Caballero. Y para cerrar, la figura emergente del momento, la comunista Dolores Ibárruri. La imagen del estrado, donde Escandell está sentado mientras interviene La Pasionaria, junto con las gradas llenas de gentes que siguen con atención el mitin, sería la mejor muestra del espíritu de confluencia entre socialistas y comunistas que existirá hasta 1937, llegando a compartir incluso el mismo periódico una vez se inicie la guerra.

Acabó el invierno y llegó la primavera de aquel 36. Entre febrero y julio, Escandell siguió compaginando las distintas ocupaciones con mayor o menor dedicación. Así, mientras las tareas como parlamentario apenas le significaron mayor tiempo, las de presidente del socialismo provincial siguieron obligándole a dedicar buena parte de sus esfuerzos ante la tensión reinante. Y por lo que respecta a las periodísticas, sus colaboraciones en la prensa, tal y como hemos señalado, siguieron produciéndose en estos meses abordando temas internacionales (desde Turquía a Noruega, de Bélgica a Puerto Rico...). Finalmente, aún tuvo oportunidad de recuperar una de sus antiguas facetas que tanto prestigio le habían reportado, la de conferenciante. El 3 de julio volvía al Ateneo Científico para pronunciar una conferencia sobre la figura de Máximo Gorki que había causado una gran expectación, pues, mucho antes del acto, «el salón se hallaba completamente ocupado por gran concurrencia, en la que se veían estudiantes, catedráticos, militares y obreros» *El Mercantil Valenciano* (5/07/1936). Presentado por Agustín Trigo, alcalde y destacado promotor de la farmacopea valenciana, como periodista y académico, Escandell se ciñó a estas dos etiquetas y, sobre todo, al tipo de público que le escuchaba, para desarrollar un tema literario aparentemente vacío de contenido político. Sin embargo, Escandell tuvo la habilidad de diferenciar aquella literatura que hacía del héroe el protagonista social, para destacar cómo Gorki convertía al pueblo en sujeto del cambio histórico, lo que sin duda provocaba paralelismos con el caso español. Fue su último acto en sociedad antes del golpe del Estado.

Una semana después de esta conferencia, un grupo de falangistas tomaba al asalto la emisora local de Unión Radio València, amordazando a los trabajadores y anunciando que... «Falange Española ha tomado militarmente la emisora de Unión Radio de València y Teléfonos. Mañana estarán intervenidas todas las emisoras de España y todas las centrales de comunicación de España» (*El Sol*, 12/07/1936). Eran poco más de las 21:00h del día 11 de julio. La reacción de los partidos de izquierda, de los sindicatos y de una parte de la población de la ciudad fue salir aquella misma noche a la calle para protestar por lo que entendían como la confirmación de un golpe reaccionario.

Los manifestantes recorrieron el centro de la ciudad, apedreando el restaurante Vodka, lugar donde se reunían los falangistas, y prendiendo fuego a la sede de la patronal, la Federación Industrial y Mercantil, y la de la Derecha Regional Valenciana, filial de la CEDA. También asaltaron la redacción de *La Voz Valenciana*, provocando destrozos entre el mobiliario e intentando también someter a las llamas el local, lo que fue impedido por los bomberos. Al día siguiente, Escandell reclamaba al Gobernador Civil máxima contundencia contra los elementos reaccionarios de la ciudad, al tiempo que Justo Martínez Amutio hablaba por la emisora que había sufrido el ataque pidiendo, en nombre del Partido Socialista, tranquilidad a la población. Pero la tranquilidad apenas duró otra semana.

EN DEFENSA
DE LA REPÚBLICA

Rehuiría si pudiera de los mítines que me veo obligado a intervenir en estos momentos, si no tuviera la satisfacción íntima de que el calor de mis palabras sirve aún de aliento para la gran masa marxista. Quiero a este pueblo donde he nacido y donde he visto a pasos de gigante el Socialismo. Lo quiero y lo conozco lo suficiente para confiar en él en todo momento y en cualquier circunstancia. Aquí sí que el grito a todo pulmón de ¡No pasarán![85]

El 18 de julio de 1936, Isidro Escandell tenía exactamente 41 años y cuatro meses, una edad que le eximía de ser reclutado para participar en la contienda bélica. Una posibilidad, por otro lado, casi imposible para quien ocupaba un puesto de responsabilidad al frente del socialismo valenciano que le obligaba a permanecer en la retaguardia. Su compromiso en defensa de la República será con la palabra, pronunciando más mítines que nunca -si eso era posible- y escribiendo y dirigiendo prensa, lo que no le privó de vestir el traje de miliciano, con pistola al cinto incluida.

---

85 Declaraciones de Escandell al diario *Verdad* (29/09/1936).

València fue un ejemplo de fracaso del golpe urdido por los militares, tal y como ocurrió en otras grandes ciudades. Un fracaso que, como es conocido, daría lugar a una larga y cruenta guerra de exterminio. El ensayo de lo ocurrido una semana antes con la toma de Unión Radio València, con una rápida y contundente respuesta popular, había demostrado lo difícil que sería hacerse con el control de la ciudad. Ahora no iba a ser diferente.

No sabemos si fue alguna filtración del cable recibido por la estación radiotelegráfica de Paterna en la madrugada del día 18, o bien otra fuente, el caso es que el primero que informó a los valencianos de la insurrección militar fue el vespertino *La Correspondencia de Valencia* en la noche del 18. Al día siguiente, los sindicatos UGT y CNT declaraban una huelga general que se prolongaría hasta el 29 de julio. Durante ese tiempo, el poder real se fracturó entre un comité popular que aspiraba a armar al pueblo y unas instituciones que pretendían restaurar la normalidad. Fueron 10 días de rumores y amenazas de levantamiento que, o bien fueron frustradas por la acción de las fuerzas leales a la República o sencillamente, como ha relatado Eladi Mainar, no cuajaron por la incapacidad de los militares sediciosos de organizarse para efectuar un levantamiento efectivo (Mainar, 2024). Fueron también días de revolución, espontánea, sin más plan que el breve acuerdo que dio vida al Comité Ejecutivo Popular en el que se incluían desde incautaciones de medios de comunicación, propiedades, hasta la elaboración de listados con nombres de personas facciosas. Tal y como afirman numerosos autores, la teórica revolución que el levantamiento militar pretendía sofocar provocó, justamente, el efecto contrario (Aróstegui, 2003: 100). El golpe militar dio lugar a días de sangre y fuego que se saldaron con Iglesias quemadas, personas de derechas ejecutadas (Gabarda, 2021: pp. 50-55) y actos de pillaje como el efectuado en el Palacio Arzobispal, donde se descubrieron, según *El Mercantil* (9/09/1936), 14 millones de pesetas en títulos y valores del Estado, 300.000 pesetas en billetes y numerosas alhajas. Al que no encontraron fue al arzobispo Melo que, informado previamente de golpe militar, había huido de València.

Durante el tiempo que duró la huelga no hubo más prensa que la *Hoja Oficial Extraordinaria del Comité Ejecutivo Popular* en la que se informaba de todas las órdenes y actuaciones de este organismo que recordaba a las juntas de defensa de principios del siglo XIX. Y cuando concluyó la huelga y se restauró cierta normalidad, tan solo *El Mercantil* logro seguir con sus mismos propietarios y periodistas. El resto fueron incautados por un comité mixto de la UGT/CNT y puestos a disposición de las fuerzas políticas y sindicales antifascistas.

También cuando finalizó la huelga se produjeron sendos chispazos de levantamiento militar, rápidamente sofocados: uno en el cuartel de caballería de la Alameda y el otro en la guarnición de Paterna. Entre el 29 y el 30 de julio, los jefes y oficiales del Regimiento de Ingenieros con acuartelamiento en Paterna se confabulaban para iniciar la sublevación. Estaba en juego, además de las armas de estos cuerpos de ejército, el importante polvorín anexo a estos cuarteles. Sin embargo, la resistencia de la suboficialidad y el apoyo de los socialistas y milicianos del pueblo de Paterna que, entre otras acciones, cortaron la luz antes de saltar la valla y enfrentarse a los insurrectos, abortó el golpe[86]. Lo sucedido en Paterna, además de promover la imagen de un nuevo héroe, el sargento Fabra, pasaría a convertirse en la primera prueba de que la insurrección se podía derrotar.

Se iniciaba la última y definitiva etapa vital de Isidro Escandell en la que ya no cabía más alternativa que organizar militar y políticamente la defensa de la República. Lo haría hasta mayo de 1937, cuando la caída de Largo Caballero del Gobierno comportó su descabezamiento del socialismo valenciano. A partir de ese momento, marginado y señalado, buscará refugio en la escritura publicando algunos artículos y, sobre todo, intentando acabar la que quería que fuese su obra magna, su libro sobre «El alma española en América». Nunca lo hará.

---

86 El corte del fluido eléctrico lo llevó a cabo Vicente Pelayo Campos, vecino de Paterna, afiliado a la UGT y al Partido Socialista y encargado de la red municipal de alumbrado. Al finalizar la guerra fue condenado a 12 años de cárcel por esta acción (Laguna, 2023, p. 316).

El referente valenciano de Largo Caballero

Desde el estallido de la guerra y hasta el mes de noviembre de 1936 en que el Gobierno de la República se trasladó a València -y, por lo mismo, también los principales líderes del Partido Socialista-, Escandell fue la figura de referencia del socialismo local en su calidad de presidente de la Federación Socialista Valenciana. Un liderazgo que, a pesar de las recientes disputas vividas, se mantendrá sin mayores cuestionamientos. Tanto la Federación provincial de Escandell como la Agrupación de la ciudad de Molina Conejero, asumieron que había un frente superior que no admitía divisiones.

Una vez finalizada la huelga general planteada por los sindicatos tras el levantamiento militar, ambos coincidieron en la urgencia de recuperar la normalidad y la actividad laboral. Juntamente con las Juventudes, que fueron las más dispuestas desde el primer momento, pusieron en marcha el reclutamiento de civiles para engrosar el batallón miliciano con el nombre del Pablo Iglesias. Y, desde el mismo mes de agosto, concentraron una parte de sus energías en infundir con su voz el ánimo preciso para alistarse y mantener la moral de la retaguardia. Sin embargo, este espíritu de unidad antifascista tampoco duró demasiado. Apenas unos meses después del inicio de la guerra, las tensiones entre ambas juntas directivas volvían a recrudecerse.

Alineado sin fisuras con Largo Caballero, Escandell unió su suerte en el liderazgo valenciano a la misma que corriese el líder madrileño al frente del Gobierno que presidió a partir de septiembre de 1936. Asumió sus ideas y sus estrategias, tal y como las había formulado en la campaña electoral de febrero. Las defendió una y otra vez en cuantos actos públicos protagonizó de tal forma que, si en el pasado Pablo Iglesias había sido el referente, ahora ese lugar lo había pasado a ocupar Largo Caballero. Era, por tanto, el máximo representante del caballerismo en la provincia de València.

Ser caballerista en aquellos momentos, además de la identificación con el líder, significaba sentirse parte del ala más izquierdista del partido, plenamente convencido de que había que trabajar sin descanso «por la unificación del proletariado de España, en el orden sindical y en el político», un principio que presuponía una futura unidad con el Partido Comunista y que quedó manifiestamente reflejado en la composición plural del Gobierno Caballero de septiembre (Aróstegui, 2021).

Este posicionamiento, tan visible en su faceta política, no lo era tanto en los artículos que siguió escribiendo a lo largo del mes de agosto en *El Mercantil Valenciano*. Bien es cierto que la temática elegida obviaba la polémica, básicamente porque se trataba de artículos dirigidos a insuflar optimismo y esperanza a sus lectores. El primero, titulado «El pueblo español» (7/08/1936), era un canto al «pueblo héroe que ama la libertad» y que ha gritado «no pasarán». En «España en el extranjero», aparecido un día después, denunciaba las mentiras que la prensa italiana o las emisoras portuguesas estaban diciendo sobre la suerte de la guerra tras los avances militares de los insurrectos. Por eso publicará a renglón seguido «La batalla de Ibiza» (11/08/1936), una acción militar destacada por la prensa republicana como una gran victoria y presentada por Escandell como la prueba de que la victoria era posible. Con el mismo tono triunfalista y el mismo fin de presentar nuevos hechos objetivos que apuntarían hacía la victoria de la República, escribía «La armada española» (14/08/1936), planteando la importancia estratégica que significaba la lealtad de buena parte de los buques de guerra. Una idea que seguirá ampliando en el siguiente artículo, «El mar Mediterráneo, mar republicano» (19/08/1936). Su último artículo en *El Mercantil*, el ya citado «Marruecos» (13/09/1936), reconstruía la historia militar del ejército que encabezaba la rebelión.

Escandell, por tanto, seguía aplicando el principio de separar su actividad publicística en *El Mercantil* de sus actividades políticas en el Partido Socialista. Nada nuevo si recordamos su actuación durante años en *La Voz Valenciana*. Sin embargo, la guerra cambiará por completo esta dualidad y Escandell, finalmente, acabará siendo periodista al servicio del partido.

Para comprender este paso, hay que volver a situarnos en lo sucedido tras el 18 de julio. La sección de Artes Gráficas y Prensa del Comité Popular Revolucionario se incautó de buena parte de los periódicos de la ciudad, poniéndolos a disposición de los partidos y sindicatos de izquierda. El *Diario de Valencia*, antiguo portavoz de la Derecha Regional Valenciana, se convertirá a partir del 31 de julio en *Verdad,* un nuevo diario que sería durante un tiempo portavoz conjunto de socialistas y comunistas. Se trata de una cabecera cuyo nombre no casaba con los tiempos en los que forzosamente había que mentir por exigencias del guion bélico. Su primer titular, afirmando que «El pueblo ha vencido», no hacía sino confirmar que el diario *Verdad* nacía fundamentalmente como un instrumento de propaganda de guerra, sometido a censura previa y a una entente entre dos partidos complicada de gestionar. Subtitulado como «Diario de unificación de los Partidos comunista y socialista», pretendía ser la expresión periodística del sentimiento de unidad proletaria y marxista que el estallido de la guerra había disparado y el caballerismo asumido. Pero la relación tan solo duró el tiempo en que los socialistas en general y Largo Caballero en particular empezaron a recelar de los comunistas y de sus dependencias soviéticas.

Además de *Verdad*, los socialistas contaron con otros medios de propaganda, destacando especialmente la radio. Coincidiendo con la llegada a la presidencia del Gobierno de Largo Caballero tras la dimisión de Giral, la Federación Socialista y la UGT inauguraban el 4 de septiembre su primera emisora portavoz tras incautarse de la pionera, Unión Radio València[87]. Lo hicieron con un programa al uso, con músicas e himnos y muchos discursos. Lo primero que sonó fue La Internacional, seguida de la voz de Justo M. Amutio, que pronunció un discurso de salutación. Le siguieron dos intervenciones más, la del líder de las Juventudes, Martínez Dasí, y el de la UGT, González Canet,

---

87 La emisora tenía la denominación oficial de E.A.5.A.P, «trabajaba en onda extracorta, 41 metros, frecuencia 7.110 kilociclos», y las horas de emisión fueron de 9 a 12:00 de la mañana y de 4 a 6 de la tarde». *El Mercantil Valenciano* (8/09/1936).

que insistieron en la importancia de la unidad obrera y política. Y, para acabar, el discurso de Escandell que, consciente del medio en el que hablaba, introdujo más pasión que sus antecesores con proclamas como «¡Socialistas, en pie todos!» o «¡Que nada falle en los frentes!» La inauguración finalizó con el himno de Riego y de nuevo La Internacional *Verdad* (5/09/1936). Este nuevo medio de comunicación, unido a las otras emisoras que también pusieron en marcha otros partidos políticos, se convertía en un potente altavoz para la difusión de ideas y consignas (Vallés *et al.*, 2018: pp. 163 y ss.).

De la importancia de la radio en la Guerra Civil se ha escrito mucho, especialmente en los frentes de batalla. Sin embargo, también fue uno de los medios más destacados en la retaguardia. En el caso de la nueva emisora socialista, uno de sus primeros cometidos fue dar la máxima difusión a la convocatoria de la gran manifestación prevista para el domingo, 6 de septiembre, como muestra de apoyo al nuevo gobierno que presidía Largo Caballero. La movilización fue general. *El Mercantil* (8.09.1936) la calificó de «manifestación monstruo», añadiendo que «El pueblo en masa (…) demostró su incondicional adhesión al Gobierno en una explosión de fervoroso entusiasmo por la causa antifascista».

El propio Escandell publicaría una nota en *El Mercantil* informando al partido de la importancia de la nueva emisora ya que, en ella, «se glosa todo el movimiento social y político y se notician todos los detalles que puedan convenir a nuestra organización», razón por la cual rogaba a todos los militantes que siguiesen sus emisiones, «para que podáis oírlas y estar siempre en relación». Escandell se despedía con la frase de «Cordiales saludos marxistas», pero también podría haber dicho «¡hasta la próxima!» ya que no tardaría ni veinticuatro horas en volver a hablar a través de este medio.

En efecto, el 8 de septiembre Escandell pronunciaba una conferencia radiada a partir de las 12 de la mañana y un discurso por la tarde en nombre de la Federación Socialista Valenciana sobre «El Partido Socialista y el momento actual». De la conferencia no tenemos referencias, pero el discurso fue reproducido íntegramente por

El Mercantil del día 10, lo que da una idea de la importancia que tuvo.

El discurso fue largo, lleno de referencias históricas y reverencias biográficas, empezando por su admirado Joaquín Costa, al que citaba siempre que podía. Remontándose a 1901 para justificar cómo el pueblo español se sobreponía a los desastres militares, sintetizó la breve historia de la II República destacando cómo las ilusiones de abril fueron traicionadas por Lerroux y las derechas a partir de 1934, y de cómo «Octubre fue la antítesis obligada de aquel bienio negro»; o cómo el triunfo del Frente Popular resultaba inseparable de los 30.000 presos que había en toda España por aquellos sucesos. A partir de ese triunfo, Escandell relataba cómo las conspiraciones de todos los reaccionarios no habían cesado, auxiliados por una Iglesia que «con una mano bendecía a los reaccionarios y con la otra empuñaba el arma antirrepublicana». Identificaba la guerra como una lucha internacional entre el fascismo «y las fuerzas liberales del universo», lo que explicaba -a su juicio- que todo el mundo estuviese pendiente de lo que sucedía en España. Y concluía destacando cómo esta lucha contra el fascismo no admitía divisiones ni egoísmos… «Hoy no hay en España más punto de mira que la lucha contra el fascismo; hoy no hay en España otra razón de ser de los españoles que la lucha contra el fascismo». Todo lo cual implicaba, sí o sí, el apoyo incondicional al gobierno presidido por Largo Caballero. Su frase final fue «¡Abajo el fascismo!».

Fue, sin duda, un gran discurso, muy superior a cualquiera de los artículos publicados y con más repercusión social que todos los mítines pronunciados hasta entonces. Además, por lo que conocemos del personaje, más allá de algún breve guion, debió de hablar al micrófono sin leer texto alguno.

Todos le conocían por su vida pública y política, pero también por su actividad propagandística reivindicando derechos, explicando principios o divulgando conocimientos. Desde bien joven había demostrado cómo el mitin y la arenga política eran parte constitutiva de su forma de entender el compromiso socialista. Ahora, en estos primeros meses de la guerra, además de liderar el socialismo valenciano, también será uno de los más destacados propagandistas de la fe en el triunfo republicano pronunciando discursos sin descanso: el 30 de agosto en la Plaza de Toros de Xàtiva, en el «Gran acto de concentración antifascista»; el 3 de septiembre en Russafa, en el acto Pro Milicias organizado por la Juventud Socialista Unificada, donde se presentó como «militante de la izquierda del Partido Socialista que preside moralmente Largo Caballero», en clara alusión a la dimisión de Largo de la presidencia del partido con la que se había saldado el choque con Prieto; el domingo, 13 de septiembre, intervenía en el acto de afirmación socialista organizado por el Circulo Socialista de Benimaclet...

En todas estas intervenciones, Escandell defenderá tanto la unidad de todos los marxistas como el liderazgo de Largo Caballero al que, en el telegrama de felicitación que en nombre de la Federación Socialista Valenciana le remitió el 5 de septiembre tras ser elegido presidente del Gobierno, *Verdad* (6/09/1936), lo había calificado ya como «el verdadero líder de las fuerzas marxistas de España». Ganar la guerra y apoyar a Largo, según reiterará en diversas ocasiones, constituían para Escandell dos caras de la misma acción. También del triunfo del socialismo. Así lo manifestó en el mitin pronunciado en València con motivo de la manifestación del 6 de septiembre de apoyo al Gobierno. En su discurso, junto a los elogios, planteaba abiertamente que el presidente, no solo garantizaba el éxito militar, sino el del socialismo, lo que provocó «enormes aplausos».

Este apoyo al gobierno pasaba, tal y como manifestará incesantemente, por el acatamiento a la autoridad, respeto al orden y disciplina. Él mismo, en el mitin de Benimaclet, contaba la anécdota de cómo unos milicianos lo habían detenido cuando iba en coche por Pinedo, y como después de cachearlo y de verificar sus papeles lo dejaron marchar. De este hecho, Escandell destacaba que los milicianos habían cumplido disciplinadamente con su deber, pues debido a su aspecto físico, «tras haberse rapado el pelo, tener la cara ovalada y una peca en la izquierda», lo detuvieron creyendo que era uno de los frailes huidos, lo que provocó carcajadas entre los asistentes, *Verdad* (17/09/1936).

En ese mismo mes de septiembre tenía lugar un acto muy especial para Escandell, dada su dimensión intelectual. Organizado por el partido en el antiguo convento de los Dominicos, reconvertido ahora en centro operativo de la Federación Socialista, el 19 de septiembre tenía lugar el primer ensayo de uno de las acciones que más proyectó la imagen internacional de la República. Se trata de un festival cultural en el que se dieron cita personas de la talla de Max Aub, que fue quien intervino en primer lugar hablando sobre el teatro y la revolución; le siguió desde el antiguo altar mayor un breve concierto de la Orquesta Valenciana de Cámara; en nombre de la Alianza de Intelectuales para la Defensa de la Cultura, habló Marcelo Jover; Juan Gil Albert leyó algunos de sus poemas; los estudiantes de la FUE representaron la pieza de Alberti, «El bazar de la Providencia», y la de Max Aub, «Vida y muerte de Pedro López García». Y para acabar, las palabras de Escandell sobre «El socialismo y el porvenir». Todo ello con un numeroso público y una ineludible carga simbólica que no escapaba a nadie: «Ese altar mayor transformado en escenario y ese púlpito en tribuna revolucionaria, son una patente favorable para la obra renovadora que encarnan los intelectuales de Valencia» (*Verdad*, 20/09/1936).

Era, tal y como se deduce de todo lo reseñado, el gran protagonista del socialismo valenciano en esos momentos. Esta significación llevaría al Ayuntamiento de València a concederle, a fines de septiembre, su nombre a la antigua calle de Santo Tomás[88]. Entre otros argumentos para tal honor, el diario *Verdad* (19/09/1936) destacaba que era un «infatigable luchador marxista (…) auténtico hijo del pueblo», y añadía que «son muchos los años que el hoy presidente de la Federación Socialista Valenciana lleva en la brega gloriosa, para que nadie deje de celebrar ese acertado acuerdo». No sabemos si fueron todos, pero el 17 de diciembre, con motivo de colocar la placa rotuladora con su nombre en la calle, la Federación que presidía y las Juventudes Socialistas que lo admiraban se dieron cita para rendirle homenaje.

---

88 Situada en pleno barrio del Carmen de la ciudad, entre la calle Alta y la Plaza del Árbol.

También se sumaron los socialistas de Manises, que aportaron la placa cerámica con el nombre y su rostro dibujado. El artístico rótulo, lo mismo que la calle con su nombre o como su propia historia vital, tan solo duraron lo que tardó el ejército rebelde en triunfar[89].

Con la palabra: las campañas de las Juventudes y de la Federación

Desde el inicio de la guerra, la voz de Escandell fue una de las más escuchadas y sus discursos de los más leídos. Tanto *El Mercantil* como *Verdad*, uno por haberlo tenido de redactor y el otro por ser portavoz del partido, reprodujeron sus discursos y publicaron la mayor parte de fotografías que del personaje hemos podido conseguir. Era el que dirigía la organización, fijaba posición y orientaba la acción política. Todo ello, además, en una gran sintonía con el líder de las Juventudes Socialistas Unificadas, Juan Tundidor, con el que compartía la defensa del caballerismo y la creencia en la unidad de acción con los comunistas.

Una buena prueba de este destacado protagonismo nos lo ofrece el diario *Verdad* que el 22/09/1936 llevaba a cabo un reportaje con el título de «La Federación Socialista Valenciana en los momentos actuales». Ilustrado con sendas fotografías que nos muestran a un Escandell concentrado en los papeles y acompañado de tres miembros de su Ejecutiva, el artículo se dividía en cuatro partes: en la primera, titulada «Disciplina», presentaba a Escandell como un incansable trabajador, «capaz de dar respuesta a todos los graves temas que sufren desde el 18 de julio»; en la segunda, «Organización», hacía un repaso de los cometidos y responsabilidades de los miembros de la Ejecutiva, destacando la labor de cada uno de ellos y las largas jornadas que pasaban todos juntos «en el convento»; la tercera, llamada «La oficina política» describía la

---

89 Tal y como hemos indicado al inicio de este trabajo, el nombre de Escandell no volverá a figurar en el callejero de la ciudad que lo vio nacer hasta febrero de 1980. El primer gobierno municipal socialista le dedicó, tanto a él como a Molina Conejero, sendas calles en el barrio de Malilla.

importante carga de trabajo que tenía oficina, encargada de recibir a las delegaciones y agrupaciones de cada pueblo, además de los ruegos y súplicas de todo tipo de personas afectadas por la guerra. Según informa, la media de visitas diarias que recibía superaba el centenar, lo que obligaba en muchas ocasiones a retrasar la reunión diaria de la Ejecutiva hasta altas horas de la noche. El reportaje finalizaba con una pequeña entrevista a Escandell que, entre otras cosas, manifestaba su deseo de que el intenso trabajo y las largas jornadas no le impidieran «ver caer al último fascista».

Se descubre, a partir de este reportaje, al Escandell que debe compatibilizar la tarea gris del despacho con la pública de los actos de masas o del partido. Una doble función que debía ponderar: si se encerraba en el despacho en tareas organizativas su notoriedad se vería mermada; si abandonaba la organización por la calle podía perder el control. Así lo vivió hasta prácticamente finalizar el mes de septiembre, intentando mantener el equilibrio. Sin embargo, a medida que la guerra avanzaba con noticias negativas, la situación pronto varió (Saborido, 2006: pp. 70 y ss.).

Las Juventudes fueron las primeras que se plantearon la necesidad de incrementar la propaganda por toda la provincia. Lo acordaron tras el éxito del mitin celebrado en el Teatro Apolo de la ciudad el 20 de septiembre donde también intervino Escandell. La planificación consistía en realizar, como mínimo, un mitin cada día en un pueblo distinto, contando con la participación de los principales líderes del partido, el sindicato y de las Juventudes. Los actos debían estar preparados por las organizaciones locales, asegurándose la participación de los afiliados. Y el objetivo, como no podía ser otro, era insuflar optimismo en la retaguardia y animar a los jóvenes a enrolarse en las milicias populares.

En esta campaña de las Juventudes, Escandell se avino a participar siempre y cuando los sitios propuestos estuviesen cerca de la capital, lo que le aseguraba perder el menor tiempo posible en el trabajo orgánico. Su primer mitin sería en Burjassot, en el Teatro Pinazo, donde se dieron cita los militantes de todos los pueblos limítrofes garantizando el lleno total. Fue muy simbólico el hecho de que se cediese la presidencia del acto al hijo mayor del novelista más insigne de València, a Mario Blasco que, emocionado por las muestras de cariño que recibió, tras la finalización del mitin pedía su ingreso en el Partido Socialista[90].

La agenda de Escandell no daba para más. Y, sin embargo, todavía sacaba tiempo para actos como el celebrado en el Teatro Principal, organizado por la UGT para conmemorar la fecha del 6 de octubre de 1934. En su largo y aplaudido discurso, Escandell informaba que había sido invitado a ese acto el día de antes y que había aceptado, a pesar de tener otras obligaciones, por la importancia que el mismo tenía. La misma consideración se podría decir del homenaje a Ferrer y Guardia, celebrado el 13 de octubre con motivo de cumplirse el vigésimo séptimo aniversario de su fusilamiento. Escandell intervenía tras otros representantes políticos para, además de glosar la figura simbólica del maestro librepensador, plantear que: «la unidad de marxistas y bakuninistas, socialistas y anarquistas, es la mejor glosa de Ferrer que pueden hacer los trabajadores y hombres libres. Cuando cae en el frente una granada de avión, pulveriza por igual a un republicano, a un comunista, a un socialista como a un anarquista. Esa unidad en la muerte es la misma unidad que debemos mantener en la retaguardia ante el enemigo único: el fascismo» (*El Mercantil Valenciano*, 15/10/1936). Y otro homenaje al que tampoco pudo faltar fue el tributado a su compañero Luis de Sirval, el 28 de octubre en el Teatro Principal.

La iniciativa de las Juventudes de llevar a cabo un «mitin cada día en cada pueblo», fue asumida también por la Federación provincial, que el 16 de octubre acordaba el programa de intervenciones: significaba que los socialistas, entre octubre y diciembre de 1936, llevarían a cabo cerca de 100 mítines en otros tantos pueblos. El calendario previsto exigía a Escandell compatibilizar prácticamente el mitin diario con todas las demás actividades y obligaciones de su cargo.

---

90 La foto de Escandell haciéndole entrega del carné en *Verdad* (07/10/1936).

Es muy posible que fuese una simple coincidencia, pero la decisión de esta campaña se tomaba un día después de que Molina Conejero interviniese en la inauguración del Círculo Socialista de Russafa, un acto al que, obviamente, Escandell no fue invitado. De la misma manera que, en la programación de oradores que hizo la Federación, Molina ni ningún otro miembro de la Agrupación de València fueron llamados para participar.

La planificación de la campaña también coincidió con una nueva entrevista de Escandell que publicaron al unísono *El Mercantil* y *Verdad*, «fijando la posición del partido», esto es, significando algunas de las ideas claves que se darían en los discursos. Realizada en su nuevo despacho del palacio de Benicarló, desde la primera pregunta Escandell se declaraba abierta y entusiásticamente partidario de realizar la fusión de socialistas y comunistas, eso sí -matizaba- «cuando finalice la guerra». No obstante, teniendo en cuenta que era entrevistado por el diario que se subtitulaba «de unificación de los Partidos comunista y socialista», Escandell destacaba la unidad simbólica que representaban dos mujeres: una socialista, «heroína de la inteligencia», Margarita Nelken, y otra comunista, «heroína del corazón», Dolores Ibárruri. De esta forma, el soñador Escandell veía un futuro victorioso donde todos los marxistas caminaran juntos hacia el socialismo.

Cuánto había cambiado aquel joven que defendió abiertamente seguir en la II Internacional y que admiraba a los gobernantes que hacían del reformismo su vía de aplicación del socialismo. Ahora, en esta entrevista, no dudaba en reconocer que solo la III Internacional, esto es, las URSS, era la única que estaba ayudando a la República en su lucha contra el fascismo. Un cambio, por otro lado, en correlato con el experimentado por el propio Partido Socialista desde el fracaso de octubre de 1934 (Bizcarrondo, 1981: pp. 227 y ss.).

La campaña de propaganda se fue desarrollando según lo previsto, consiguiendo una importante repercusión dado el seguimiento que *El Mercantil*, *La Correspondencia de Valencia* -reconvertido en portavoz de la UGT- y *Verdad* llevaron a cabo, además de la asistencia de público que se producía en cada acto.

Para empezar, el miércoles 28 de octubre se programó uno de los mítines destacados en la misma capital, precedido de una intensa propaganda con carteles diseñados por el pintor José Barreira. Luego vinieron los diferentes pueblos. En todos ellos se repetían las mismas ideas una y otra vez: unidad de acción contra el fascismo, disciplina y orden en la retaguardia y fe ciega en el triunfo militar que significaría el triunfo del socialismo. Al principio, las intervenciones de Escandell aparecían reproducidas íntegramente en *Verdad* y parcialmente en *El Mercantil*. Por ejemplo, el mitin pronunciado en Turís, el 21 de octubre, aparecía transcrito gracias a la labor de un taquígrafo que lo seguía, ocupando dos páginas del diario. El remate era el titular y la foto de Escandell, donde se afirmaba «Un oportuno y magnífico discurso de Escandell».

No sabemos cómo pudo hacerlo ni cómo aguantó aquel ritmo de discursos y viajes. Sirva citar simplemente la secuencia de actos en los que participó para ver con más precisión la actividad que durante aquellos días de fines de 1936 llevó a cabo. El día 20 participaba en un mitin conjunto con el líder comunista, Juan José Escrich, en Sueca; el 21 en Torís y, nada más acabar un discurso que le debió de ocupar la hora larga, intervino por la noche en Faura; al día siguiente, 22 de octubre, lo hacía en Paiporta; tres días después presidía en el cine España de la capital un gran acto de los «Pioneros marxistas», adolescentes organizados por las Juventudes para su formación; el 26 se desplazaba a Requena, lo que contravenía el planteamiento de no viajar más de la cuenta por el peligro que ello entrañaba; el 27 asistía al acto de cumplimentación del cónsul mexicano en València, destacando -premonitoriamente- la importancia de este país aliado de la República; el 28 asistía en el Teatro Principal al homenaje a Luis de Sirval, volviendo a tener que intervenir; el 29 se desplazaba a Enguera donde consiguió convocar al mayor número de personas en un mitin en la historia de la población, al menos así lo dijo el cronista de *El Mercantil*. Su discurso, nuevamente tomado al pie de la letra por el taquígrafo, fue impreso y distribuido en toda la comarca. La serie de actos resulta hasta farragosa reconstruirla por la cantidad y continuidad con que se produjeron: el 31 de octubre en Bocairent; el 1 de noviembre, por la mañana hablaba en Gandia y por la tarde en Alzira, siendo radiados ambos mítines; el 3 en Llíria...

Si nos detenemos en la descripción de este último, podremos hacernos una idea aproximada de lo que significaba cada uno de estos actos. El de Llíria estaba programado en el teatro de la Unión Musical para las 20 horas, lo que daba margen a los trabajadores para poder asistir. Antes de esa hora, empezaron a llegar los autobuses y camiones con militantes de toda la comarca del Camp de Túria, pero también de los Serranos. El resultado es que el teatro se llenó y para poder albergar a los que se habían quedado en la calle se vieron obligados a recolocarlos en el Teatro Clarín que, igualmente, se llenó. También para este cronista de *El Mercantil*, este mitin fue el más concurrido en la historia de la población.

Tal y como hemos señalado, Escandell no participó militarmente en la contienda, ni debió de pegar un solo tiro a pesar de llevar pistola al cinto. Sin embargo, al acabar la guerra -como tendremos ocasión de ver- una de las acusaciones de los militares rebeldes para condenarlo a muerte se basará, precisamente, en esta campaña de mítines que acabamos de reseñar.

Director de *Adelante*

A principios de noviembre tenía lugar la instalación del Gobierno que presidía Francisco Largo Caballero en València, lo que significaba que el protagonismo de la acción política pasaba a tener otros actores de mayor fuste que el presidente de la Federación Socialista Valenciana. Dicho de otra manera, los medios locales podían elegir para sus entrevistas y reportajes a intelectuales como Machado o Neruda o a políticos como Azaña o Prieto.

La polémica decisión de sacar el gobierno de Madrid no fue sino el primero de los muchos problemas que progresivamente acabaron minando la credibilidad del presidente. Se trata, tal y como ha señalado Aróstegui, del aumento de las tensiones internas en el seno del Partido

Socialista. También la pérdida de confianza, cuando no abierto enfrentamiento, con las estrategias del Partido Comunista dictadas por sus asesores soviéticos. Finalmente, la indisciplina de los anarquistas y la «benevolencia general con que Caballero los consideró».

Las desavenencias con los comunistas se fueron produciendo de manera gradual y acumulativa. Por ejemplo, con la implantación del nuevo modelo del Comisariado de Guerra, figuras políticas de inspiración soviética que a menudo chocaban con las estructuras militares republicanas. Las consecuencias de estas diferencias se verán reflejadas en la evolución del diario *Verdad*, el portavoz conjunto hasta esos momentos. El 15 de diciembre, *Verdad* cambiaba su subtítulo de «Diario de unificación marxista» por uno nuevo que decía: «Diario del Partido Comunista (S.E.I.C.)». Al día siguiente, se deshacía el cambio y el diario volvía a aparecer como portavoz conjunto de socialistas y comunistas en lo que parecía un acuerdo pactado de separación. La situación se alargó hasta fines de enero de 1937 en que definitivamente se produjo la ruptura: *Verdad* pasaría a ser de los comunistas y los socialistas sacarían, a partir del 2 de febrero de 1937, un nuevo diario bajo el título histórico de *Adelante*, el subtítulo de «Diario socialista de la mañana. Órgano de la Federación Socialista Valenciana», y la dirección de Isidro Escandell Úbeda.

No debió de agradar a todos esta doble responsabilidad de Escandell, presidiendo la Federación y controlando su medio portavoz. De hecho, Eduardo Buil, compañero de Escandell en *El Mercantil* y que figurará como redactor en el nuevo diario, iría acumulando argumentos para, llegado el momento, hacer una revisión crítica de la gestión del nuevo diario. Sobre todo, acusará a Escandell de haber utilizado *Adelante* para uso exclusivo de una corriente y no del conjunto del partido[91].

Más allá de las valoraciones políticas, lo cierto es que el nuevo medio socialista se ponía en marcha contando con un primer equipo realmente notable. Además del director, figuraba como redactor jefe el joven

---

91 Fundación Pablo Iglesias, AH-19-11.

Marcelo Jover[92]. El gran fotógrafo Vicente Vidal Corella era redactor gráfico. Como ilustrador con sus viñetas tan impactantes como didácticas, el gran Carlos Gómez Carrera que firmaba cada una de sus creaciones con el seudónimo de Bluff y que también colaboraba de forma destacada en el semanario satírico *La Traca* (Laguna, 2015). Completaban el cuadro de redactores tres hombres de confianza de Escandell: Miguel Aguado, Cástulo Carrasco y Miguel Sánchez Perales.

En su primer número encontramos ya todas las claves de su razón de ser. En la presentación, se afirmaba que, frente a la consigna de los socialistas y del propio Largo Caballero de unidad frente al fascismo para ganar la guerra, otros habían apostado por el proselitismo

---

92 Jover Navarro, Marcelo (1912-1945) «Periodista y escritor, exiliado español. Nació en el seno de una familia de judíos sefarditas de Orán. Estudió primaria y secundaria en un instituto de Sidi bel Abbes y posteriormente su familia se asentó en València en 1930 para trabajar en el comercio. Marcelo sin embargo lo hizo en la imprenta de *El Mercantil Valenciano*, donde fue desarrollando su vocación periodista. A los dieciocho años formó parte de la huelga general de 1930 junto a más periodistas habituales de la Casa de la Democracia y de la redacción *El Pueblo*. Con la llegada de la República Jover empezó a adquirir cierta fama gracias a sus escritos en *El Mercantil Valenciano, El Pueblo* o *El luchador de Alicante*. Se afilió al PSOE y a la UGT, Sindicato Profesional de Periodistas. A partir de 1937 fue redactor diplomático en el Ministerio de Propaganda, que posteriormente cambió a Subsecretaría. En 1938 se integró en la masonería, dentro de la logia Fénix. Formó parte del S.I.M y tras el fin del conflicto bélico se trasladó a Bayona. Contrajo matrimonio con Victoria Lorenzo y de esta unión nacería Colette, aunque nunca la conoció, ya que, a los problemas matrimoniales se unió que Jover se exilió a México y nunca regresó. Primeramente, estableció su residencia en Managua, donde fue redactor-jefe, editorialista y director del periódico *Novedades*. Este diario era propiedad de la familia Somoza, los cuales defendían el franquismo y esto produjo el enfrentamiento con Marcelo Jover, al dedicar este último a los también opositores de *La Prensa* en julio de 1942 un artículo en el que se criticaba al periódico por ser "el órgano del franquismo en Nicaragua". De esta forma perdió su empleo en Novedades y comenzó a trabajar como corresponsal en Nicaragua y Centroamérica para el periódico gubernamental mexicano *El Nacional*. En 1943 se asentó de manera definitiva en México, donde mantuvo su oficio en *Excelsior* y *El Nacional* y dirigió *Francia Libre*, publicación de la resistencia francesa en México. También ayudó a los republicanos españoles en la lucha antifranquista. Fue galardonado con el título de "Huésped de Honor" de la UNAM. Escribió a su vez trabajos como: Rubén Darío, ensayo biográfico y breve antología y De Pearl Harbor a Roma, cronómetro de la guerra». https://pares.mcu.es/ParesBusquedas20/catalogo/autoridad/156510# (consultado el 10/08/2024).

partidista, en clara alusión al Partido Comunista. No obstante, reafirmaba su vocación de seguir trabajando por la unidad del proletariado. En sus seis páginas, el nombre de Largo Caballero se citaba en 14 ocasiones, además de incluir una fotografía suya en portada junto con la de Pablo Iglesias, lo que confirmaba sin ningún género de duda uno de los grandes objetivos del nuevo diario. Su tirada inicial fue de 13.000 ejemplares, una cifra importante para las dificultades que presentaba en esos momentos el mercado de la prensa por la escasez de papel, pero apenas significaba un 10% del volumen de afiliados que tenía la organización en esos momentos.

En el segundo número, aparecido el 3 de febrero, Escandell firmaba una nota de agradecimiento por la gran acogida dispensada al nuevo diario. Informaba que la tirada se había agotado a las pocas horas de su salida y que había recibido numerosas muestras de apoyo y felicitaciones. Y justo al lado, encabezando las dos últimas columnas de la primera plana, un artículo defendiendo la unificación de las dos centrales sindicales, toda una señal de cómo el caballerismo se alejaba del comunismo para acercarse al cenetismo. En la revisión que la Ejecutiva llevaría a cabo en julio de 1937, el nuevo secretario general del Partido, Salvador Bueso, llegaría a decir que «había días en que el periódico, más que socialista, parecía órgano de la FAI»[93].

Junto con la política, la guerra ocupaba todo el espacio editorial. Y no eran buenos tiempos para informar del devenir bélico. La caída de Málaga en estos mismos inicios de febrero de 1937 era la peor noticia para un diario que pretendía insuflar ánimos y confianza en la victoria. También para el presidente del Gobierno, cuestionado ya abiertamente a través del diario *Frente Rojo* por sus socios comunistas como responsable del desastre militar. La respuesta a esta derrota y a estas críticas fue un gran acto de adhesión, organizado por la UGT en València en la mañana del 14 de febrero, en la que participaron todas las organizaciones políticas y sindicales. *Adelante*, como el resto de prensa valenciana, no dejó de apoyar la convocatoria publicando

93 Fundación Pablo Iglesias, AH-19-11.

notas de los partidos y consignas a favor del acto. El resultado fue una movilización masiva que *Adelante* (16/02/1937) no sabía cuantificar: «¿Cuatrocientas mil, quinientas mil personas? Desde luego, incontables. Toda Valencia vibró en el acto de adhesión a la República y a su Gobierno. Y estuvo presente».

Escandell, además de dirigir el diario, siguió escribiendo artículos de fondo que, en unos casos, seguían su línea de análisis internacional y en otros sencillamente describían aspectos y sentimientos del momento. El primero con su firma apareció el 4 de febrero, esto es, en su tercer número, con el título de «¿Derecho Internacional?», denunciando como Alemania e Italia habían pulverizado leyes e instituciones surgidas tras el fin de la I Guerra Mundial sustituyendo el derecho por la fuerza. Tres días después escribía un panegírico del joven miliciano de la UGT, Bernardino Roda, muerto en el bombardeo del día anterior en Cullera. Un joven que le había acompañado escoltándolo en varios de sus mítines por la comarca de la Ribera, lo que llevó a Escandell a reconocer el gran impacto emocional que le había causado su muerte. Hasta casi un mes después no volvió a publicar otro artículo, ahora con el título de «Renunciación», un extraño texto en el que reflexionaba sobre el sacrificio que todos tenían que hacer para conseguir la victoria y que se publicó en el ejemplar del 3 de marzo. De nuevo otro lapso importante de tiempo hasta el 1 de abril en que, con motivo de la visita recibida del intelectual portugués en el exilio, Bernardino Machado, publicaba «Iberia, su planta histórica y liberal», recordando todos los elementos compartidos que definían una identidad común.

A partir de este momento y forzado por las circunstancias, los artículos se repetirán con mayor frecuencia y casi siempre en tono necrológico. El 3 de abril le dedicaba una columna a su amigo, el general Burguete, recientemente fallecido y que, según resaltaba, era un intelectual dentro de la milicia, algo nada común entre los militares de alta graduación. El del 6 de abril aparecía dedicado al joven miliciano, Vicente Arlandís, fundador de la Agrupación Socialista de Quartell y con el que también mantenía una estrecha amistad, que se había quedado sordo por una bomba en el frente del Jarama. El 8 escribía sobre el Rector de Oviedo, fusilado «por ser de izquierdas», algo que le resultaba incomprensible a Escandell. Poco podía imaginar que también el de València, el sabio doctor Peset como le gustaba calificarlo, correría la misma suerte.

La impronta de Escandell no tardó en aparecer en *Adelante*. El 17 de abril salía un número especial «dedicado a la República de los Estados Unidos de México», con una portada obra de Bluff en la que se veía a un campesino mexicano -imagen que pretendía representar al presidente Lázaro Cárdenas- con su fusil pisando a un cura que sostenía una cruz gamada. En las siguientes páginas aparecían numerosas imágenes alusivas al país homenajeado, artículos y salutaciones de los principales líderes, un artículo de Escandell sobre el arte mexicano..., así hasta un total de 20 páginas, un alarde editorial incomprensible por las restricciones de papel que pesaban sobre los medios impresos. Pero, como ya hemos visto, Escandell siempre tenía puesto un ojo en lo que ocurría en otros países. Era su especialidad y, en este caso, por el papel tan decisivo que jugará México en el exilio republicano, todo un acierto. Además, buena parte de la prensa valenciana del momento felicitó a Escandell por este número especial. Al menos así lo señalaba *Adelante* (18/04/1937) que, entre otros comentarios recibidos, destacó este: «ha volcado en él su competencia periodística, su entusiasmo socialista y su bien demostrado interés por los países americanos».

Los artículos con la firma de Escandell en *Adelante* se fueron distanciando cada vez más. El 29 de abril publicaba una columna con motivo de cumplirse el cincuentenario de la Agrupación de Xàtiva, a la que le unía su experiencia de juventud; el 6 de mayo redactaba otro defendiendo los valores republicanos del himno de Riego y reconstruyendo su historia; el 9 y el 14 de mayo, respectivamente, publicada sendos artículos necrológicos sobre dos personajes foráneos que admiraba: el antifascista italiano, Domingo Carano, muerto en combate cuando estaba a punto de ser padre y con el que había compartido una estrecha amistad, y otro sobre el político republicano portugués, Alfonso Costa, de quien se declaraba antiguo admirador. Ya no escribió más como director. Lo haría como colaborador tras su cese, pero por muy poco tiempo.

El balance del trabajo al frente del diario podría calificarse de positivo. No solo dirigía un periódico de combate, la guerra obligaba, sino que intentaba complementarlo con otros contenidos de historia, cultura, arte y, cómo no, de humor a pesar de todo. Las viñetas de su correligionario Carlos Gómez, *Bluf*, y las ocasionales de Mario, ofrecían una nota distinta y llamativa al periodismo de guerra dominante. Hasta la propia cabecera, con el nombre del diario en color rojo, resultaba un reclamo llamativo. El resultado fue un aumento de la tirada, pasando de los 13.000 ejemplares iniciales hasta alcanzar los 18.000. También se une a este resultado las felicitaciones recibidas, entre las que cabe destacar, además de la colonia mexicana que se sintió muy honrada con el especial señalado, la de la Agrupación de Republicanos Supervivientes de 1873, que lo nombraron miembro de su Comité de Honor.

Tan solo fueron algo más de cuatro meses al frente del diario. El 20 de junio de 1937 aparecía un breve en *Adelante* informando del cese de Escandell como director, alegando que sus múltiples actividades le impedían seguir compatibilizando este cargo, algo que era lógico dada sus diferentes responsabilidades. Desde un primer momento, Escandell había seguido desempeñando su intensa actividad política sin dejar de atender al diario. Había seguido interviniendo en numerosos mítines, como el pronunciado en Paterna el 16 de marzo de 1937; había participado en actos diversos, desde ayuda para el Socorro Rojo hasta de solidaridad con el pueblo madrileño. Incluso había seguido concediendo alguna entrevista, como la publicada por la revista *Argos* en su número correspondiente al mes de mayo de 1937. Una entrevista que empezaba constatando la enorme dificultad que habían tenido para encontrar un hueco en la apretada agenda de trabajo de Escandell, debido a su condición de «diputado a Cortes, periodista, presidente de la Federación Socialista Valenciana e incansable propagandista del Socialismo en las tribunas de todos los pueblos de Levante».

En efecto, había seguido trabajando como presidente de la Federación en la organización del partido, lo que implicaba recibir constantes visitas que muchas veces no podía delegar. A estas atenciones se le unía la cada vez más numerosa lista de personas demandándole una recomendación, un aval y, sobre todo, rogándole por la libertad de algún detenido... «tarde y noche el asedio a la persona del presidente con los deseos antes expresados, es incesante, verdaderamente insoportable», publicaba *Adelante* (11/03/1937). El agobio llegó hasta tal punto que la Ejecutiva se vio obligado a tomar las siguientes medidas, publicitadas el mismo 11/03/37:

> Primero. Hoy no se recibirán visitas motivadas por detenciones que hayan sido practicadas por los agentes de la autoridad competente y cuyos detenidos no pertenezcan al Partido Socialista.
>
> Segundo. No se concederán avales para personas ajenas al Partido Socialista o a las Juventudes Socialistas Unificadas que lo solicitaran de esta Federación.
>
> Tercero. Las representaciones de los pueblos serán recibidas los lunes, miércoles y viernes de 11:30 h de la mañana a 13:00 h de la tarde.
>
> Cuarto. Cuando la visita de los correligionarios esté motivada por asuntos urgentes, aquellos serán recibidos en el acto.

Toda esta intensa actividad cesó en mayo de 1937. El contexto de su salida del diario portavoz fue Barcelona. En aquella ciudad, entre el 3 y el 8 de mayo se iban a vivir unos graves enfrentamientos entre los partidarios de hacer primero la revolución (anarquistas y poumistas) frente a los defensores de anteponerlo todo a ganar la guerra (socialistas, comunistas y republicanos nacionalistas). Entre otros efectos que provocó este conflicto, tal y como ha destacado Ferran Gallego (2007), uno de los más destacados fue la crisis de las posiciones caballeristas, que, como venimos señalando, eran partidarios de potenciar las relaciones con la CNT en su enfrentamiento con el PCE. Del desastre de Barcelona salió reforzado el sector que encabezaba Indalecio Prieto, que no veía más salida para ganar la guerra que recuperar el concepto de disciplina que preconizaban y practicaban los comunistas. La otra gran consecuencia fue una crisis del gobierno al negarse

Largo Caballero a ilegalizar al POUM, lo que provocó las dimisiones de los ministros comunistas (Uribe y Hernández) y de los prietistas Negrín y De Gracia. Ante esta debilidad, el 17 de mayo Azaña cesaba a Largo Caballero y nombraba para sustituirlo al doctor Juan Negrín. La llamada «crisis de mayo» será definitiva en la historia política Francisco Largo Caballero. Así lo resume el maestro Aróstegui (2021): «La que él y el mundo político republicano llamarían ya en adelante "la crisis de mayo" fue sin ningún género de duda uno de los pasajes, posiblemente el que más, que marcaron de forma indeleble toda la historia de la vida pública, sindical y política de Largo Caballero, de su idiosincrasia y de sus convicciones personales». Y por extensión -añadimos nosotros- la vida política de Isidro Escandell. La suerte de uno era la del otro, sin alternativa.

La primera gran derrota

Había caído el jefe, pero las bases en buena parte de la geografía valenciana seguían siendo caballeristas de corazón. Acabar con esta resistencia y conseguir la hegemonía prietista iba a dar lugar a «la más dura de las campañas para conseguir la victoria final: la rebelión de las federaciones» (Valero, 2015).

Escandell, como presidente de la Federación Socialista València, no dudó en dar la batalla, consciente de que la derrota ante los prietistas que comandaba Molina Conejero en València significaba su descabezamiento. El día después del cese de Largo, el 19 de mayo, Escandell remitía a la Comisión Ejecutiva nacional del partido una carta en la que informaba haber mantenido una reunión con los representantes de las federaciones de Alicante, Albacete, Castelló, Cuenca, Toledo, Ciudad Real y València, acordando manifestar «su identificación absoluta con la línea política sustentada por Largo Caballero hasta el momento actual»[94]. A continuación, pedía explicaciones a la Comisión Ejecutiva acerca de su papel en la crisis saldada con la salida del presidente del

---

94 Fundación Pablo Iglesias, AH-2-3.

Gobierno. La carta, firmada de su puño y letra, añadía el título de «Presidente de la reunión», lo que equivalía a identificarse como máximo responsable de la rebelión. La misma carta se la entregó en mano Escandell a Largo Caballero el día 20, lo que indica que actuaban de consuno en este intento de supervivencia política[95].

La Comisión Ejecutiva nacional apenas tardó una semana en contestarle a Escandell, en unos términos tan duros como claros:

28 de Mayo de 1937.

Al camarada Isidro Escandell. VALENCIA Estimado camarada:

La Comisión ejecutiva deliberó sobre el contenido del escrito que, firmado por usted, en nombre de los representantes de las federaciones socialistas de Valencia, Alicante Albacete, Castelló, Cuenca, Toledo y Ciudad Real, tuvo a bien remitirnos y acordó hacerle saber lo antirreglamentario del procedimiento seguido al convocar esta reunión, con quebranto evidente de la disciplina del partido. Con arreglo a nuestros Estatutos, la Comisión ejecutiva responde de su gestión ante el Comité nacional y éste ante los Congresos ordinarios del partido. Y en su momento, daremos cuenta de nuestra gestión sobre la crisis última y también sobre las anteriores que no tienen menos importancia, a nuestro juicio, para el partido y los intereses de la clase trabajadora. Vuestro y del Socialismo, Por la C.E. Secretario[96].

Frente a la amenaza, Escandell respondió con otro órdago superior. El 3 de junio volvía a convocar en València una nueva reunión de representantes de federaciones territoriales más numerosa que la anterior. Estaban presentes València, Alacant, Castelló, Jaén, Badajoz, Almería y la Federación Socialista Aragonesa, sumando un total de 29 delegados. Además, también participaban a título informativo los representantes de Murcia, Toledo, Madrid y Ciudad Real. El acta de la reunión consta desde el primer momento que el objetivo de esta nueva convocatoria

---

95 «Isidro Escandell visita al camarada Largo Caballero», *La Correspondencia de Valencia* (21/05/1937).

96 Fundación Pablo Iglesias, AH-2-3.

no era otro que verificar si la Ejecutiva nacional contaba con el apoyo del partido o no[97]. Después de 3 días de asamblea y numerosas intervenciones, acordaban elevar una resolución en la que pedían la dimisión de la Comisión Ejecutiva y la convocatoria del Comité Nacional para reorientar la estrategia del partido. También aprobaban nombrar una comisión que trasladase en mano al secretario general de la Ejecutiva, Ramón Lamoneda, los acuerdos adoptados.

El pulso entre unos y otros se mantuvo a lo largo de los meses de junio y julio. Escandell y los demás representantes de las federaciones enfrentados a la Ejecutiva siguieron exigiendo la dimisión de la dirección nacional en nuevas reuniones y comunicados, al tiempo que intentaban demostrar su legitimidad al frente del partido. Incluso procedieron a una nueva remodelación de la Comisión Ejecutiva a mediados de junio. El motivo fue la necesidad de integrar a los miembros de las Juventudes Socialistas que habían presentado su dimisión ante la deriva comunista de la organización juvenil que presidía Santiago Carrillo. La nueva Ejecutiva provincial quedaba constituida de la siguiente forma: Presidente, Isidro Escandell Úbeda. Presidente-adjunto, José Gregori Martínez, Secretario de Organización, Juan Tundidor López. Secretario de Prensa, Salvador Martínez Dasí. Secretario Político, Juan Tejón Baquera. Secretario Administrativo, Ernesto Pérez Carretero. Secretario Administrativo adjunto, Cecilio Iñiguez Anaya, Secretario Político adjunto, José Gregori Martínez. Secretarlo de Actas, Cecilio Iñiguez Anaya. Secretarlo Sindical, José González Canet. Secretario Sindical adjunto, José Izquierdo Barrachina. Secretario general (Propaganda, Información y Relaciones), Justo Martínez Amutio. Secretarlo General adjunto (Propaganda, Información y Relaciones), Gaspar Vilar Alicart (*Fragua Social*, 16/06/1937).

Por lo que respecta al otro sector, los socialistas de la ciudad de València se negaron a reconocer la jerarquía de la Federación provincial en unos términos que incluso llegaban a negarles locales o mítines para los actos que pretendían organizar. El 15 de junio, los socialistas

---

97 El acta en Fundación Pablo Iglesias, AH-2-12.

de la ciudad remitían a la Ejecutiva nacional una carta solicitando una reunión inmediata «para tratar cuestiones de extraordinario interés de orden local, y que desde luego pueden tener repercusión en el aspecto nacional»[98]. La respuesta de la dirección fue convocar una reunión de urgencia que se celebraría en la tarde del 17 de junio. Imaginamos que, además de mostrarle todo su apoyo, la reunión se debió saldar con la estrategia a seguir que, entre otras cosas, pasaba por aplicar normas y reglamentos de manera oportuna. Recordemos que, tras esta reunión, el partido de la ciudad solicitaría a la dirección nacional que les remitiese 500 ejemplares de la Organización General del partido, todo un síntoma de por dónde irían las actuaciones.

En este contexto, pues, Escandell anunciaba el 20 de junio su dimisión como director del diario *Adelante*, siendo sustituido por otro caballerista de pro como era Carlos de Baraibar, Subsecretario de Guerra en el último gobierno de Largo. La idea de concentrarse en la situación interna del partido volvía a ser la causa más lógica de esta renuncia. Además, a nadie debía de escapar que, en caso de perder la batalla, su cese como director sería una consecuencia inmediata.

Escandell, por tanto, dejaba su labor periodística tras haber conseguido consolidar el diario socialista que dirigía con una tirada máxima que llegó a alcanzar los 18.300 ejemplares diarios, a pesar de las divisiones políticas que habían provocado que el sector opositor prefiriera la suscripción a *El Socialista* antes que a *Adelante*. Con su sustituto, durante el mes y medio que estuvo como director, *Adelante* bajaría a 15.300 ejemplares de tirada media. Un descenso que, a juicio de Salvador Bueso, secretario general de la Agrupación de València, nombrado administrador del diario tras el cese del Baraibar, fue debido en parte a la línea seguida por *Adelante* desde la caída de Largo Caballero, atacando a Negrín y a Prieto[99]. De aquí que, en la batalla

---

98 Fundación Pablo Iglesias, AH-1-71.

99 Informe del secretario general de la Agrupación Socialista de València sobre la situación de *Adelante* nada más tomar su control, fechado el 28/07/1937. Fundación Pablo Iglesias, AH-19-11.

del socialismo valenciano, tan importante como conquistar los órganos de dirección fuese controlar el diario portavoz.

Ambos objetivos fueron alcanzados por los socialistas de la ciudad de València que lideraba Molina Conejero con el apoyo constante de la Comisión Ejecutiva nacional del partido. El primero de ellos, desalojar a los caballeristas de la Federación provincial, fue más rápido de lo esperado por la habilidad y contundencia con la que planificaron los movimientos. A principios de Julio, Molina Conejero, recién estrenado como nuevo Gobernador Civil de València, denunciaba las irregularidades cometidas tras la remodelación de la nueva Ejecutiva provincial, «dándose el caso de otorgar puestos a camaradas que no llevan dos años en el partido», lo que infringía el reglamento interno, además de haber procedido a nombrar la Ejecutiva sin reunir el pleno provincial, todo de forma directa y antiestatutaria. Por todo ello, Molina concluía reclamando de la Ejecutiva nacional que «haréis todo lo necesario para que la citada Federación rectifique su actuación francamente confusionista e indisciplinada»[100]. La estrategia estaba clara: aplicar la norma para deslegitimar al adversario.

Por su parte, la Federación provincial respondía a esta amenaza convocando de urgencia a su Ejecutiva bajo la presidencia de Escandell[101]. En un largo y razonado informe, expuesto por Justo Martínez Amutio, se hacía un extenso repaso sobre la situación del partido, de la Federación, del diario *Adelante*, así como de los principales conflictos recién vividos con la Agrupación de València, a

---

100 Carta de Manuel Molina Conejero a la Comisión Ejecutiva del PSOE, con fecha 9/07/1937. Fundación Pablo Iglesias, AH-1-71.

101 «A esta reunión concurrieron por la Ejecutiva los camaradas Escandell, Tejón, Amutio, Iñiguez, González Canet, Pérez Carretero, Izquierdo, Gregori, Tundidor, Martínez Dasí y Vilar. Representando a los Distritos de la provincia, asistieron: por Alberique, Bisbal; por Alcira, Motilla; por Sueca, Juan Durá; por Sagunto, Ocaña; por Chiva, Rafael Huercia; por Requena, Cuartero; por Liria, M. Munoz; por Gandia, Fayos; por Chelva, A. Antón; por Játiva, J. Fernández; por Enguera, Sáez; por Villar de la Libertad, Lacruz; por Torrente, Lerma; por Carlet, Martin Cabello; por València-Mercado, Salvador Sánchez; por València-Serranos, Safont, y por València-Mar, Jaime Orozco; Delegados de cada respectivo distrito al Comité Provincial». Fundación Pablo Iglesias, AH-2-7.

la que no dudaba de acusar de insubordinación. La reunión finalizó con la aprobación del informe de gestión presentado y con unas extensas resoluciones que, resumiendo, venían a ratificar su compromiso con la figura de Largo Caballero, su desconfianza con la dirección nacional y, sobre todo, la amenaza de imponer sanciones disciplinarias a los miembros de la Ejecutiva local de València si continuaba cuestionando las decisiones de la Federación provincial.

Fue la última reunión de Escandell como presidente del socialismo provincial. Tanto la Ejecutiva nacional como la de València entendieron como una provocación las resoluciones acordadas por la Ejecutiva de Escandell y se dispusieron a poner punto final a la situación. Convocado de urgencia el Comité Nacional para los días 19 al 21, acordaban «unánimemente dar amplias facultades a la Comisión ejecutiva (de València) para restablecer la disciplina interna»[102]. Unas competencias que pasaban porque la Agrupación de València se hiciese con el control provisional de la provincia, disolviendo la dirección que tenía a Escandell como su presidente.

Todo se produjo de forma rápida y sin dar demasiadas oportunidades de reacción a los rivales. El 25 de julio, con la notificación por escrito de la resolución del Comité Nacional y la compañía de guardias de asalto, se personaron en la sede de la Federación y del diario *Adelante* para tomar posesión de los locales y enseres que allí había. Aplicando el reglamento, pero también la contundencia de la fuerza se puso fin a una pugna que constituiría la primera gran derrota de Escandell. Una derrota dura por las formas y también por las consecuencias. Así narraría años después Largo Caballero este hecho en sus memorias (1976: 212-213):

> El Gobernador civil de Valencia, Molina Conejero, socialista, se puso al servicio incondicional del Gobierno y se ocupó de perseguir a sus correligionarios valencianos, es decir, a los que discrepaban de su conducta.

---

102 Fundación Pablo Iglesias, AH-1-71.

Por orden del Ministro de la Gobernación, Julián Zugazagoitia (el mismo que en Madrid cuando las elecciones de Bilbao estaba a matar con Prieto), el Gobernador Molina Conejero destituyó utilizando la fuerza pública al Comité de la Federación Provincial Socialista y nombraron otro del gusto del Gobierno y del Gobernador.

En las redacciones de los periódicos *Adelante* y *La Correspondencia* se presentaron los carabineros mandados por Enrique Puente, acompañados del nuevo Director, nombrado por la Ejecutiva del Partido Socialista y requirieron a su propietario para que entregara dichas redacciones, amenazando, en caso contrario, con tomarlas por la fuerza. Carlos de Baraibar requirió un Notario que levantó Acta del atropello. Así, con la policía, reforzada con los carabineros, se apoderó el Gobierno de la Federación Provincial Socialista, de *Adelante* y de *La Correspondencia*, que desde entonces se dedicaron a colocar al Gobierno sobre los pedestales de la Libertad y la Democracia, y aún tenían el cinismo de decir que, para ser buen socialista había que imitar a Pablo Iglesias. Si el "Abuelo" hubiera vivido, habría imitado a Cristo echando a latigazos del templo de la política a los mercaderes del Gobierno y de la Ejecutiva.

FUSILADO POR SOCIALISTA

30 de mayo de 1940. Fallamos que debemos condenar y condenamos al procesado Isidro Escandell Úbeda, como autor del un (*sic*) delito de adhesión a la rebelión con circunstancias agravantes, a la pena de muerte, con las accesorias para caso de indulto, e inhabilitación absoluta e interdicción civil. También le declaramos vilmente responsable sin determinación de cuantía la cual será fijada oportunamente por el Tribunal Regional de Responsabilidades Políticas.

28 de junio de 1940. Teodoro Diez Gil-Sangrador, Teniente médico asimilado: certifico que por orden y nombramiento del Sr. Coronel Jefe de Sanidad Militar de la 3ª Región, he reconocido en el día de hoy el cadáver de Isidro Escandell Úbeda, fallecido a las diez y nueve horas a consecuencia de heridas múltiples de arma de fuego en virtud de procedimiento judicial[103].

---

103 Todas las citas que siguen del sumario del Consejo de Guerra en Archivo Histórico de la Defensa, Sumario 14229, Caja 1965, año 1939, 3.

Estos dos textos pertenecen, tal y como se señala en la nota anterior, al sumario 14.229 por el que Isidro Escandell Úbeda fue juzgado en consejo de guerra. El sumario tiene 103 páginas y un bloque final declarado secreto sin que haya explicación alguna que lo justifique. En buena parte de estas páginas, no solo es notorio el paso del tiempo o el rastro de las ineptas manos que lo cosieron y almacenaron impidiendo la lectura de muchos de sus márgenes, sino también la huella del barro. Un barro que cubre muchas de sus hojas, degradando la tinta hasta la disolución y provocando que algunas páginas se hayan pegado formando un mazacote de muy difícil recuperación.

Esta situación tan lamentable del expediente tiene una versión oficial que señala a la riada que se produjo en València en noviembre de 1957 como responsable, ya que anegó los bajos del edificio de Capitanía General donde estaba almacenada toda la documentación de los consejos de guerra. Sin embargo, las hojas pegadas por acción de la humedad, las letras desdibujadas por el paso de los muchos años transcurridos y el barro que lo cubría bien podría dar lugar a otra explicación, menos climatológica y más política. El barro que funde parte de este y otros sumarios es igual a la tierra con cal de las fosas comunes que fundió los cuerpos que allí se arrojaron.

De la misma forma que ha sido ciclópea la voluntad de todos aquellos que han luchado por sacar a la luz los restos de los asesinados, desvelar de la humedad y del barro los papeles de los juicios por los que fueron condenados, sigue siendo una tarea muchas veces imposible. Sucede, por ejemplo, con el sumario de la hermana de Isidro, Patrocinio Escandell, también detenida y sometida a juicio, cuyo expediente no se puede consultar por su degradado estado.

El peligro, en suma, es que el papel, como los huesos de los fusilados, acaben convirtiéndose en polvo.

El anonimato del final

Su vida política se acabó en aquel mes de julio de 1937. Defenestrado de sus responsabilidades al frente de la Federación Socialista, con un acta de diputado que no tenía valor alguno y con un mentor que en, su retirada, incluso llegó a ser detenido en su intento de trasladarse de València a Alacant[104]. También era el inicio del declive profesional, sin alternativa para volver a ganarse la vida como periodista dada la situación crítica de la prensa y sus estrechos vínculos con partidos y sindicatos. Todos los redactores o colaboradores trabajaban por su identificación con el medio de comunicación. Escandell ya no podía identificarse con ninguno.

El contraste lo ofrecían sus rivales de la Agrupación de València que, respaldados por el nuevo gobierno que presidía Juan Negrín y contando con el aval de la Comisión Ejecutiva nacional del Partido Socialista, se hicieron cargo del control político del partido, del diario *Adelante* y hasta del Gobierno Civil. El nuevo líder del socialismo valenciano pasaba a ser Manuel Molina Conejero, nombrado Gobernador de València en aquel mismo mes de julio, además de ser presidente de la Ejecutiva local del partido. En cuanto al diario, el nuevo director será Eduardo Buil, antiguo colega de Escandell en *El Mercantil,* pero del que se había distanciado como consecuencia de las batallas libradas.

Aunque el destino todavía le deparaba otra derrota superior y más dramática, a tenor de estas circunstancias es lógico pensar en un Escandell abatido, incluso con dificultades económicas para subsistir al no disponer de un trabajo que le reportase algún ingreso. Desde julio de 1937 ya no volverá a escribir ningún artículo más, dedicándose en exclusiva a elaborar el libro pendiente sobre América para revitalizar su condición de miembro de la Academia Hispano-Americana de Ciencias y Artes. Su refugio serán los libros, la escritura y la Historia. Y su familia. Con sus hermanos Enrique y Concha compartirá un nuevo domicilio fuera de la ciudad, en la calle Cervantes de Benimàmet. Allí esperará el devenir de los acontecimientos.

---

104 Largo Caballero fue detenido en El Perelló (Sueca) por soldados que tenían orden de no dejarle abandonar la ciudad. Fundación Pablo Iglesias, AH-25-7.

La espera se diluyó en el silencio. En los 21 meses que transcurrieron hasta la conclusión de la guerra, Escandell desaparece de la escena pública. Su nombre ya no se registra en ningún acto político ni su firma en ningún periódico. Es el único periodo de su vida en que no tenemos ninguna noticia sobre lo que hizo, pensó o trabajó.

Es posible que ese impuesto anonimato, reforzado por su «exilio» en el barrio de Benimàmet, le llevase a concebir alguna esperanza acerca de su futuro una vez las tropas franquistas se apoderaron de València. No había participado militarmente en la guerra, ni figurado en ningún cuerpo de ejército ni desempeñado cargo oficial alguno. Además, la propaganda franquista se había encargado de esparcir el engaño mediante octavillas lanzadas por la aviación antes de la llegada de las tropas, afirmando que «los que no tuviesen las manos manchadas de sangre, nada tenían que temer».

Pero el miedo, una vez que las tropas franquistas entraron en València, era inevitable. Por muy aislado que viviese en su domicilio, las noticias de las detenciones masivas, de las cárceles abarrotadas y de las ejecuciones sumarísimas, como la del propio Molina Conejero[105], le debían estar llegando. Además, el 26 de abril era detenida su hermana mayor, Patrocinio, en su domicilio de la calle Teniente Asensi de Benimàmet. Conducida a la Prisión Provincial de Mujeres, la ficha de entrada informaba que tenía 52 años y tres hijos[106]. A pesar de no

---

[105] «Condenado a muerte por el Consejo de guerra, pasó largo tiempo en la atroz angustia de esperar el trágico desenlace, al cabo del cual un día, el 25 de noviembre de 1939, fué conducido por el piquete de ejecución al campo de Paterna, en donde habían de fusilarle. En aquellos momentos parece que dirigió unas palabras a los soldados del piquete. Y dada la orden de fuego, se dispararon todos los fusiles sin que ningún proyectil diera en el blanco. Aquellos soldados no se sentían con arrestos para matar a un hombre bueno. Molina arrancó a correr, y la orden militar seca, tajante, implacable, incapaz de sentimientos generosos, fué dada nuevamente para que se abatiera al fugitivo, que cayó acribillado a balazos, para no levantarse jamás y quedar su muerte como baldón de ignominia en la historia para los que habían mandado asesinar». LACAMBRA, Vicente: «Recordatorio de Manuel Molina Conejero», *Adelante* (México) 1/12/1949.

[106] Arxiu del Regne de València. Expediente penitenciario de Patrocinio Escandell Úbeda. Fase II, caja 203, expediente 1/1.

haber podido consultar el consejo de guerra al que fue sometida, la sentencia debió de serle favorable, pues el 1 de marzo de 1940 sería puesta en libertad.

La detención y los cargos

Pasó el mes de abril, el de mayo y hasta el de junio y mientras miles y miles de personas eran encarceladas o directamente asesinadas en una operación de terror sin precedente en la Historia de España, Escandell permanecía en su domicilio pensando cuándo le tocaría a él. Después de la detención de su hermana, era evidente que el terror impuesto no tenía agujeros. La red represiva, además de contar con la policía, la Guardia Civil, los falangistas y otros inquisidores de nuevo cuño, había establecido el principio de la delación que implicaba a toda la población. Quien supiese de algún «rojo» tenía la obligación de denunciarlo.

Fuese algún chivatazo o fuese la persecución que desde Madrid se debió organizar para localizar a los diputados de las últimas Cortes republicanas, la suerte se le acabó a Escandell un 24 de julio de 1939. A las 2 de la madrugada de aquel día, agentes de policía venidos expresamente de Madrid irrumpían en su domicilio de la calle Cervantes y procedían a su detención. Trasladado aquella misma madrugada a la sede de Falange en Benimàmet, fue sometido a su primer interrogatorio. Al amanecer del día siguiente, la policía militar se lo llevaba a Madrid donde permanecerá detenido en la prisión provisional Conde de Toreno por espacio de dos meses. Se trata de un episodio un tanto extraño, toda vez que no hay referencia alguna a esta etapa de prisión en el sumario del consejo de guerra. Lo lógico es que, como diputado socialista, lo hubiesen llevado a la prisión nº 1 de hombres, la de Porlier, donde entre otros se encontraba Julián Besteiro. Además, la de Conde de Toreno se había habilitado especialmente para policías de la República que hubiesen desempeñado servicios de investigación.

El 13 de septiembre de 1939 salió de la prisión madrileña para ingresar al día siguiente en la Cárcel Celular de Valencia, también conocida como cárcel modelo (Gabarda, 2021: 107). Pocos días después, el 22 de ese mismo mes, daba comienzo el «Sumarísimo de Urgencia», con el número 14.229, por el que sería juzgado Isidro Escandell por un tribunal militar.

El procedimiento seguido se basará en dos elementos básicos: los interrogatorios al acusado y las declaraciones de los testigos. Todo ello, sin la más mínima garantía de una defensa legal y sin que el fiscal tuviese que aportar prueba alguna. Y todo ello siguiendo una estrategia perfectamente orquestada, tal y como demuestra la Memoria del Fiscal del Ejército de Ocupación, cuyo fin último era culpabilizar a las víctimas blanqueando el golpe militar y la guerra de exterminio llevada a cabo. La Memoria, redactada por Acedo Colunga, sirvió de guía práctica para las actuaciones judiciales militares llevadas a cabo entre 1939 y 1944. Su objetivo era «legalizar el resultado del 18 de julio en tres frentes: ilegalidad de las elecciones de febrero, vacío de poder en los meses del Frente Popular y papel del Ejército» ((Espinosa, 2022).

La base de la acusación fue registrada el mismo día de su detención en el interrogatorio que le hicieron en Benimàmet y apenas variará en el decurso del proceso. En síntesis, le atribuían ser marxista, socialista significado, diputado, amigo de Largo Caballero y «escribir artículos de temas izquierdistas». Con estos datos se inició el proceso-farsa de su juicio.

El mismo día de su llegada a la cárcel en València, el día 22 de septiembre, el agente 134 de la Policía Militar le practicaba un nuevo interrogatorio sobre los cargos que se le imputaban. Las preguntas eran las mismas que las del primer interrogatorio: que qué ideología tenía antes del Glorioso Alzamiento Nacional; que cuáles eran sus vínculos con el cabecilla Largo Caballero; que si era diputado de ideas socialistas... Todo resumido en algo más de un folio.

Dos semanas después, el teniente coronel de la Guardia Civil, Pio Ramí Subrà, en su calidad de juez instructor especial, procedía a iniciar las diligencias previas. Empezaba requiriendo del alcalde pedáneo de Benimàmet, del comandante del puesto de la Guardia Civil y del jefe local de Falange del mismo pueblo, que informasen sobre su conducta social y política. Pocos días después, las tres autoridades requeridas contestaban con media cuartilla cada uno repitiendo el mismo texto:

> Este individuo era militante del Partido Socialista de cuyo partido era Diputado a Cortes habiendo dado en este poblado dos mitines en términos de exhaltar (sic) a las masas y en sus artículos de fondo exhortar a la multitud a la destrucción y el caos. Por Dios por España y su revolución Nacional Sindicalista...

Más allá de las faltas de ortografía, comunes en la mayor parte de estos documentos militares, la acusación que se formula en este primer informe será una especie de guion que marcará las declaraciones de futuros testigos, confirmando que la sentencia de Escandell estaba escrita desde el primer día.

El siguiente paso establecido en el procedimiento sumarísimo era señalar los cargos y determinar los testigos. La lista definitiva la expuso el Servicio de Información el 23 de octubre, estableciendo tres tipos de delitos:

1. Como destacado socialista: haber sido diputado en 1936, participando en la comisión de Justicia.
2. Como propagandista del Partido Socialista: haber intervenido en diversos mítines.
3. Como periodista: haber sido director del periódico revolucionario *Adelante*.

Había un cuarto que apenas pudo prosperar al quedar subsumido en el segundo, pues también se le acusaba de haber sido «denunciador y perseguidor de derechas». Es importante destacar que Escandell solo fue conociendo estos cargos en los sucesivos interrogatorios a los que fue sometido y nunca de una manera directa y concreta, lo que debilitaba enormemente su capacidad de defensa. Era el viejo método que desarrolló la Inquisición desde el siglo XV, pero en vez de sotanas los nuevos inquisidores del siglo XX llevaban galones.

No fue hasta finales de noviembre cuando el juez ordenaba a alcaldes, jefes locales de Falange y Guardia Civil de los pueblos donde se afirmaba que había dado algún mitin, para que remitiesen el listado de testigos que «puedan dar referencias de los mítines de propaganda». Se iniciaba así la teórica fase de confirmación de las acusaciones, en un procedimiento en que, como venimos señalando, los falangistas que dominaban los ayuntamientos y las jefaturas locales del Movimiento de cada pueblo resultaban determinantes. No solo establecían los cargos imputados, tal y como hemos visto, sino que seleccionaban a los testigos a los que luego el funcionario judicial tomaba declaración resumiéndola en un breve escrito. Solo de esta forma se explica que una gran parte de las personas seleccionadas en cada pueblo dijeran exactamente lo mismo, tal y como veremos a continuación.

Por sus mítines

Las primeras declaraciones que aparecen en el sumario pertenecen a los testigos seleccionados en el pueblo de Guadassuar. Y no es casualidad. Vicente Gomis Campos, de profesión zapatero, reconocía haber asistido al mitin pronunciado por Escandell en aquel pueblo el 10 de noviembre de 1936, afirmando que:

> se manifestó violentamente contra el Ejército Nacional, Guardia Civil e Iglesia y entre otras cosas recuerda el declarante que dijo que si la aviación negra venía a bombardear Valencia, sería bastante que rompieran una teja o mataran un gato para que al día siguiente aparecieran las cunetas de la carretera de Guadasuar a Valencia llenas de fascistas asesinados...

Habían pasado algo más de tres años desde aquel mitin y el declarante recordaba con pelos y señales un discurso que, por el tono y las palabras citadas, resulta incomprensible que las dijese una persona del nivel intelectual y humano de Escandell. Pero es que, el resto de los testigos de Guadassuar (Salvador Sanz Selfa, del comercio; Vicente Palau Osca, corredor de cereales; José Ibiza Gimeno, labrador; Joaquín Mahiques Montalvo, alguacil; Joaquín Camarasa Puig, labrador;

Joaquín Roig Cerveró, labrador; Félix Ruiz Boils, labrador y José Sáiz Roig, vigilante) reprodujeron exactamente las mismas frases sobre la aviación negra y la amenaza de matar fascistas. Un argumento que, como veremos al final, será el utilizado por el fiscal para pedir la pena máxima.

El siguiente pueblo en remitir las declaraciones de los testigos fue Massalavés. La pregunta que se les formulaba era acerca de una intervención de Escandell, realizada «antes del Glorioso Movimiento Nacional», para inaugurar la sede de la UGT. Pero ninguno de los 15 que declararon aportaba testimonio alguno que reforzara lo dicho por los de Guadassuar. La mayoría decían no recordar el mitin y los que sí, tan solo describían a un político que pedía la unidad de los obreros.

Frente a esta nota un tanto neutra de los de Massalavés y que muy bien podría ofrecer una imagen de cierta objetividad, aparecían las declaraciones de los siguientes en declarar, los de l'Alcúdia (de Carlet). El primero en el listado era el maestro Notilo Pla Camarasa, quien afirmaba que, en el mitin pronunciado en noviembre de 1936, Escandell había dicho:

> … si la guerra iba por buen camino era debido a la limpieza de elementos fascistas que se habían hecho y cuyos cadáveres habían aparecido en las carreteras(…) y que si la aviación criminal (refiriéndose a la nacional) venía a bombardear la retaguardia, había que llenar nuevamente las cunetas de las carreteras de nuevos cadáveres de elementos de derechas.

Como se comprueba, la coincidencia entre este testimonio y el de Guadassuar es total. Y como había sucedido en este último pueblo, los siguientes declarantes de l'Alcúdia repitieron con las mismas palabras lo dicho por el primer testigo. El falangista que los seleccionó e instruyó lo hizo de forma eficaz.

Preguntados los testigos aportados desde Bétera, estos volvieron a jugar el papel de no saber, no recordar si Escandell había participado o dicho algo. Es decir, mientras en unos pueblos la memoria era precisa y detallista, en otros sucedía todo lo contrario. Los siguientes casos no harán sino confirmar la paradoja. Los de Alberic, volvieron a decir aquello de que «si la aviación fascista bombardeaba la retaguardia había que matar a todos los fascistas», tal y como lo expresó el primer testigo, mientras los de Tavernes Blanques, que aparecen a continuación, apenas recordaban algún detalle del acusado. Es más, resulta que el mitin por el que se les preguntaba a los de Tavernes se afirmaba que había tenido lugar en 1938, año en que, como vimos, Escandell ya no tenía ningún papel en el partido. Se les preguntaba por un mitin que no existió ¡cómo iban a recordarlo!

Llegados a este punto, es perfectamente reconocible que la pieza clave sobre la que se sustentaría la sentencia, las testificales de unas personas que seleccionaba Falange en función de su «conducta», estaba amañada y orquestada. Así que, para darle una nota de apariencia legal, el 26 de enero de 1940 Escandell era de nuevo interrogado. Un interrogatorio que, en pura lógica procesal, debería de haber servido para preguntar al acusado su opinión acerca de las declaraciones que lo calificaban de inductor de asesinatos y, de paso, hacerlo conocedor de los delitos posibles de los que se le acusaba. Pero no sucedió así. La primera pregunta del juez era si se ratificaba en la declaración realizada tras el interrogatorio del 22 de septiembre. La siguiente era acerca de su etapa como director de *Adelante*, a lo que Escandell respondió que no recordaba con exactitud el tiempo que desempeño este cargo. No sería hasta la tercera cuando por fin el militar le inquiriese acerca de si había tomado parte «en unos mítines celebrados en los pueblos de Alberique, Guadasuar y Alcudia de Carlet, celebrados todos en noviembre del año treinta y seis y sobre que versaron sus discursos». Escandell reconoció haber intervenido en esos mítines, pero añadía que era «con el fin de evitar los atropellos y los crímenes que se cometían», negando tajantemente haber «excitado a las masas a que se tomasen represalias en las personas de derechas».

Es muy probable que, a pesar de la ambigüedad con la que se desarrollaba el interrogatorio, Escandell ya tuviese claro que la principal amenaza se podía centrar en esas falsas acusaciones que lo convertían en promotor de asesinatos. Por eso, además de negarlo, no dudó en añadir en su declaración todo aquello que entendía probaba su proceder humanitario. Describió la cantidad de personas de derechas que conocía, entre otras razones, por su etapa como secretario del Ateneo Mercantil de València y que, sin embargo, él nunca denunció a nadie, sino todo lo contrario... «hizo todas las gestiones que estuvieron a su alcance para poner en libertad a señores cuyo matiz derechista era bien conocido». Y como casos citaba los siguientes: Tomás Sanz, comandante de Infantería; Vicente Boluda Martínez; Alberto Lafarga Crespo, presbítero a quien además le dio un aval; dos familiares de Antonio Gozalvez, vicecónsul de Haití en València, que consiguió liberarlos de la cárcel; el farmacéutico Joaquín Loras; Vicente Barber, propietario del Teatro Eslava y su suegro, el actor Ricardo Puga; José Alicart España, coronel retirado. Antes de concluir el interrogatorio, a la pregunta de si tenía algo más que añadir, Escandell, en su desesperación, tan solo se le ocurrió añadir lo que entendía era una prueba de su inocencia: que pudiendo huir de València no lo hizo.

Tras el interrogatorio, el siguiente paso del juez instructor, Pio Rami, fue volver a solicitar a la Guardia Civil, alcaldes y jefes de FE y de la JONS nuevas declaraciones de testigos de aquellos pueblos en los que tenía conocimiento que había participado como orador. Lo hizo de Paterna, Fortaleny, Simat de la Valldigna, Alginet, Benifaió y Cullera. El resultado, en esta ocasión, incrementó el número de testimonios que no recordaban lo dicho por Escandell, incluso algunos, muy posiblemente por la presión recibida, llegaban a confundir los hechos. Fue el caso de los testigos de Paterna, que declararon que criticó al gobierno de Negrín, lo que sitúa el mitin más allá de mayo de 1937, cuando Escandell había intervenido en este pueblo en el mes de febrero. Todo era contradictorio, confuso, menos la intención que subyacía.

Por sus artículos

Tras el rosario de declaraciones, el juez pasó a centrarse en otra de las acusaciones que pesaban sobre Escandell, la de haber dirigido y escrito en *Adelante*. El 15 de abril, el alférez José María de Miguel y Balanzat, como secretario del Juzgado Militar, aportaba al sumario un amplio informe de siete páginas mecanografiadas en las que aparentemente se detallaba todo lo escrito por Escandell en el diario. Pero no solo, también se incluían contenidos que se habrían publicado en su nombre como director. Esto segundo era decisivo, pues si con lo publicado con la firma no daba juego, bastaba con encontrar cualquier otro contenido más belicoso y atribuírselo al director por haber «autorizado su publicación». Así ocurre con el primer número elegido de *Adelante* que aparece en el informe del alférez, el de 17 de marzo de 1937. Podía haber elegido cualquier otro, porque el tono y la línea editorial del diario no diferían lo más mínimo, pero eligió este para indicar que se calificaba a Franco de traidor, al ejército nacional de rebelde y a los generales de criminales. El siguiente ejemplar resumido por el alférez era el de 20 de abril, en concreto la información que describía «las masacres llevadas a cabo por Yagüe, Queipo y los señoritos terratenientes en Extremadura y Andalucía». Lo mismo sucede con los números siguientes de abril y mayo, donde el autor del resumen sigue destacando los artículos que describen las atrocidades cometidas por los facciosos, con los bombardeos de Durango, Éibar y Guernica. En otros artículos, lo que destaca es la forma en que caricaturiza a los militares, en especial a Queipo, catalogado como «el ilustre borracho». Esta visión satírica de los militares -Queipo como borrachín, Franco como afeminado, etc- había tenido en el semanario *La Traca* su principal expresión, destacando las viñetas de Carlos Gómez Carrera, *Bluff*, que, como vimos, también trabajaba en *Adelante*[107].

Sabemos que entre el 24 de febrero y el 10 de julio de 1937, Escandell firmó un total de 15 artículos, tal y como podemos comprobar en el apéndice de nuestro trabajo. Es evidente, fijándose tan solo en los títulos, que la mayor parte están dedicados a cuestiones

---

107 Tanto el director y propietario de *La Traca*, Vicent Miguel Carceller, como el dibujante *Bluff*, fueron igualmente juzgados en Consejo de Guerra y condenados a muerte por, entre otras cosas, «hacer burla de Franco y el ejército». (Laguna, 2015: pp. 161-174).

internacionales, su especialidad. En ningún momento escribió sobre el curso de la guerra. Y cuando lo hizo, fue de forma indirecta al homenajear a algún personaje o amigo caído. Por eso, en el informe no se incluye ni un solo de estos artículos, a pesar de que en el fichero de antecedentes, elaborado durante el tiempo que estuvo detenido en Madrid, ya se indicaban seis de ellos[108]. Todo lo cual confirma que tan solo seleccionaban pruebas si servían al fin premeditado de la condena.

El 20 de abril, don Pío volvió a citar a Escandell para interrogarlo acerca de lo escrito en el diario socialista. La primera pregunta fue directa y, además de sentar la atribución de responsabilidad, hizo innecesaria cualquier otra. El juez le preguntó si, «como director del periódico socialista *Adelante*, era responsable de todo lo publicado en él», aunque no llevase su firma. Escandell no tuvo más remedio que reconocer que así era, pues toda la legislación de prensa desde la liberal hasta la conservadora había fraguado este principio. Sin embargo, advertía lo que era una cuestión lógica para cualquiera, que «prácticamente le es imposible a un Director de periódico leer y censurar todos los artículos que se presentan para la publicación». El juez se dio por satisfecho con la respuesta, lo que debió de poner nervioso a Escandell que rápidamente se atrevió a añadir que había sido nombrado director del diario por su condición de diputado y así, «evitar desmanes en las publicaciones».

Las siguientes preguntas de nuevo insistieron en su nivel de responsabilidad dentro del Partido Socialista, respondiendo que, en efecto, había sido elegido diputado en febrero de 1936, pero que tan solo asistió a las sesiones que se celebraron desde fines de marzo hasta julio. Sobre su participación en la Comisión Reorganizadora de la Justicia, aclaraba que fue un error de la prensa, pues fue Molina Conejero quien de verdad resultó elegido.

---

108 Todas las fichas sobre su caso se reducen a 7, siendo la penúltima la que ofrece la relación de artículos publicados con su firma en *Adelante*. Centro Documental de la Memoria Histórica. DNSD-SECRETARÍA, fichero,17, E0023624.

Antes de cerrar el interrogatorio, Escandell volvió a esgrimir los dos ejes de su línea de defensa. Además de reiterar que siempre actuaba para evitar desmanes, le recordó al juez otros casos en los que su mediación había sido determinante para la salvaguarda de los detenidos. Señalaba que, estando el Gobierno en València, fue requerido por el magistrado Monterde para que lo protegiese ante el temor de ser detenido, cosa que hizo. También citaba al comandante de Infantería, Francisco Guillén, detenido en varias ocasiones y puesto en libertad por su intercesión. Finalmente, a la lista de personas que había auxiliado, añadía la libertad de un industrial de Bocairent, del que solo recordaba su nombre, Benito, detenido por poseer 15.000 monedas de plata.

En total, Escandell había citado en sus dos últimos interrogatorios los nombres de 11 personas a las que había favorecido, protegido o conseguido su libertad. Eran, por así decirlo, posibles testigos de la defensa. ¿A cuántos llamaría el juez para interrogarlos y verificar lo dicho por Escandell?

El primero de los referidos por Escandell en ser llamado fue el comandante Francisco Guillén Martí, que en esos momentos desempeñaba una plaza como juez militar. En su declaración, plasmada en un escrito con fecha de 29 de abril de 1940, literalmente señalaba: «que desde luego es cierto que le ayudó al declarante en cuantas ocasiones en que fue detenido, así como también en la detención de su hermano», algo que conseguía «por su gran influencia (…) su posición política y por sus cargos». Es decir, reconocía el favor al tiempo que confirmaba la responsabilidad en el Partido Socialista, lo que no beneficiaba en nada a Escandell.

El siguiente en prestar declaración fue el farmacéutico valenciano Francisco Lora López, quien reconoció que conocía a Escandell desde hacía varios años como cliente habitual de su farmacia. En esta ocasión, el declarante confirmó lo que ya hemos estudiado a lo largo de este trabajo. Dijo que en las conversaciones que mantuvo con él tras «siempre condenó en tonos moderados la actuación roja, protestando de los desmanes que se sucedían». Una visión del Escandell de orden y moderado que contrastaba con la de inductor de asesinatos que habían construido en toda la primera parte del sumario. Es más, el farmacéutico señaló que, cuando fue detenido, Escandell no logró liberarlo, «precisamente porque por sus ideas moderadas había sido desplazado y no se le hacía caso».

El empresario de teatros, Vicente Barber Soler, quien declaraba el 6 de mayo, reconocía que cuando estuvo detenido por unos milicianos «en la checa que estaba instalada en la Iglesia de los Dominicos, juntamente con su padre político ya fallecido, D. Ricardo Puga y un hermano del que habla, se presentó el encartado Escandell el cual hizo que soltaran a los detenidos y los acompañó personalmente a sus domicilios interesándose a los dos días de su situación por si les habían causado nuevas molestias». Ante esta respuesta, el interrogador le preguntaba al testigo si conocía los motivos que pudiesen explicar la actuación de Escandell. Barber respondió que los desconocía, pero que, en todo caso, lo podía haber hecho por la fama que su suegro tenía como actor.

Ya no se requirió a nadie más. De once, solo tres de los nombres fueron citados. Y todos ellos, con mayor o menor énfasis, incluso con el temor de que los pudiesen identificar con un socialista detenido, confirmaron en sus declaraciones lo dicho por Escandell. Pero el juez no estaba dispuesto a perder ni un día más, al fin y al cabo, se trataba de un sumarísimo de urgencia.

Una farsa de juicio

Un día después de esa última declaración, el 6 de mayo de 1940, y en una clara demostración de que había prisa por cerrar el caso, el Juez Instructor declaraba «conclusas y completas las actuaciones», presentando el resumen del auto con dos resultandos:

1º. Que de las actuaciones practicadas se desprende que el procesado Isidro Escandell Úbeda pertenecía al Partido Socialista desde hace más de 20 años, siendo gran propagandista de sus ideas, siendo elegido diputado a

Cortes por dicho partido en las elecciones del 16 de febrero de 1936 y una vez iniciado el Glorioso Movimiento Nacional fue elegido director del periódico rojo *Adelante* y durante el tiempo que desempeñó dicho cargo se publicaron en el referido periódico artículos en los que se incitaba a las masas a llevar a efecto toda clase de atropellos (hecho probado por el testimonio deducido de varios párrafos de distintos artículos y que obra unido al sumario); tomó parte en infinidad de mítines de propaganda y excitó en ellos igualmente a las masas a toda clase de desmanes contra el benemérito cuerpo de la Guardia Civil, la Iglesia y todo aquello que tuviese alguna afinidad con las ideas o personas de derechas, pudiéndose citar entre ellos los celebrados y los pueblos de Benimámet, Sagunto, Alginet, Fortaleny, Guardamar, Alberique, Alcudia de Carlet, Bétera, Simat de la Valldigna, Masalavés, Enguera, Almussafes, Navarrés, Tabernes Blanques, Paterna, Benifayó, Cullera, Manuel, Riola y en esta Capital.

2º. Que en su declaración indagatoria si bien reconoce los hechos algunos de ellos les da otra orientación.

Con estos resultandos, el juez consideraba que se había producido un delito de «adhesión a la rebelión», por lo que elevaba el auto al Consejo de Guerra Permanente, «a los fines de vista y fallo». Diez días después, el fiscal mostraba su conformidad con lo señalado por el juez instructor, afirmando que «Los hechos reseñados son constitutivos de un delito de adhesión a la rebelión (art. 238 del Código de Justicia Militar) del que es responsable el procesado en concepto de autor, apreciándose de una manera muy significada la agravante de trascendencia y perversidad (art. 173)». Por lo que solicitaba imponer al procesado la pena de muerte.

El 30 de mayo de 1940 fue el día señalado. El consejo de guerra, integrado por cinco militares que se repartían las funciones de presidente, vocales y secretario, procedieron a dictar la sentencia ante el acusado. Repitiendo los mismos considerandos del juez instructor y haciendo suya la calificación realizada por el fiscal, el tribunal ventilaba la vida de Escandell en apenas los cinco minutos que costó leer aquel papel: condena a muerte y civilmente responsable por la cuantía que determinase el Tribunal Regional de Responsabilidades Políticas.

El 15 de junio se dio traslado de la sentencia al Tribunal de Ejecuciones. Y el día 28, a las 19:00h era fusilado en Paterna, en la zona trasera de su cementerio municipal habilitada a tal efecto, un paredón donde se ejecutaría a 2.238 personas. Tenía algo más de 45 años y un libro por acabar.

El juicio, tal y como hemos podido demostrar, fue una auténtica farsa. En todas las actuaciones previas, el juez no consiguió encontrar ningún hecho que relacionase a Escandell con algún acto de violencia. A pesar de ser los falangistas quienes seleccionaban a los testigos, no hubo ningún testimonio que aportase alguna prueba acerca de las consecuencias que pudieron derivarse de sus discursos. Tampoco había ninguna frase publicada en prensa con su firma que pudiese ser interpretada en clave de denuncia o de persecución de personas o instituciones. Tan solo había un hecho probado e irrefutable: era un destacado miembro del Partido Socialista. El 28 de junio de 1940 a Escandell lo fusilaron por socialista.

EPÍLOGO.
NI ELLOS SE ACORDABAN

No todo finalizó aquel 28 de junio. Tras su ejecución, quedaba pendiente la otra pena anexa, la de las responsabilidades políticas que podía comportar el embargo de bienes. Y si el juicio que hemos descrito anteriormente fue una burda representación, este otro, protagonizado por el Tribunal de Responsabilidades Políticas fue toda una broma macabra. Para empezar, este Tribunal, ubicado en Madrid y dependiente de la vicepresidencia del Gobierno, inició mediante una providencia la causa para juzgar a Escandell un 11 de octubre de 1939[109]. En estas primeras diligencias ni siquiera sabían de dónde era natural o si todavía estaba vivo, indicando «que era vecino de Madrid». Dos años después, el procedimiento seguía estancado sin que se hubiese aportado documento alguno que aclarase la situación del encausado.

El 16 de noviembre de 1941, el juez acordaba trasladar el expediente al Juzgado número 17 de Madrid, pero tampoco avanzó el procedimiento.

El 13 de diciembre de 1944 -en efecto, ¡tres años después! -, el juez titular del Juzgado número 17 dictaba una providencia confirmando la recepción del expediente, pero añadía que «desconocía cuáles eran

---

109 Todas las referencias a este juicio en Centro Documental de la Memoria Histórica, Comisión Liquidadora de Responsabilidades Políticas. Sumario 189, 1942.

los cargos que se le imputaban al presunto responsable político», por lo que rogaba que le informasen.

El 4 de abril de 1945, fecha en que el Tribunal de Responsabilidades ya se había extinguido, le contestaba el secretario de la Audiencia Territorial de Madrid confirmando que el expediente de Isidro Escandell Úbeda se había iniciado por: «haber sido Diputado en las Cortes de 1936».

El 27 de junio de 1945 por fin parecía que el procedimiento se iba a concluir tras solicitar el fiscal el informe detallado de los bienes de Escandell que podrían ser objeto de expropiación.

El 10 de septiembre de 1945, la Jefatura Superior de Policía de Madrid le contestaba al fiscal que: «de la información practicada, resulta que al interesado no se le conocen bienes de ninguna clase, ni medios de vida, pues toda su familia vive precariamente». En efecto, no tenía bienes y, sobre todo, ningún medio de vida. Pero la broma seguía.

El 26 de noviembre de 1945, la Comisión Liquidadora del antiguo Tribunal de Responsabilidades Políticas acordaba el sobreseimiento provisional del auto, añadiendo «que se le notifique al interesado» y que se publicase el acuerdo en los boletines oficiales. No sabemos si algún funcionario se acercó al cementerio de Paterna para darle traslado de la resolución al afectado, pero lo que sí está claro es que este sobreseimiento no puso punto final al trámite. No fue hasta el 4 de octubre de 1951, (¡sí, once años después de su fusilamiento!) cuando el juez Pereda Iturriaga, titular del Juzgado Especial de Ejecutorias, confirmaba la recepción del expediente de Escandell. Finalmente, un 14 de abril de 1952, el mismo juez especial confirmó el sobreseimiento definitivo de la causa.

La desidia, cuando no la burricie de estos aparatos represivos evitó que la modesta casa de Benimàmet que ocupaba la familia de Escandell tras su muerte, también fuera objeto de embargo. Porque, como hemos documentado para el caso Carceller, fusilado como hemos señalado al lado de Escandell aquel 28 de junio, no solo le quitaron la vida sino también la mitad de su patrimonio. El manual de represión que redactó Acedo Colunga o la filosofía de exterminio que propugno Serrano Súñer, al parecer, no eran suficientes. Si los detenidos por rojos perdían la vida, sus familiares también perderían sus posesiones. La guerra llamada de liberación, además de una guerra de exterminio, fue también una guerra de rapiña.

La familia de Escandell fue difuminándose con el paso del tiempo. El 8 de diciembre de 1942 moría la madre, Patrocinio, siendo inhumada en el nicho número 93 del cementerio de Benimàmet. En este mismo lugar aparece en el nicho 271 la última de las hermanas que tuvo, Concepción, que falleció el 1 de junio de 1986 a los 84 años. De Rosa, la hermana mayor, o de los otros dos hermanos, Vicente y Enrique, no hemos podido averiguar ningún dato más. Los restos de Isidro Escandell Úbeda, tras la exhumación de la fosa común 114 del cementerio de Paterna, se encuentran a la espera de ser trasladados al «Memorial de las Víctimas», proyectado en este mismo cementerio como último destino para aquellos huesos todavía por identificar al no haber familiar alguno que los haya reclamado.

No es lícito olvidar, no es lícito callar.
Si nosotros callamos, ¿quién hablará?

Primo Levi

Paterna, 5 de septiembre de 2024

ARTÍCULOS PUBLICADOS EN PRENSA (1914-1937)

No están todos los que fueron, pero sí están todos los que publicó en la prensa que se conserva hoy en día. Algunos de estos artículos, como se comprobará, fueron publicados en dos medios a la vez, uno valenciano y otro de fuera. En el caso de *La Voz Valenciana* (*LVV* a partir de ahora) y *El Mercantil Valenciano* (*EMV*) el sistema de búsqueda fue a través de la lectura directa, lo que garantiza el resultado. En el resto de periódicos los resultados se obtuvieron a través de los buscadores que ofrece el fondo hemerográfico digital.

FECHA	MEDIO	TÍTULO
1914.08.05	*Redención*	El confinado
1918.06.17	*El Pueblo*	La huelga de obreros en muebles curvados
1918.07.06	*República Social*	La caridad oficial
1918.10.01	*El Socialista*	El Socialismo en Valencia
1918.12.30	*El Socialista*	Nuestros concejales. Sobre un incidente
1922.03.15	*El Socialista*	Ladridos a la luna. El manifiesto de los Obispos
1923.04.06	*El Socialista*	Apostillas a la conferencia de Ramiro de Maeztu en Valencia.

FECHA	MEDIO	TÍTULO
1923.08.25	*El Socialista*	El Socialismo y la juventud
1923.12.07	*LVV*	Glosas. Dos producciones de Lacambra
1923.12.13	*LVV*	Estudios Literarios. El arte literario y los grandes caracteres. Napoleón y Bakounine
1923.12.15	*LVV*	Estudios Literarios. Los literatos de Andalucía Alarcón y Valera
1923.12.17	*LVV*	Estudios Literarios. La desgracia como factor de inspiración
1923.12.19	*LVV*	Estudios Literarios. La literatura francesa
1923.12.24	*LVV*	Estudios sociales. La saludable reacción contra el fatalismo
1923.12.26	*LVV*	Estudios sociales. Las tres asistencias de Saint Simón
1923.12.27	*LVV*	El magisterio de Heine
1923.12.28	*LVV*	La resurrección de Goldoni
1924.01.01	*LVV*	Dos contradicciones de Benavente Dedicado a M. Molina
1924.01.02	*LVV*	Crónica. La razón de la sinrazón
1924.01.04	*LVV*	Crónica. Kraszewki y su obra literaria
1924.01.05	*LVV*	Crónica. El siempre oportuno Wilson
1924.01.07	*LVV*	Crónica. La transformación de un gran pueblo: el Japón
1924.01.15	*LVV*	Estudios Sociales. Conceptos básicos del Marxismo
1924.01.18	*LVV*	Estudios sociales. Problema de emoción liberal
1924.01.23	*LVV*	Estudios sociales. La concentración capitalista
1924.01.24	*LVV*	Crónica. La muerte de Nicolás Lenine
1924.01.28	*LVV*	Crónica. El socialismo y Ramsay Mac Donald

FECHA	MEDIO	TÍTULO
1924.01.30	*LVV*	Estudios sociales. Procedimientos tácticos del socialismo (2)
1924.02.05	*LVV*	Crónica. El valor de Voodrov Wilson
1924.02.06	*LVV*	Crónica. El movimiento socialista italiano
1924.02.13	*LVV*	Estudios sociales. Procedimientos tácticos del socialismo (3)
1924.02.14	*LVV*	Crónica. El socialismo francés y la herencia de Poincaré
1924.02.15	*LVV*	Crónica. El discurso de Ramsay Mac Donald
1924.02.16	*LVV*	Estudios sociales. Procedimientos tácticos del socialismo (conclusión)
1924.02.18	*LVV*	Crónica. El criterio de Garvin, jefe conservador inglés
1924.02.20	*LVV*	Crónica. El socialismo alemán, sus doctrinas y sus hombres
1924.02.22	*LVV*	Crónica. Alexis Sirbisk Rykoff, sucesor de Lenine
1924.02.25	*LVV*	Crónica. La autodidáctica de Alomar
1924.02.28	*LVV*	Crónica. El drama mejicano y su significación
1924.03.04	*LVV*	Apuntes Críticos. La exaltación de la tolerancia
1924.03.05	*LVV*	Crónica. Emilio Vandervelde y la crisis política belga
1924.03.14	*LVV*	Crónica. Margarita Kollontai, la embajadora sovietista
1924.03.19	*LVV*	Crónica. Cómo se fortifica la monarquía inglesa
1924.03.27	*LVV*	Crónica. El nuevo premio Filene a la paz
1924.03.28	*LVV*	Crónica. La caída del gabinete de Poincaré
1924.04.02	*LVV*	Crónica. La tragedia política de Persia
1924.04.10	*LVV*	Crónica. Bismarch, el canciller de hierro

FECHA	MEDIO	TÍTULO
1924.04.12	*LVV*	Crónica. La democracia triunfa en Dinamarca
1924.04.15	*LVV*	Bibliografía. Seis personajes en busca de autor
1924.04.18	*LVV*	Crónica. Para la posteridad. Los restos del presidente Wilson
1924.04.22	*LVV*	Crónica. La crisis del sentido moral
1924.04.30	*LVV*	Crónica. Otra mujer elevada al Ministerio
1924.05.02	*LVV*	Crónica. El primer centenario de Pi i Margall
1924.05.09	*LVV*	Crónica. Significación de las elecciones alemanas
1924.05.15	*LVV*	Crónica. El triunfo de las izquierdas en Francia
1924.05.26	*LVV*	Crónica. El fin de un mandato presidencial
1924.06.02	*LVV*	Crónica. El problema de la expulsión de los japoneses de Norte América
1924.06.11	*LVV*	Crónica. Una caída ejemplar. La del señor Millerand
1924.06.16	*LVV*	La política italiana. El asesinato del diputado Matteotti, secretario del Partido Socialista
1924.06.21	*LVV*	Crónica. Alrededor de un crimen. El peso de una tradición homicida
1924.06.26	*LVV*	Crónica. Una gran jornada. La conferencia Herriot-Mac Donald
1924.07.01	*LVV*	Crónica. Cómo se consolidan las democracias centrales
1924.07.03	*LVV*	Crónica. La actual crisis de Portugal
1924.07.07	*LVV*	Crónica. La fecundidad de la sangre
1924.07.12	*LVV*	Crónica. Las elecciones mejicanas. La sombra de Carranza triunfa en Méjico
1924.07.17	*LVV*	Crónica. Trozos de la Europa moderna. La República de Finlandia

FECHA	MEDIO	TÍTULO
1924.07.21	*LVV*	Crónica. Los grandes valores ideales. Organización y opinión
1924.07.28	*El Socialista*	Los grandes valores ideales. Organización y opinión
1924.07.30	*LVV*	Crónica. En el décimo aniversario de Jaurés. Corazón y cerebro
1924.08.01	*LVV*	Crónica. El simbolismo de don Teodoro Llorente
1924.08.01	*El Socialista*	Alrededor de un crimen. El peso de una tradición homicida
1924.08.06	*El Socialista*	El espectro de Creso que vuelve. El romanticismo de una campaña
1924.08.08	*LVV*	Crónica. Comentarios al Congreso nacionalista negro
1824.08.11	*LVV*	Crónica. Filosofemas del ambiente
1924.08.11	*El Socialista*	Bibliografía. Objeciones a un libro de Nitti
1924.08.14	*El Socialista*	Una silba antieuropea
1924.08.18	*LVV*	Crónica. Dignificación imprescindible del Parlamento
1924.08.22	*LVV*	Crónica. Un caso de patriotismo ejemplar
1924.08.23	*LVV*	Crónica. El laborismo como valor ideal contemporáneo
1924.08.27	*LVV*	Crónica. La sombra de Goethe que vuelve
1924.08.27	*El Socialista*	El mundo internacional ¿Estados Unidos de Europa?
1924.08.28	*LVV*	Crónica. Una derrota de la paz. Ante la posible disolución del Parlamento
1924.09.02	*LVV*	Crónica. La monarquía y los socialistas (1)
1924.09.12	*LVV*	Crónica. La monarquía y los socialistas (2)
1924.09.18	*LVV*	Crónica. La monarquía y los socialistas (3)

FECHA	MEDIO	TÍTULO
1924.09.22	*LVV*	Crónica. Un libro de Fabra Ribas, lleno de interés y emoción
1924.09.26	*LVV*	Crónica. La solidaridad de las tiranías
1924.09.29	*LVV*	Bibliografía. Los hermanos Karamazov
1924.10.03	*LVV*	Crónica. La restauración idealista en España
1924.10.07	*LVV*	Bibliografía. Un libro oportuno y documentado
1924.10.09	*LVV*	Crónica. Lo que significan las elecciones suecas
1924.10.14	*LVV*	Crónica. Dos tradiciones distintas, Francia y los Estados Unidos
1924.10.31	*LVV*	Crónica. Del Nuevo gobierno conservador inglés. La sonrisa de míster Baldwin
1924.11.04	*LVV*	Crónica. Las lecciones legislativas en Inglaterra. El revolver de míster Asquith
1924.11.08	*LVV*	Comentario. Norteamérica y las elecciones presidenciales
1924.11.15	*LVV*	Crónica. Del mundo anglo-sajón. Lo que representa el triunfo de Coolidge
1924.12.02	*LVV*	Crónica. Las últimas astillas del imperio. Muerte de Heydebrand
1924.12.08	*LVV*	Trozos de la moderna Europa. La República de Checoeslovaquia
1924.12.13	*LVV*	Crónica. De las elecciones alemanas. Eduardo Bernstein, diputado del Reichstag
1924.12.17	*LVV*	Crónica. Del mundo anglo-sajón. Fallecimiento de Samuel Gompers
1924.12.22	*LVV*	Crónica. El oportuno inri de Julio Senador
1924.12.26	*LVV*	El problema de las dos Alemanias. Dos hombres y dos ideales

FECHA	MEDIO	TÍTULO
1925.01.02	*LVV*	Crónica. De la antigua y moderna Europa. Dos pueblos inconfundibles
1925.01.09	*LVV*	Crónica. La dignificación del fez rojo de los turcos. El triunfo de Mustafá Kemal
1925.01.16	*LVV*	Bibliografía. Un libro interesante de Vicente Pla Mompó
1925.01.22	*LVV*	Crónica. Cómo triunfa el cargo de Alcalde. Herriot y Luther
1925.01.23	*LVV*	Crónica. En torno a una confusión ideológica. Sindicalismo y socialismo
1925.01.26	*LVV*	Crónica. El descenso del generalísimo Trotzki. Del mundo bolchevique
1925.01.28	*LVV*	Crónica. Púrpuras cardenalicias y camisas negras. La voz del cardenal Maffi
1925.01.29	*LVV*	Crónica. La sintomatología revolucionaria de Chile. El gran ciudadano Alessandri
1925.02.03	*LVV*	Crónica. El descubrimiento de América por el libro español. La bella campaña de Olariaga
1925.02.09	*LVV*	Crónica. Las bodas de plata de un rey. Prudencia y ecuanimidad
1925.02.11	*LVV*	Crónica. Complicidades duramente pagadas. La miseria de Austria
1925.02.14	*LVV*	Crónica. La significación de un doble abrazo. Franceses y alemanes
1925.02.17	*LVV*	Crónica. La gran responsabilidad de los intelectuales. El caso de don Fernando de los Ríos
1925.02.24	*LVV*	Crónica. Alrededor de una sentencia condenatoria
1925.02.26	*LVV*	Bibliografía. La inagotable inspiración de Pirandello

FECHA	MEDIO	TÍTULO
1925.02.28	*LVV*	Crónica. ¡A pesar de todo, fue Colón! Lo del marqués de Dos Fuentes
1925.03.04	*LVV*	Crónica. Las elecciones presidenciales en Alemania. ¿Monarquía o República?
1925.03.05	*LVV*	La muerte de un apóstol de la paz. Hjalmar Branting
1925.03.12	*LVV*	Crónica. ¡Si como lo dice, lo ejecuta! El discurso de Coolidge
1925.03.13	*LVV*	La última noche del presidente Ebert. Amor a la pragmática constitucional
1925.03.17	*LVV*	Crónica. Una gran figura del romanticismo político. El presidente Lincoln
1925.03.18	*LVV*	Crónica. De la Alemania científica y docente. El 138 aniversario de Ohm
1925.03.19	*El Socialista*	La significación de la Commune de París. Un aspecto del romanticismo político
1925.03.19	*LVV*	Crónica. La magnificencia de una fiesta universal. 18 de marzo de 1871
1925.03.31	*El Socialista*	¿Evolución de las jefaturas de Estado? El caso del presidente Calles
1925.04.16	*El Socialista*	De la antigua y moderna Europa. Dos pueblos inconfundibles
1925.03.20	*LVV*	Entrevista. Una conversación con el doctor G.A. de Gripenberg, ministro plenipotenciario de la República de Finlandia en España
1925.03.26	*LVV*	El retorno a la emoción del ochocientes. Los restos de Ángel Ganivet
1925.03.31	*LVV*	Crónica. Las elecciones presidenciales en Alemania. Hombres, ideas y votos
1925.04.03	*LVV*	Crónica. La evolución de las jefaturas de Estado. El caso del presidente Calles

FECHA	MEDIO	TÍTULO
1925.04.08	*LVV*	Crónica. El gran desarrollo del feminismo europeo
1925.04.13	*LVV*	Crónica. Los socialistas belgas en el poder. Emilio Vandervelde, jefe del Gobierno
1925.04.20	*LVV*	Crónica. Las esencias liberales son eternas
1925.04.23	*LVV*	Crónica. La rehabilitación de un gran político. El ministro José Caillaux
1925.04.28	*LVV*	Las elecciones presidenciales alemanas. Lo que significa el triunfo de Hindenburg
1925.05.05	*LVV*	Crónica. En el país de los conquistadores. La ardiente Extremadura
1925.05.19	*LVV*	Del momento. La crisis de la pena de muerte
1925.05.20	*LVV*	Crónica. Un artículo de Albornoz y una réplica. El undécimo, razonar
1925.05.21	*LVV*	Crónica. La evolución social en la República mejicana. Obreros en las embajadas
1925.05.23	*LVV*	Crónica. ¿La chistera de Hindenburg salvará a Alemania?
1925.05.27	*El Socialista*	Misión de los jóvenes socialistas
1925.05.28	*LVV*	Crónica. El comunismo y las ametralladoras. Rehabilitación del diputado Noske
1925.05.29	*LVV*	Crónica. ¡No alarmarse, que es buena persona! El simbolismo de unas palabras
1925.06.02	*LVV*	Estudios sociales. El socialismo y los intelectuales. ¿Qué es el trabajo?
1925.06.03	*LVV*	Crónica. Ante el cuarto centenario de Felipe II. La página 280 de un libro
1925.06.05	*LVV*	Crónica. Del incipiente humorismo alemán. El Zeppelin del doctor Eckener
1925.06.06	*LVV*	Crónica. El peligro de los afectos bien sentidos. Recuerdo de monseñor Gibbons

FECHA	MEDIO	TÍTULO
1925.06.08	*LVV*	Crónica. El socialismo y el colonismo. Apostillas a un artículo de Luis Araquistáin
1925.06.09	*LVV*	Crónica. Cómo Bolivia festejará su independencia. Ejemplo a imitar
1925.06.22	*LVV*	Crónica. Dejad que los niños se acerquen a mí. El martirologio de los niños en China
1925.06.23	*LVV*	Crónica. El Senado francés y las izquierdas
1925.06.24	*LVV*	Crónica. La europeización del Imperio japonés. La ruta de Oriente
1925.06.26	*LVV*	Crónica. El ideal cumbre de Simón Bolívar. El sentido republicano del Libertador
1925.06.29	*LVV*	Crónica. En torno a una posición ideal. Parlamento y democracia
1925.06.30	*LVV*	Crónica. El sentido de las grandes aristocracias. El cerebro de Shakespeare y el corazón de Pestalozzi
1925.07.02	*LVV*	Crónica. Los grandes problemas americanistas. La huella de España América
1925.07.03	*LVV*	Crónica. El estado bolchevique ruso y la sociedad de naciones. La apelación a Santa Bárbara
1925.07.04	*LVV*	Bibliografía. Libros, autores e ideas. El molino de viento, juicios de Eugenio D'Ors y El mantón negro, colección de cuentos de Luis Pirandello. Editorial Sempere, Valѐncia
1925.07.07	*LVV*	Crónica. Del mundo de los valores humanos. Egoísmo y egolatría
1925.07.08	*LVV*	Crónica. Los valores de la civilización americana. Lincoln y Bartolomé de las casas
1925.07.14	*LVV*	Cróncia. Un casamiento desigual, por amor. La psicología de los caudillos
1925.07.15	*LVV*	Crónica. Sentimiento y piedad filial. La condesa Tatiana Tolstoi

FECHA	MEDIO	TÍTULO
1925.07.20	*LVV*	Crónica. La sombra de Pignatelli en el mar. Los niñitos condecorados
1925.07.21	*LVV*	Crónica. Ante una efeméride sangrienta. El fusilamiento de Nicolás II
1925.07.21	*El Socialista*	La huella de España en América
1925.08.04	*LVV*	Crónica. Un hombre de siglo en Alemania. Walter Rathenau
1925.08.10	*LVV*	Crónica. La fortuna de los políticos europeos. El caso de McDonald
1925.08.11	*LVV*	Crónica. Sobre fechas injustamente olvidadas. La marquesa de Fonseca
1925.08.14	*LVV*	Crónica. Un poco de filosofía barata. La mujer que habló 42 horas seguidas
1925.08.19	*LVV*	Crónica. Calomarde, discutido en la actualidad. Sin manía aniversarista
1925.08.24	*LVV*	Crónica. Los valores de la civilización americana. El papel de José Martí
1925.08.24	*El Socialista*	Cervantes, desterrado de Filipinas
1925.08.25	*LVV*	Crónica. A través de la legislación obrera universal. El fantasma glorioso de Benot
1925.08.31	*LVV*	Crónica. El señor Mussolini y su concepto de la libertad. Los fines de la democracia
1925.09.04	*LVV*	Crónica. Federico Adler, nuevo secretario de la Internacional. Del presidio a la presidencia de la República
1925.09.11	*LVV*	Crónica. De la inquietud espiritual de Europa. El problema austro-alemán
1925.09.18	*LVV*	Crónica. Las cardinales directas del socialismo europeo. La sonrisa de mister Henderson
1925.09.18	*El Socialista*	Ante el Congreso Agrario de la Región de Levante

FECHA	MEDIO	TÍTULO
1925.09.19	*LVV*	Crónica. Las emociones del mundo anglosajón. El periodismo y la política
1925.09.22	*LVV*	Crónica. Desde la fantasía de Wells a una escritora valenciana
1925.09.23	*LVV*	Crónica. El nuevo Museo Nacional de Alemania. Técnica y socialismo
1925.09.23	*El Socialista*	Consejos a los jóvenes socialistas
1925.09.25	*LVV*	Crónica. Las dudas aplicación de la democracia. Invocación al despotismo ilustrado
1925.09.29	*LVV*	Crónica. Bajo los árboles del jardín de Akademus. Los médicos y los obreros
1925.09.30	*LVV*	Crónica. El general que fue fusilado sin morir. ¡Si Campero viviera!
1925.10.02	*LVV*	Crónica. Valores políticos de la nueva Alemania. El canciller Müller
1925.10.06	*LVV*	Crónica. En el seno de las democracias obreras. Los agrarios levantinos
1925.10.12	*El Socialista*	Bajo los árboles del jardín de Akademus. Los médicos y los obreros
1925.10.16	*LVV*	Crónica. Por la corrección exquisita del lenguaje. El ejemplo de Bolivia
1925.10.19	*LVV*	Crónica. Del mundo de los valores humanos. La autobiografía de Mill
1925.10.22	*LVV*	Crónica. La evolución social en el centro de Europa. Universidad del trabajo en Austria.
1925.10.30	*LVV*	Crónica. La evolución. De los criterios en Inglaterra. Modas y modas HP.
1925.11.10	*LVV*	Crónica. De la revolución política en Persia. La sugestión de la Costa Azul.
1925.11.13	*LVV*	Crónica. Los grandes problemas ideales. Patriotismo y socialismo

FECHA	MEDIO	TÍTULO
1925.11.18	*LVV*	Crónica. De la funesta manía de pensar. El odio a lo nuevo
1925.11.20	*LVV*	Crónica. Las formas de gobierno a través del régimen parlamentario. El papel de Lusitania y de Persia
1925.11.21	*LVV*	Crónica. La opinión pública y el Estado actuante. Y... ¿quién opina?
1925.11.24	*LVV*	Crónica. Del luto dinástico en Inglaterra. Un rato a reinas
1925.11.25	*LVV*	Crónica. El municipio y su gran porvenir.
1925.11.30	*LVV*	Crónica. La oratoria en la vida pública. La verborrea, ¡he ahí el enemigo!
1925.12.08	*LVV*	Crónica. La España que paga, medita y trabaja. Un avance de la democracia industrial
1925.12.11	*LVV*	Crónica. La última trinchera del Romanticismo. El papel de Pablo Iglesias
1925.12.14	*LVV*	Crónica. El establecimiento de la Escuela Social. ¿Y en provincias?
1925.12.17	*LVV*	Crónica. En el seno de las democracias obreras. Una semana entre naranjos
1925.12.23	*LVV*	Crónica. Del romanticismo político portugués. El nuevo presidente Machado
1925.12.26	*LVV*	Crónica. La estructura política del porvenir. El caso de Alemania.
1926.01.04	*LVV*	Crónica. Coronas de laurel en cabezas de plata. El médico y el general.
1926.01.08	*LVV*	Crónica. La sombra de Carlos V en Yuste. Miedo a la realeza.
1926.01.12	*LVV*	Crónica. La resurrección de Rollinat por un valenciano. Paisajes de la isla Dorada.
1926.01.20	*LVV*	Crónica. Una gran figura de la guerra. Resistir.

FECHA	MEDIO	TÍTULO
1926.01.21	*LVV*	Crónica. El ocaso de los imperialismos. ¿Imperio italiano?
1926.02.01	*LVV*	Crónica. El español, cambiando de criterio. Y cañazo que l'esmenuce
1926.02.02	*LVV*	Crónica. La nueva conquista de América. Desde Palos a Buenos Aires.
1926.02.20	*LVV*	Crónica. Las grandes figuras del nacionalismo. El cardenal Dalbor.
1926.02.25	*LVV*	Crónica. Ante dos grandes poemas de bronce. Salmerón y Castelar.
1926.03.11	*LVV*	Crónica. Un momento decisivo para España. La Sociedad de Naciones.
1926.03.12	*LVV*	Crónica. El intercambio intelectual hispano-americano. ¡Por ahí, por ahí!
1926.03.13	*LVV*	Crónica. La petición China en la Sociedad de Naciones. La ruta de Oriente.
1926.03.19	*LVV*	Crónica. La dignificación de las profesiones. Remedos de la mendicidad.
1926.03.23	*LVV*	Crónica. La ruta de los ideales del pacifismo. Predicar y dar trigo.
1926.03.24	*LVV*	Crónica. El espíritu de las ciudades. Estantes, polvo y libros.
1926.03.31	*El Socialista*	Crónica. La ruta de los ideales del pacifismo. Predicar y dar trigo
1926.04.03	*LVV*	Crónica. Los triunfos de la democracia política. Los bienes del ex kaiser
1926.04.07	*LVV*	Crónica. El fenómeno político de Holanda. El fantasma de Kidd.
1926.04.20	*LVV*	Crónica. La Fundación Pablo Iglesias. El tesoro de los humildes.

FECHA	MEDIO	TÍTULO
1926.04.23	*El Socialista*	La Fundación Pablo Iglesias. El tesoro de los humildes.
1926.04.27	*LVV*	Crónica. La Sociedad de Naciones. Ideas del profesor De Orúe.
1926.04.28	*El Socialista*	Aspectos de la Juventud española. La visión de América
1926.04.29	*LVV*	Crónica. La aparición del compañero Nitti. Coronas y gorrofrigios.
1926.05.01	*El Socialista*	La canción del trabajo. Las conquistas del internacionalismo
1926.05.08	*LVV*	Crónica. La ruta de los ideales del pacifismo. Predicar y dar trigo.
1926.05.18	*LVV*	Crónica. La aparición de Gina Lombroso. El alma de la mujer.
1926.05.20	*LVV*	Crónica. Los placeres sentimentales. València, Alicante y Castelló.
1926.06.14	*LVV*	Crónica. Los problemas nacionalistas de postguerra. Regiones y regiones.
1926.06.17	*LVV*	Crónica. Un momento decisivo para Alemania. El plebiscito del domingo.
1926.06.19	*El Socialista*	Un momento decisivo para Alemania
1926.06.21	*LVV*	Crónica. Los leales apuros de Lloyd George. En torno al materialismo histórico.
1926.06.28	*LVV*	Crónica. Después del plebiscito alemán. Lo que se ha ventilado.
1926.06.30	*El Socialista*	Después del plebiscito. Lo que se ha ventilado
1926.07.12	*El Socialista*	De la Europa romántica y socialista. Leyendo a Petöfi
1926.07.21	*El Socialista*	Una evocación del Imperio Bizantino. Nacionalismo y socialismo

FECHA	MEDIO	TÍTULO
1926.07.23	*LVV*	Crónica. La legislación social española. El retiro obrero.
1926.08.10	*LVV*	Crónica. De la gesta romántica. El sacrificio en la Historia.
1926.08.11	*LVV*	Crónica. La resurrección del Presidente Ebert. Justicia de los siglos.
1926.08.13	*El Socialista*	América, para la Humanidad. Un gesto del doctor Palacios
1926.08.14	*LVV*	Crónica. El sentido humanista del socialismo. El cenobita de Granada.
1926.08.19	*El Socialista*	El sentido de la Historia. Dogmatismo e intransigencia
1926.08.23	*El Socialista*	El sentido humanista del Socialismo. El cenobita de Granada
1926.08.25	*LVV*	Crónica. La revolución política de Grecia. De Platón a Pangalos.
1926.08.26	*LVV*	Crónica. En torno a los ideales hispanoamericanos. Una medida de Méjico.
1926.08.27	*LVV*	Crónica. Alrededor de un homenaje. El concepto de juventud.
1926.08.27	*El Socialista*	Justicia de los siglos. La resurección del presidente Ebert
1926.08.30	*El Socialista*	La revolución de Grecia
1926.08.30	*LVV*	Crónica. Una lección de Derecho Constitucional. La voz de Petrópolis.
1926.09.03	*LVV*	Crónica. Problemas ideales. El discutido concepto de libertad.
1926.09.06	*El Socialista*	El universalismo de la ciencia. De Buenos Aires a Estocolmo
1926.09.08	*LVV*	Crónica. El trabajador español en el mundo. Porvenir de España.

FECHA	MEDIO	TÍTULO
1926.09.10	*LVV*	Crónica. Sobre la independencia de Filipinas. La Conferencia de Tokio.
1926.09.11	*LVV*	Crónica. La imagen viviente del dolor. El Palacio y el claustro.
1926.09.14	*LVV*	Crónica. El próximo día del Libro español. Iniciativas privadas.
1926.09.22	*LVV*	Crónica. La disolución del comunismo prusiano. Una medida de Severing.
1926.09.22	*El Socialista*	La moral y el duelo
1926.09.24	*LVV*	Crónica. El paso de la estrella sagastina. Un vaho del siglo xix.
1926.09.29	*LVV*	Crónica. La patria de Cristóbal Colón. Entelequias históricas.
1926.09.29	*El Socialista*	Aspectos. La derrota de Oriente
1926.10.21	*El Socialista*	Transigir es gobernar
1926.11.03	*El Socialista*	La calumnia como arma de combate
1926.12.09	*El Socialista*	Acotaciones. El apostol Pablo
1926.12.12	*El Obrero (Elx)*	La aristocracia de Pablo Iglesias
1927.01.12	*LVV*	Crónica. Escenas de la vida sentimental. Dar de comer al hambriento
1927.01.21	*LVV*	Crónica. Desaparición de un monumento histórico
1927.02.07	*LVV*	Crónica. Elogio del profesor Marsh. Un gran discurso universitario
1927.02.26	*LVV*	Crónica. Brandés y el espíritu moderno
1927.03.09	*LVV*	Crónica. Un rato a académicos. Castrovido y Gabriel Miró
1927.03.12	*LVV*	Crónica. La derrota de Oriente. Ciudades islámicas

FECHA	MEDIO	TÍTULO
1927.04.07	*LVV*	Crónica. Reaparición de Guillermo Ferrero
1927.05.01	*El Socialista*	Socialismo y optimismo
1927.07.23	*El Dia*	El escritor de versos optimistas. Juan Sansano
1927.10.11	*LVV*	Crónica. La fiesta de la raza
1927.11.19	*LVV*	Crónica. La universidad democrática
1928.01.17	*LVV*	Crónica. Evocación de Palestina
1928.02.04	*LVV*	Crónica. La cátedra de Luis Vives
1928.02.04	*El Socialista*	El socialismo en Europa
1928.03.24	*LVV*	Figuras de la política universal. El presidente Lincoln
1928.03.27	*LVV*	Figuras de la política universal. Sagasta
1928.03.30	*LVV*	Figuras de la política universal. Augusto Bebel
1928.04.03	*LVV*	Figuras de la política universal. Cánovas
1928.04.07	*LVV*	Figuras de la política universal. Hindenburg
1928.04.08	*El Socialista*	La profesora Nina Bangg y el feminismo
1928.04.10	*LVV*	Figuras de la política universal. Chamberlain
1928.04.12	*LVV*	Figuras de la política universal. Pi y Margall
1928.04.16	*LVV*	Figuras de la política universal. Mussolini
1928.04.18	*LVV*	Figuras de la política universal. Aristides Briand
1928.04.20	*LVV*	Figuras de la política universal. Pedro Gasparri
1928.04.24	*LVV*	Figuras de la política universal. Salmerón
1928.04.26	*LVV*	Figuras de la política universal. Nicolás Jorga
1928.04.28	*LVV*	Figuras de la política universal. Vandervelde
1928.05.02	*LVV*	Figuras de la política universal. Julio Maniu
1928.05.04	*LVV*	Figuras de la política universal. Poincaré

FECHA	MEDIO	TÍTULO
1928.05.08	*LVV*	Figuras de la política universal. Masarik
1928.05.10	*LVV*	Figuras de la política universal. Felipe Turati
1928.05.12	*LVV*	Figuras de la política universal. Juan Jaurés
1928.05.15	*LVV*	Figuras de la política universal. Relánder
1928.05.17	*LVV*	Figuras de la política universal. Matteotti
1928.05.21	*LVV*	Figuras de la política universal. Stuart Mill
1928.05.31	*LVV*	Crónica. La imagen de Fray Luis
1928.06.02	*LVV*	Crónica. Su excelencia el botones de Nueva York
1928.06.07	*LVV*	Crónica. El caballero duque de los Abruzzos
1928.06.09	*LVV*	Crónica. El doctor Kameneff o el método de la espera
1928.06.15	*LVV*	Crónica. El centenario de Floridablanca
1928.06.21	*LVV*	Crónica. La restauración idealista
1928.06.26	*LVV*	Crónica. Peladillas alcoyanas
1928.07.07	*LVV*	Figuras de la política española. Fernando de los Ríos
1928.07.11	*LVV*	Crónica. Los trompetazos de Aída y Mamud Bajá
1928.07.12	*LVV*	Figuras de la política universal. Chamberlain
1928.07.13	*LVV*	Figuras de la política universal. Juan Bautista Justo
1928.07.17	*LVV*	Crónica. La educación popular a través del teatro
1928.07.18	*LVV*	Crónica. Giolitti
1928.07.19	*LVV*	Figuras de la política universal. Víctor Adler
1928.07.23	*LVV*	Figuras de la política universal. Mac Donald
1928.07.25	*LVV*	Figuras de la política universal. Ebert
1928.07.25	*El Socialista*	Sobre Fernando de los Ríos

FECHA	MEDIO	TÍTULO
1928.07.28	*LVV*	Figuras de la política universal. Branting
1928.08.01	*LVV*	Figuras de la política universal. Liebknecht
1928.08.02	*LVV*	Crónica. La crisis del sentido social. A Andrés Ovejero, gloria de la tribuna española
1928.08.03	*El Socialista*	Congreso agrario en València
1928.08.09	*LVV*	Crónica. El triunfo de los liberales de Panamá
1928.08.11	*LVV*	Crónica. 11 de agosto de 1919
1928.08.11	*El Socialista*	Hjalmar Branting. Los grandes políticos
1928.08.19	*El Socialista*	El magisterio de Emilio Frugoni
1928.08.21	*LVV*	Crónica. El magisterio de Emilio Frugoni
1928.08.23	*LVV*	Crónica. El triunfo de la República griega
1928.08.24	*LVV*	Crónica. Las fuentes de Játiva
1928.08.26	*El Socialista*	Elecciones presidenciales en EE.UU de Hoover a Smith
1928.08.27	*LVV*	Crónica. Tolstoi
1928.08.28	*LVV*	Crónica. Las elecciones presidenciales en Norteamérica. De Hoover a Smith
1928.08.31	*LVV*	La Secretaría de Estado del Vaticano
1928.09.04	*LVV*	Crónica. La agonía antillana
1928.09.08	*LVV*	Crónica. Pi Margall, el oportuno
1928.09.10	*LVV*	Lo de Albania
1928.09.17	*LVV*	Crónica. La pena de muerte en Polonia
1928.09.21	*LVV*	Crónica. Los niños valencianos y la Escuela de Artesanos
1928.09.22	*LVV*	Crónica. La crisis del sentido moral
1928.09.26	*LVV*	Crónica. Andrés Ovejero, peregrino del ideal

FECHA	MEDIO	TÍTULO
1928.09.27	*LVV*	Crónica. S.M. El bombero
1928.09.29	*LVV*	Una conversación con el profesor Enrique de Benito
1928.10.05	*LVV*	Crónica. El presidente Irigoyen
1928.10.10	*LVV*	Crónica. Ignacio Iglesias
1928.10.11	*LVV*	Crónica. La fiesta de la raza y Valencia
1928.10.17	*LVV*	Crónica. De los valores de la España futura
1928.10.18	*LVV*	Crónica. El vuelo del Zeppelin
1928.10.19	*LVV*	Crónica. Un rato a Maharajás
1928.10.20	*LVV*	Crónica. La vejez del marino
1928.10.21	*El Socialista*	Andrés Ovejero, peregrino del ideal
1928.10.22	*LVV*	Los forjadores de intelectualidad. Entrevista a don Joaquín Ros
1928.10.25	*LVV*	Los forjadores de intelectualidad. Entrevista a don Juan Antonio Bernabé Herrero
1928.10.27	*LVV*	Los forjadores de intelectualidad. Entrevista a don Enrique López Sáncho
1928.10.30	*LVV*	Los forjadores de intelectualidad. Entrevista a don Pedro María López
1928.11.01	*LVV*	Los forjadores de intelectualidad. Entrevista a Fernando Rodríguez Fornos
1928.11.03	*LVV*	Los forjadores de intelectualidad. Entrevista a Adolfo Gil y Morte
1928.11.06	*LVV*	Los forjadores de intelectualidad. Entrevista al marqués de Lozoya
1928.11.08	*LVV*	Los forjadores de intelectualidad. Entrevista a José Segovia
1928.11.10	*LVV*	Los forjadores de intelectualidad. Entrevista a José Valenzuela

FECHA	MEDIO	TÍTULO
1928.11.13	*LVV*	Los forjadores de intelectualidad. Entrevista a José Deleito Piñuela
1928.11.15	*LVV*	Los forjadores de intelectualidad. Entrevista a Juan Peset
1928.11.17	*LVV*	Los forjadores de intelectualidad. Entrevista a Enrique Castell
1928.11.20	*LVV*	Los forjadores de intelectualidad. Entrevista a José Castán y Tobeñas
1928.11.22	*LVV*	Los forjadores de intelectualidad. Entrevista a Tomás Blanco
1928.11.24	*LVV*	Los forjadores de intelectualidad. Entrevista a Juan Bartual Moret
1928.11.27	*LVV*	Los forjadores de intelectualidad. Entrevista a Salvador Salom Antequera
1928.11.29	*LVV*	Los forjadores de intelectualidad. Entrevista a José María Zumalacárregui
1928.12.01	*LVV*	Los forjadores de intelectualidad. Entrevista a José Ventura Traveset
1928.12.04	*LVV*	Los forjadores de intelectualidad. Entrevista a Mariano Puigdollers Oliver
1928.12.06	*LVV*	Los forjadores de intelectualidad. Entrevista a Enrique de Benito
1928.12.08	*LVV*	Los forjadores de intelectualidad. Entrevista a Mariano Gómez González
1928.12.13	*LVV*	Los forjadores de intelectualidad. Entrevista Sixto Cámara
1928.12.14	*LVV*	El conflicto paraguayo-boliviano
1928.12.19	*LVV*	La presidencia de la República de Méjico
1928.12.25	*LVV*	Los forjadores de intelectualidad. Entrevista a Luis Bermejo

FECHA	MEDIO	TÍTULO
1928.12.27	*LVV*	Rumanía la inquieta
1928	*Almanaque de El Socialista para 1929*	La savia de la civilización reside en el mundo de las ideas
1929.01.01	*LVV*	1928. Resumen del año internacional
1929.01.05	*LVV*	La política inglesa
1929.01.09	*LVV*	La política alemana
1929.01.11	*LVV*	La política yugoeslava
1929.01.16	*LVV*	La política italiana
1929.01.18	*LVV*	La política belga
1929.01.30	*LVV*	Crónica. El éxodo de Trotzki
1929.02.02	*LVV*	Crónica. Ante las puertas de la Academia de Estocolmo
1929.02.03	*El Socialista*	El premio Nóbel de la paz ¿Herriot y MacDonald?
1929.02.04	*LVV*	Crónica. El Vaticano y el Estado italiano
1929.02.09	*LVV*	Crónica. El mutismo de Jorga
1929.02.13	*LVV*	Crónica. Las manchas de la conciencia
1929.02.15	*LVV*	Crónica. El depósito del pensamiento
1929.02.18	*LVV*	Crónica. La parábola de la mariposa y del caracol
1929.02.21	*LVV*	Crónica. El hombre con careta
1929.02.22	*LVV*	Crónica. Ante la muerte de la ex Regente. La sagastada
1929.02.27	*LVV*	Crónica. La sinfonía de Goyescas
1929.03.02	*LVV*	Crónica. La pobreza y la cultura
1929.03.04	*LVV*	Crónica. El tango y los intelectuales argentinos
1929.03.06	*LVV*	Crónica. El arreglo de la cuestión romana

FECHA	MEDIO	TÍTULO
1929.03.08	*LVV*	Crónica. El recuerdo del estadista don Eduardo Dato
1929.03.12	*LVV*	Crónica. El pulmón destrozado de Mimí
1929.03.14	*LVV*	Crónica. El nacimiento de las teorías
1929.03.16	*LVV*	Crónica. Elogio de la palabra
1929.03.20	*LVV*	Crónica. El prestigio de una Jefatura de Estado
1929.03.22	*LVV*	Crónica. El mariscal Foch, padre de la victoria
1929.03.27	*LVV*	Crónica. Las manos de doña Eugenia
1929.03.30	*LVV*	Crónica. El calvario de Vicente Medina
1929.04.03	*LVV*	Crónica. La grandeza de los Estados Unidos
1929.04.04	*LVV*	Crónica. El 3 de abril y los negros
1929.04.05	*LVV*	Crónica. Juan Franco
1929.04.09	*LVV*	Crónica. La dignificación del mundo
1929.04.10	*LVV*	Crónica. Cantos de amor
1929.04.12	*LVV*	Crónica. El mangante
1929.04.18	*LVV*	Crónica. La muerte de una gran figura política. Enrique Ferri
1929.04.20	*LVV*	Crónica. Las monedas del piano
1929.04.22	*LVV*	Crónica. Checoslovaquia la fuerte
1929.04.24	*LVV*	Crónica. Claro de Luna
1929.04.25	*LVV*	Crónica. El turrón
1929.05.03	*LVV*	Crónica. La lámpara de Minerva se apaga. Pepe Segovia
1929.05.04	*LVV*	Crónica. El triunfo de los socialistas de Dinamarca
1929.05.05	*El Socialista*	Periodismo socialista

FECHA	MEDIO	TÍTULO
1929.05.10	*LVV*	Crónica. El arte de Paderewski
1929.05.15	*LVV*	Crónica. Una oportuna cita de Spencer
1929.05.16	*LVV*	Crónica. La iniciativa de Stauning
1929.05.24	*LVV*	Crónica. El cajón del pan
1929.05.30	*LVV*	Crónica. El color rojo
1929.05.31	*LVV*	Crónica. Un rato de chinchorrerías
1929.06.03	*LVV*	La política inglesa
1929.06.04	*LVV*	Crónica. Araquistáin y su magisterio permanente
1929.06.07	*LVV*	Crónica. La evolución de míster Henderson
1929.06.08	*LVV*	Crónica. La exposición del Mediterráneo en Valencia
1929.06.13	*LVV*	Crónica. Peladillas alcoyanas
1929.06.15	*LVV*	Crónica. El 20 de mayo de 1830
1929.06.17	*LVV*	Crónica. ¡Viva quien vence!
1929.06.27	*El Socialista*	Araquistáin y su magisterio permanente
1929.07.01	*LVV*	Crónica. La expulsión de Clara Zetkin
1929.07.06	*LVV*	Crónica. El apostolado de Sidney Webb
1929.07.11	*LVV*	Crónica. Sin novedad en el frente
1929.07.13	*LVV*	Crónica. 14 de julio de 1789
1929.08.01	*LVV*	Crónica. En elogio y honor de Sibelius
1929.08.28	*LVV*	Crónica. Mis peripecias en España. Libro de León Trotsky
1929.08.30	*LVV*	Crónica. La dignificación de los negros
1929.09.02	*LVV*	Crónica. El lenguaje popular. Roberto Castrovido

FECHA	MEDIO	TÍTULO
1929.09.11	*LVV*	Crónica. Del monte, del mar y del trabajo
1929.09.14	*LVV*	Crónica. Julián Besteiro, el probo catedrático español
1929.09.21	*El Socialista*	El sudario de Peris Mora
1929.09.27	*LVV*	Crónica. Hacerse el sueco
1929.10.02	*LVV*	El alma de España en América. El despacho del consulado de Norteamérica
1929.10.03	*LVV*	Crónica. Lo que la muerte de Stressemann significa para Europa
1929.10.04	*LVV*	Valencianos ilustres. Jorge Juan
1929.10.06	*LVV*	El alma de España en América. Colombia
1929.10.07	*LVV*	Sugerencias acerca de la Fiesta del Libro
1929.10.09	*LVV*	El alma de España en América. Ecuador
1929.10.11	*LVV*	El alma de España en América. Cuba
1929.10.15	*LVV*	El alma de España en América. Bolivia
1929.10.17	*LVV*	El alma de España en América. El Salvador
1929.10.18	*LVV*	Crónica. Dos discursos oportunos y convincentes
1929.10.19	*LVV*	El alma de España en América. Costa Rica
1929.10.22	*LVV*	El alma de España en América. México
1929.10.24	*LVV*	El alma de España en América. Paraguay
1929.10.26	*LVV*	El alma de España en América. Panamá
1929.10.29	*LVV*	El alma de España en América. Venezuela
1929.10.31	*LVV*	El alma de España en América. Chile
1929.11.02	*LVV*	El alma de España en América. Guatemala
1929.11.05	*LVV*	El alma de España en América. Uruguay
1929.11.08	*LVV*	El alma de España en América. Argentina

FECHA	MEDIO	TÍTULO
1929.11.13	*LVV*	El alma de España en América. Santo Domingo
1929.11.14	*LVV*	El alma de España en América. Perú
1929.11.16	*LVV*	El alma de España en América. Nicaragua
1929.11.19	*LVV*	El alma de España en América. Honduras
1929.11.21	*LVV*	El alma de España en América. Resumen final
1929.11.22	*LVV*	Crónica. El éxodo de Tomás Meabe
1929.11.24	*El Socialista*	Valencia. Su actividad económica
1929.12.04	*LVV*	El Mundo salido de Versalles. Alemania
1929.12.06	*LVV*	El Mundo salido de Versalles. Checoslovaquia
1929.12.08	*El Socialista*	En recuerdo de Pablo Iglesias. Un recuerdo dulce y sentimental
1929.12.10	*LVV*	El Mundo salido de Versalles. Bulgaria
1929.12.12	*LVV*	El Mundo salido de Versalles. Dinamarca
1929.12.14	*LVV*	El Mundo salido de Versalles. Grecia
1929.12.17	*LVV*	El Mundo salido de Versalles. Rumania
1929.12.19	*LVV*	El Mundo salido de Versalles. China
1929.12.21	*LVV*	El Mundo salido de Versalles. Mónaco
1929.12.24	*LVV*	El Mundo salido de Versalles. Noruega
1929.12.26	*LVV*	El Mundo salido de Versalles. Finlandia
1929.12.27	*LVV*	Crónica. Una nueva obra de Araquistáin
1929.12.28	*LVV*	El Mundo salido de Versalles. Bélgica
1929.12.31	*LVV*	El Mundo salido de Versalles. Suecia
1929.12.31	*El Socialista*	La utopía filosofal del crimen
1929	*Almanaque de El Socialista para 1930*	El sentido del Internacionalismo

FECHA	MEDIO	TÍTULO
1930.01.02	*LVV*	El Mundo salido de Versalles. Holanda
1930.01.06	*LVV*	El Mundo salido de Versalles. Italia
1930.01.10	*LVV*	El Mundo salido de Versalles. Portugal
1930.01.16	*LVV*	El Mundo salido de Versalles. Inglaterra
1930.01.18	*LVV*	De Arte. La exposición de Vaquer en el Ateneo Mercantil
1930.03.22	*LVV*	De Arte. La exposición de Santiago de Les en el Ateneo Mercantil
1930.04.01	*Diario de Almería*	El Mangante
1930.04.03	*LVV*	Crónica. El 3 de abril y los megros
1930.04.06	*El Socialista*	Epitafio a Pablo Iglesias
1930.04.19	*LVV*	De Arte. La exposición de Gordó en el Ateneo Mercantil
1930.04.30	*LVV*	Crónica. Basilio Paraíso
1930.05.01	*El Popular (Gandía)*	Concepto del hombre socialista
1930.05.01	*El Socialista*	Lluvia de abril
1930.05.22	*LVV*	Crónica. El patriotismo de los japoneses
1930.07.08	*LVV*	Crónica. El ejemplo de Bolivia
1930.07.17	*LVV*	Crónica. El árbol de la borra
1930.08.07	*LVV*	Crónica. La muerte de Sigfrido Wagner y sus sugerencias
1930.08.08	*LVV*	Crónica. La supervivencia de Matusalén
1930.08.09	*LVV*	Crónica. El 11 de agosto de 1919
1930.08.12	*LVV*	Crónica. Margarita Kollontal, embajadora rusa en Suecia
1930.08.13	*LVV*	Crónica. La exhumación de Dostoiewski
1930.08.14	*LVV*	Crónica. La Turquía de ayer y la de hoy

FECHA	MEDIO	TÍTULO
1930.08.16	*LVV*	Crónica. Un rato a oratoria y a oradores
1930.08.18	*LVV*	Crónica. ¿Monarquía en Grecia?
1930.08.19	*LVV*	Crónica. Francisco Ferrucci e Italia
1930.08.20	*LVV*	Crónica. Valencia y Edmundo de Amicis
1930.08.21	*LVV*	Crónica. La situación del presidente Irigoyen
1930.08.23	*LVV*	Crónica. La muerte de Enrique Martí Jara
1930.08.26	*LVV*	Crónica. Colombia y su poder de evocación
1930.08.27	*LVV*	Crónica. Rodolfo Llopis y su visión de Rusia
1930.08.29	*LVV*	Crónica. La muerte trágica de Lon Cheney
1930.09.02	*LVV*	Crónica. Gabriel Alomar
1930.09.04	*LVV*	Crónica. Los doce mejores libros
1930.09.09	*LVV*	Crónica. La integración de Séneca en nuestra cultura
1930.09.12	*LVV*	Crónica. De los mejores doce libros
1930.09.17	*LVV*	Crónica. ¡Viva Irigoyen!
1930.09.20	*LVV*	Crónica. Los grumos de Torrevieja
1930.09.20	*El Popular*	Los doce mejores libros
1930.09.24	*LVV*	Crónica. Alemania y sus elecciones
1930.09.25	*LVV*	Crónica. Nicolás Salmerón
1930.09.30	*LVV*	Crónica. Los proscritos intelectuales
1930.10.11	*LVV*	Cronica. El sentido del pacifismo
1930.10.22	*LVV*	Cronica. La filosofía de un monumento
1930.10.23	*LVV*	Cronica. Una enfermedad nacional
1930.10.25	*LVV*	Cronica. Una perla en el Reichstag
1930.10.29	*LVV*	Cronica. Política y austeridad

FECHA	MEDIO	TÍTULO
1930.11.07	*LVV*	Cronica. La visita de unos príncipes
1930.11.11	*LVV*	Cronica. El 11 de noviembre de 1918
1930.12.06	*LVV*	De arte. La exposición de Gori
1930.12.26	*LVV*	De arte. La exposición de Santiago de Les
1930.12.30	*LVV*	Cronica. El inefable recuerdo de Joffra
1930.12.31	*El Socialista*	Socialismo y reflexión
1930	*Almanaque de El Socialista para 1931*	¿Qué es el Arte?
1931.01.01	*LVV*	Cronica. El destino de León Trotsky
1931.01.02	*LVV*	Cronica. El novísimo magisterio de Peset
1931.01.03	*LVV*	Cronica. El 2 de enero de 1492
1931.01.06	*LVV*	Cronica. Coros de presidentes
1931.01.07	*LVV*	Cronica. Las revueltas coloniales
1931.01.09	*LVV*	Cronica. Historia anecdótica del trabajo
1931.01.10	*LVV*	Cronica. Un rato de Castelar
1931.01.13	*LVV*	Cronica. Martes, 13
1931.01.15	*LVV*	Cronica. Elogio del árbol célebre
1931.01.17	*LVV*	Cronica. El mirón
1931.02.24	*LVV*	Cronica. El nuevo presidente finlandés
1931.02.25	*LVV*	Cronica. La protección al ciego
1931.03.03	*LVV*	Cronica. Chinchorrerías
1931.03.06	*LVV*	Cronica. La internacional socialista
1931.03.20	*LVV*	Cronica. El canciller Müller se va
1931.04.03	*LVV*	Cronica. Un rato a negros
1931.04.17	*LVV*	Cronica. Acuerdos oportunos: la implantación de la república alemana

FECHA	MEDIO	TÍTULO
1931.04.30	*El Popular*	El ejemplo de España
1931.05.08	*LVV*	Cronica. Una visita a la ciudad de Tortosa
1931.05.21	*LVV*	De arte. Exposición de pintura y escultura en el Ateneo Mercantil
1931.07.08	*LVV*	Crónica. Un libro de versos oportuno
1931.07.18	*LVV*	Desde el Parlamento. El ministro de la Guerra
1931.07.23	*LVV*	Desde el Parlamento. Valencianos diputados
1931.07.28	*LVV*	Desde el Parlamento. ¿......?
1931.07.30	*LVV*	Desde el Parlamento. Verborrea
1931.08.01	*LVV*	Desde el Parlamento. Un discurso grande e injusto
1931.08.03	*LVV*	Crónica. El labrador valenciano
1931.08.15	*LVV*	Desde el Parlamento. Se constituye la comisión parlamentaria valenciana
1931.08.24	*LVV*	Desde el Parlamento. Los curas diputados
1931.08.28	*LVV*	Desde el Parlamento. La comisión de Estado
1931.08.13	*LVV*	Desde el Parlamento. La retirada de los maceros
1931.09.10	*LVV*	Desde el Parlamento. Un himno al trabajo
1931.09.14	*LVV*	Desde el Parlamento. Una tarde lamentable
1931.09.19	*LVV*	Desde el Parlamento. República de trabajadores
1931.09.26	*LVV*	Desde el Parlamento. La evolución de la oratoria. Besteiro, Melquiades, Alba y Alcalá Zamora
1931.10.02	*LVV*	Desde el Parlamento. El diputado más gordo y el más delgado
1931.10.06	*LVV*	Desde el Parlamento. La Semana Santa
1931.10.10	*LVV*	Desde el Parlamento. Con la Iglesia hemos topado
1931.10.13	*LVV*	Desde el Parlamento. Concordatos y concordatos

FECHA	MEDIO	TÍTULO
1931.10.17	*LVV*	Desde el Parlamento. La gestación y solución de una crisis
1931.10.19	*LVV*	Desde el Parlamento. La minoría socialista
1931.10.20	*LVV*	Crónica. Édison
1931.10.21	*LVV*	Desde el Parlamento. Juicios de oportunidad
1931.10.24	*LVV*	Desde el Parlamento. Passiu bé
1931.10.26	*LVV*	Desde el Parlamento. El divorcio
1931.10.30	*LVV*	Desde el Parlamento. El centenario de Riego
1931.10.31	*LVV*	Desde el Parlamento. Las elecciones inglesas
1931.12.	*Almanaque de El Socialista para 1932*	Individualismo y socialismo
1932.01.16	*LVV*	Crónica. La reina Sofía de Grecia
1932.01.26	*LVV*	Crónica. La política exterior de España
1932.02.02	*LVV*	Crónica. En Italia. Recuerdos de España
1932.02.03	*LVV*	Crónica. Provenza, tierra bendita
1932.06.14	*LVV*	Crónica. El enigma de Alemania
1932.06.21	*LVV*	Crónica. Antología de la huerta valenciana
1932.06.28	*LVV*	Crónica. Alejandro VI en el Parlamento
1932.07.05	*LVV*	Crónica. Discursos
1932.12	*Almanaque de El Socialista para 1933*	España y América
1933.05.12	*República Social*	El Parlamento
1933.12.23	*El Avisador Numantino*	El Mangante
1934.03.01	*El Popular*	¿Ilegalidad del Partido Socialista?
1934.03.31	*El Popular*	Del sentir nacional. La silla de Felipe II

FECHA	MEDIO	TÍTULO
1935.06.23	*EMV*	Política Exterior. Alrededor de la crisis mejicana
1935.06.27	*EMV*	Actualidad Universal. Chiappe, el nuevo alcalde de París
1935.07.07	*EMV*	Actualidad Universal. El drama de Cuba y su significación
1935.07.15	*La Voz de Menorca*	El drama de Cuba y su significación
1935.07.11	*EMV*	Actualidad Universal. La mujer española en el extranjero
1935.07.17	*EMV*	Actualidad Universal. Muerte de un presidente ejemplar
1935.07.19	*EMV*	Actualidad Universal. Daniel Salamanca, faro de Sudamérica
1935.08.02	*EMV*	Actualidad Universal. El nuevo gobierno holandés
1935.08.03	*EMV*	Actualidad Universal. El doctor Peset y la cultura española
1935.08.06	*EMV*	Actualidad Universal. El 6 de agosto en América
1935.08.07	*La Voz de Menorca*	El cumpleaños de Mussolini
1935.08.08	*EMV*	Actualidad Universal. Un gran demócrata que muere: von Güerlach
1935.08.10	*EMV*	Actualidad Universal. El centenario de Carducci
1935.08.18	*EMV*	Actualidad Universal. La revolución en Albania
1935.08.21	*EMV*	Actualidad Universal. El Premio Noble de la Paz, de 1935
1935.08.23	*EMV*	Actualidad Universal. El centenario de Barros Luco
1935.08.27	*EMV*	Actualidad Universal. Nicolás Politis
1935.08.29	*EMV*	Actualidad Universal. La isla de Malta
1935.08.31	*EMV*	Actualidad Universal. La reina de los ojos azules

FECHA	MEDIO	TÍTULO
1935.09.11	*EMV*	Actualidad Universal. La Isla de Malta
1935.09.11	*La Voz de Menorca*	La Isla de Malta
1935.09.12	*EMV*	Actualidad Universal. Casanova y el 11 de septiembre
1935.09.14	*EMV*	Actualidad Universal. El discurso de Míster Hoare
1935.09.15	*EMV*	Actualidad Universal. El discurso de Laval
1935.09.25	*La Voz de Menorca*	El discurso de Laval
1935.10.06	*EMV*	Actualidad Universal. Las sanciones
1935.10.09	*EMV*	Actualidad Universal. El artículo 15 de la Sociedad de Naciones
1935.10.13	*EMV*	Actualidad Universal. La fiesta de la Raza
1935.10.19	*EMV*	Actualidad Universal. Las elecciones en el Canadá
1935.10.24	*EMV*	Actualidad Universal. Las elecciones senatoriales en Francia
1935.10.26	*EMV*	Actualidad Universal. Arturo Henderson
1935.11.07	*EMV*	Actualidad Universal. Las elecciones argentinas
1935.11.13	*EMV*	Actualidad Universal. La presidencia de Norteamérica
1935.11.19	*EMV*	Actualidad Universal. Las elecciones británicas
1935.11.21	*EMV*	Actualidad Universal. Don Bernardino Machado
1935.11.30	*EMV*	Actualidad Universal. Masaryk, el presidente perpetuo
1935.12.08	*EMV*	Actualidad Universal. Los grandes municipios europeos
1935.12.12	*EMV*	Actualidad Universal. La conferencia naval de Londres

FECHA	MEDIO	TÍTULO
1935.12.19	*EMV*	Actualidad Universal. La muerte del presidente Gómez
1935.12.27	*EMV*	Actualidad Universal. La ley electoral egipcia
1935.12.28	*EMV*	Actualidad Universal. El discurso del Rey de Inglaterra
1935.12.31	*EMV*	Actualidad Universal. El dominio del Mediterráneo
1935.01.09	*EMV*	Actualidad Universal. La celebridad de Hauptman
1936.01.11	*EMV*	Actualidad Universal. El Parlamento francés
1936.01.19	*EMV*	Actualidad Universal. El Japón y la Conferencia Naval
1936.01.26	*EMV*	Actualidad Universal. La solución de la crisis francesa
1936.01.29	*EMV*	Actualidad Universal. Las elecciones griegas y Venizelos
1935.02.04	*EMV*	Actualidad Universal. Kondylis
1936.02.12	*EMV*	Actualidad Universal. Las vicisitudes del doctor Jéze
1936.02.17	*La Voz (Córdoba)*	Las vicisitudes del doctor Jéze
1936.02.28	*EMV*	Actualidad Universal. Los 70 años de Altamira (Rafael)
1936.02.29	*EMV*	Actualidad Universal. La militarada japonesa
1936.02.29	*El Luchador*	Los 70 años de Altamira (Rafael)
1936.03.04	*EMV*	Actualidad Universal. El discurso de Eduardo VIII
1936.03.06	*EMV*	Actualidad Universal. El Harakiri
1936.03.06	*Diario de Almería*	El discurso de Eduardo VIII
1936.03.08	*Diario de Almería*	Los 70 años de Altamira (Rafael)

FECHA	MEDIO	TÍTULO
1936.03.16	*La Voz de Menorca*	El Harakiri
1936.03.24	*Diario de Almería*	El discurso de Barcia en Londres
1936.03.29	*EMV*	Actualidad Universal. Del Parlamento español
1936.04.08	*EMV*	Actualidad Universal. El 3 de abril y los negros
1936.04.10	*EMV*	Actualidad Universal. Alcalá Zamora
1936.04.12	*EMV*	Actualidad Universal. Von Ribbentrop
1936.04.12	*Diario de Almería*	Alcalá Zamora (p. 4)
1936.04.12	*Diario de Almería*	El ruiseñor andaluz (p. 5)
1936.04.24	*EMV*	Actualidad Universal. El nuevo Parlamento de Francia
1936.04.28	*EMV*	Actualidad Universal. El Parlamento belga
1936.05.01	*Diario de Almería*	El Parlamento Belga
1936.05.05	*Diario de Almería*	La presidencia de la República Española
1936.05.07	*EMV*	Actualidad Universal. La toma de Addis Abeba
1936.05.15	*EMV*	Actualidad Universal. La voz de Rusia
1936.05.17	*EMV*	Actualidad Universal. La independencia de Puerto Rico
1936.05.21	*Diario de Almería*	La voz de Rusia
1936.05.31	*EMV*	Actualidad Universal. La oratoria parlamentaria
1936.06.09	*Diario de Almería*	Blum
1936.06.10	*EMV*	Actualidad Universal. La Constitución Noruega
1936.06.12	*Diario de Almería*	La Constitución Noruega
1936.06.16	*EMV*	Actualidad Universal. El nuevo Gobierno belga
1936.06.18	*Diario de Almería*	La política exterior de Francia
1936.06.19	*EMV*	Actualidad Universal. La jefatura del Estado yanqui

FECHA	MEDIO	TÍTULO
1936.06.25	*Diario de Almería*	China
1936.06.28	*EMV*	Actualidad Universal. Turquía y sus estrechos
1936.07.01	*Diario de Almería*	Turquía y sus estrechos
1936.07.02	*EMV*	Actualidad Universal. El idioma y la política
1936.07.04	*Diario de Almería*	El idioma y la política
1936.07.07	*Diario de Almería*	Dos nuevas repúblicas. Crónica Internacional
1936.08.07	*EMV*	Actualidad Universal. El pueblo español
1936.08.08	*EMV*	Actualidad Universal. España en el extranjero
1936.08.11	*EMV*	Actualidad Universal. Las Islas Baleares
1936.08.14	*EMV*	Actualidad Universal. La armada española
1936.08.19	*EMV*	Actualidad Universal. El Mediterráneo, mar republicano
1936.08.23	*Diario de Almería*	El Mediterráneo, mar republicano
1936.09.23	*EMV*	Marruecos
1937.02.04	*Adelante*	¿Derecho Internacional?
1937.02.07	*Adelante*	Un héroe. Bernardino Roda
1937.03.03	*Adelante*	Renunciación
1937.04.01	*Adelante*	Iberia, su planta histórica y liberal
1937.04.03	*Adelante*	Figuras liberales: el general Burguete
1937.04.06	*Adelante*	Riqueza sentimental. El joven que ha quedado sordo
1937.04.08	*Adelante*	Mi protesta. El señor Rector de Oviedo
1937.04.17	*Adelante*	Colombinismo. El arte mejicano
1937.04.29	*Adelante*	Evocaciones. Bodas de oro socialistas
1937.05.06	*Adelante*	Oro viejo. El himno de Riego

FECHA	MEDIO	TÍTULO
1937.05.09	*Adelante*	Héroes socialistas. Domingo Carano
1937.05.14	*Adelante*	Héroes socialistas. Alfonso Costa
1937.05.23	*Adelante*	Discordias del siglo. El canciller y el cardenal
1937.07.03	*La Correspondencia de Valencia*	La unidad del proletariado
1937.07.04	*Adelante*	Arte y libertad. Constantino Gómez
1937.07.10	*Adelante*	El partido de masas

BIBLIOGRAFÍA Y ARCHIVOS CONSULTADOS

ANDRES GALLEGO, José (1977). *El socialismo durante la dictadura, 1923-1930*. Madrid: Tebas.

AROSTEGUI, Julio (2013). «Una izquierda en busca de la revolución: el fracaso de la segunda revolución», en *Los mitos del 18 de julio*. Barcelona: Crítica [edición digital].

ARÓSTEGUI, Julio (2003). «Guerra) poder y revolución. La República española y el impacto de la sublevación», en *AYER*, 50.

AROSTEGUI, Julio (2021). *Largo Caballero. El tesón y la quimera*. Madrid: Debate [edición digital].

BALFOUR, Sebastián (2018). *Abrazo mortal. De la guerra colonial a la Guerra Civil en España y Marruecos (1909-1939)*. Barcelona: Península [edición digital].

BIZCARRONDO, Marta (1981). «Democracia y revolución en la estrategia socialista de la Segunda República», en *Estudios de Historia Social*, 16-17.

BORDERIA, Enric; MIR, Vicent, SANZ, Vicent y RODRIGO, José (1992). «La Segunda República: de republicano a socialista (1931-39)», en *Historia de Levante El Mercantil Valenciano*. València: Prensa Valenciana.

CABRERA, Mercedes (2011). *Juan March (1880-1962)*. Madrid: Marcial Pons Historia.

CASANOVA, Julián (1997). *De la calle al frente. El anarcosindicalismo en España (1931-1936)*. Barcelona: Crítica.

CASTILLO, José Vicente (1999). *Política y elecciones en el distrito de Chiva (1891-1914)*. Buñol: IEC de la Hoya de Buñol-Chiva.

COLE George D. H. (2021). *Historia del pensamiento socialista, IV: La Segunda Internacional, 1889-1914*. Segunda parte. FCE: México DF [edición digital].

ELEY, Geoff (2003). *Un mundo que ganar. Historia de la izquierda en Europa*. Barcelona: Crítica.

ESPINOSA, Francisco; PORTILLA, Guillermo y VIÑAS, Ángel (2022). *Castigar a los rojos: Acedo Colunga, el gran arquitecto de la represión franquista*. Barcelona: Crítica [edición digital].

GABARDA CEBELLÁN, Vicent (2021). *El cost humà de la repressió al País Valencià (1936-1956)*. València: Publicacions de la Universitat de València.

GALLEGO, Ferran (2007). *Barcelona, mayo de 1937. La crisis del antifascismo en Cataluña*. Barcelona: Debate.

GARCÍA CORACHÁN, Manuel (2011). *Memorias de un presidiario (en las cárceles franquistas)*. València: Publicacions de la Universitat de València [edición digital].

GÓMEZ BRAVO, Gutmaro (2009). *El exilio interior. Cárcel y represión en la España franquistas (1939-1950)*. Madrid: Taurus [edición digital].

GONZÁLEZ CALLEJA, Eduardo (2011). *Contrarrevolucionarios. Radicalización violenta de las derechas durante la Segunda República, 1931-1936*. Madrid: Alianza Editorial.

GONZÁLEZ CALLEJA, Eduardo (2013). «La radicalización de las derechas», en *Los mitos del 18 de julio*. Barcelona: Crítica [edición digital].

GONZÁLEZ CALLEJA, Eduardo (2017). «La crisis política. La revolución que no tuvo lugar», en *Anatomía de una crisis. 1917 y los españoles*. Madrid: Alianza Editorial.

GUERRA SESMA, Daniel (2007). «Socialismo y cuestión nacional en la España de la Restauración (1875-1931)», en *Revista de Estudios Políticos*, 137, 183-216.

LAGUNA PLATERO, Antonio (1990). *Historia del periodismo valenciano. 200 años en primera plana.* València: Generalitat Valenciana.

LAGUNA PLATERO, Antonio (1999). *El Pueblo, historia de un diario republicano, 1894-1939.* València: Institució Alfons el Magnànim-Centre Valencià d'Estudis i d'Investigació.

LAGUNA PLATERO, Antonio (2015). *Carceller, el éxito trágico del editor de La Traca.* València: El Nadir.

LAGUNA, Antonio (2021). *Los imaginarios de la gran pandemia de 1918. Miedo y desinformación.* València: Tirant humanidades.

LAGUNA, Antonio (2023). *Paterna, entre el agua y la cal (1966-1940).* València: Árbena.

LARGO CABALLERO, Francisco (1976). *Mis recuerdos. Cartas a un amigo.* Barakaldo: Ediciones Unidas.

MAINAR CABANES, Eladi (2024). *El golpe militar de 1936 en Valencia.* València: Publicacions de la Universitat de València [edición digital].

MARTÍ BATALLER, Aurelio (2020). «De la patria (más) pequeña al mundo. Identidad nacional y socialismo español desde el País Valenciano (1931-1936)». En *Hispania*, 80/264, 231-259.

MARTÍN RAMOS, José Luis (1998). *Historia de la UGT (1914-1930).* Vol II. Madrid: Publicaciones Unión y Centro de Estudios Históricos.

MARTÍNEZ GALLEGO, Francesc Andreu (2002). *El socialismo de los tres nacimientos: en los orígenes de las agrupaciones socialistas de l'Alcúdia.* l'Alcúdia: Agrupació del PSPV-PSOE de l'Alcúdia.

MARTÍNEZ GALLEGO, Francesc Andreu (2010). *Esperit d'associació. Cooperativisme i mutualisme laics al País Valencià, 1834-1936.* València: Publicacions de la Universitat de València.

MARX, Karl (1976). *Introducción general a la crítica de la economía política.* Madrid: Miguel Castellote editor [edición original de 1857].

MOLINA GÓMEZ, Juan Francisco (2014). *Mateos, un siglo de humor gráfico en Albacete.* Instituto de Estudios Albacetenses don Juan Manuel y Diputación de Albacete.

MORATO, Juan José (2000). *Pablo Iglesias.* Barcelona: Ariel.

NAVARRO, Javier (2003). «Casas del pueblo. Agrupaciones y Círculos socialistas valencianos: sociabilidad y vida cultural (1931-1946)», en *La pluma y el yunque. El socialismo en la historia valenciana.* València: Publicacions de la Universitat de València.

ORTS MONTENEGRO, Miguel (1984). *La prensa ilicitana, 1836-1980.* Alacant: Caja de Ahorros Provincial.

PALAU, Dolors (2004). «Consell de guerra al periodista i diputat Isidre Escandell Úbeda (1895-1940)», en *Afers*, 48.

PANIAGUA, Javier y PIQUERAS, José Antonio (1986). *Trabajadores sin revolución: la clase obrera valenciana, 1868-1936.* València: Institució Alfons el Magnànim-Centre Valencià d'Estudis i d'Investigació.

PANIAGUA, Javier y PIQUERAS, José Antonio (dirs.) (2006). *Diccionario biográfico de políticos valencianos 1810-2006.* València: Institució Alfons el Magnànim y Fundación Instituto Historia Social: Centro Francisco Tomás y Valiente UNED Alzira.

PÉREZ GARZÓN, Juan Sisinio (2022). *Historia de las izquierdas en España.* Madrid: Catarata [edición digital].

PIQUERAS ARENAS, José Antonio (1981). *Història del Socialisme.* València: Institució Alfons el Magnànim-Centre Valencià d'Estudis i d'Investigació.

PIQUERAS ARENAS, José Antonio (2005). *Persiguiendo el porvenir. La identidad histórica del socialismo valenciano.* València: Algar.

REIG, Ramir (1982). *Obrers i ciutadans. Blasquisme i moviment obrer.* València: Institució Alfons el Magnànim-Centre Valencià d'Estudis i d'Investigació.

RIUS, Inmaculada (2000). *El periodista, entre la organización y la represión: 1899-1940.* Montcada: Fundación Universitaria San Pablo CEU.

RIVERA BLANCO, Antonio (2022). *Historia de las derechas en España.* Madrid: Catarata [edición digital].

SABORIDO, Jorge y SABORIDO, Mercedes (2006). *La Guerra Civil española.* Madrid: Dastin.

SOLBES, Rosa; AGUADO, Ana; ALMELA Joan Miquel (eds.) (2015). *María Cambrils: El despertar del feminismo socialista: Biografía, textos y contextos.* València: Publicacions de la Universitat de València [edición digital].

SOLDEVILLA, Fernando (1918). *El año político, 1917.* Madrid: Imprenta de Julio Cosano.

TEZANOS, José Félix (1993). *Historia ilustrada del socialismo español.* Madrid. Editorial Fundación Sistema.

TODD, Selina (2018). *El Pueblo. Auge y declive de la clase obrera (1910-2010).* Madrid: Akal, [edición digital].

VALERO, Sergio (2015). *Republicanos con la monarquía, socialistas con la República. La Federación Socialista Valenciana (1931-1939).* València: Publicacions de la Universitat de València [edición digital].

VALLES, Antonio; RIUS, Inmaculada y ALVAREZ, Àngels (2018). *Los orígenes de la radio en Valencia. El caso de Enrique Valor Benavent.* València: Editorial Sargantana.

VIÑAS, Ángel (2013). «La connivencia fascista con la sublevación y otros éxitos de la trama civil», en Los *mitos del 18 de julio.* Barcelona: Crítica [edición digital].

ARCHIVOS CONSULTADOS

- Arxiu de la Diputació de València
- Arxiu del Regne de València
- Archivo General e Histórico de Defensa
- Archivo de la Fundación Pablo Iglesias
- Arxiu Municipal de València
- Arxiu Municipal de Xàtiva
- Arxiu Municipal de Paterna
- Arxiu Universitat de València
- Centro Documental de la Memoria Histórica

Primera edición de la obra *Isidro Escandell Úbeda: el sembrador de ideas*,
de Antonio Laguna Platero en la colección «Memòria Democràtica»
de la Institució Alfons el Magnànim-CVEI,
con una tirada de quinientos ejemplares, compuesta por Limoestudio
e impresa por Impremta Diputació de València
durante el mes de septiembre de 2025.

De la edición y publicación de esta obra se ha encargado
el equipo editorial del Magnànim.